金瓜壺

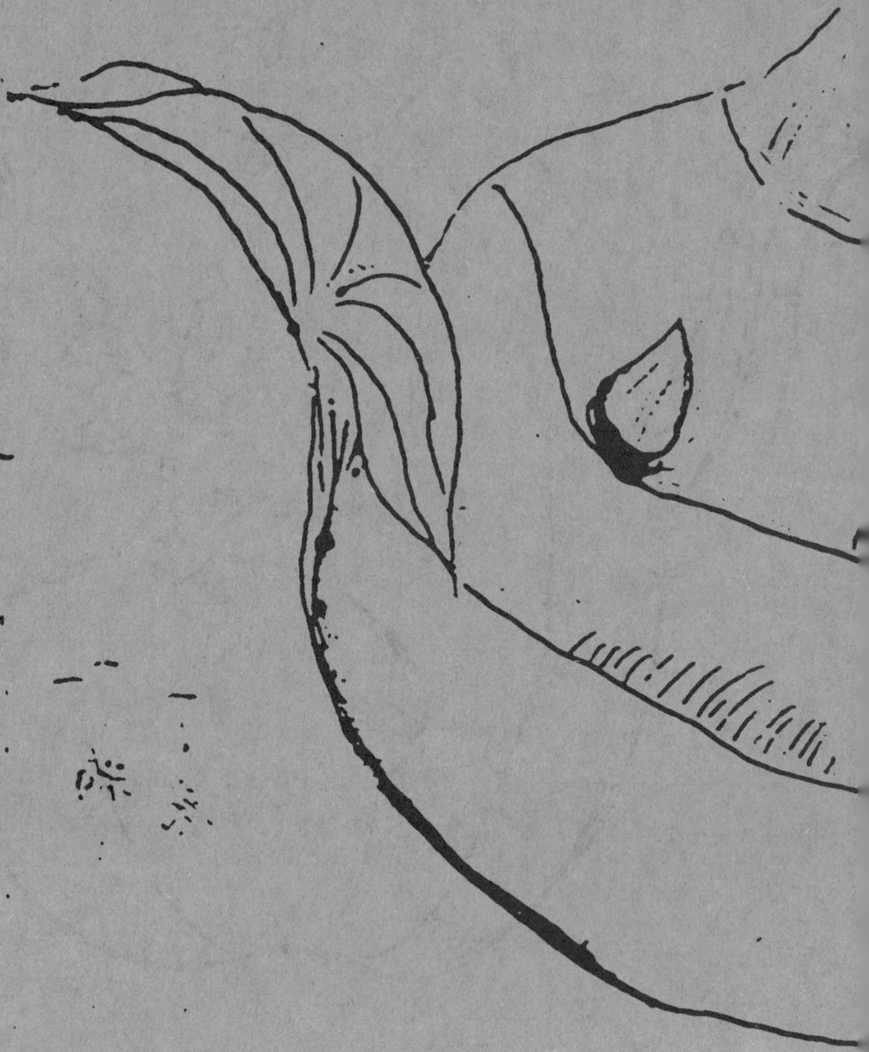

茶壶
一九九五年刘作

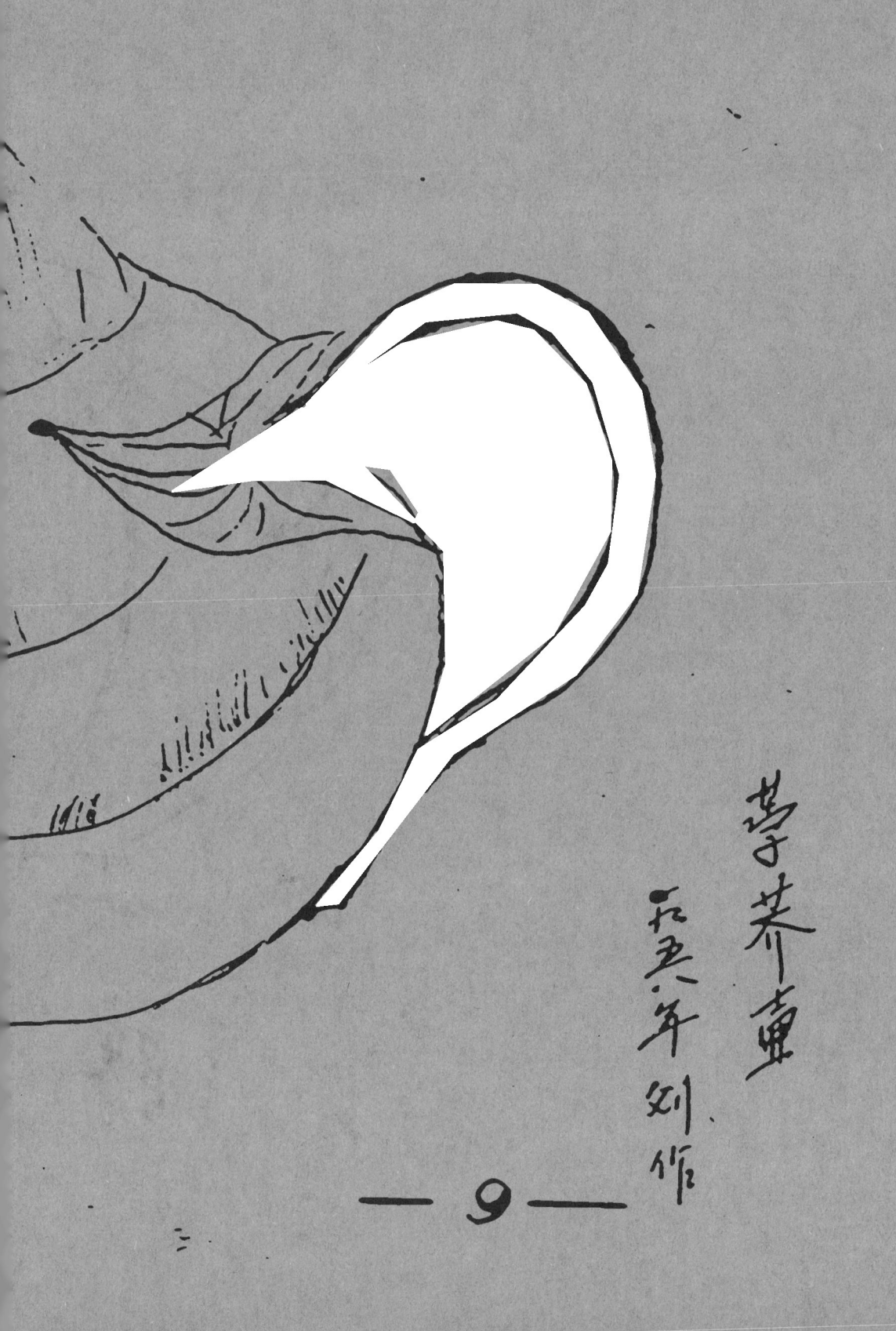

蒋

壺

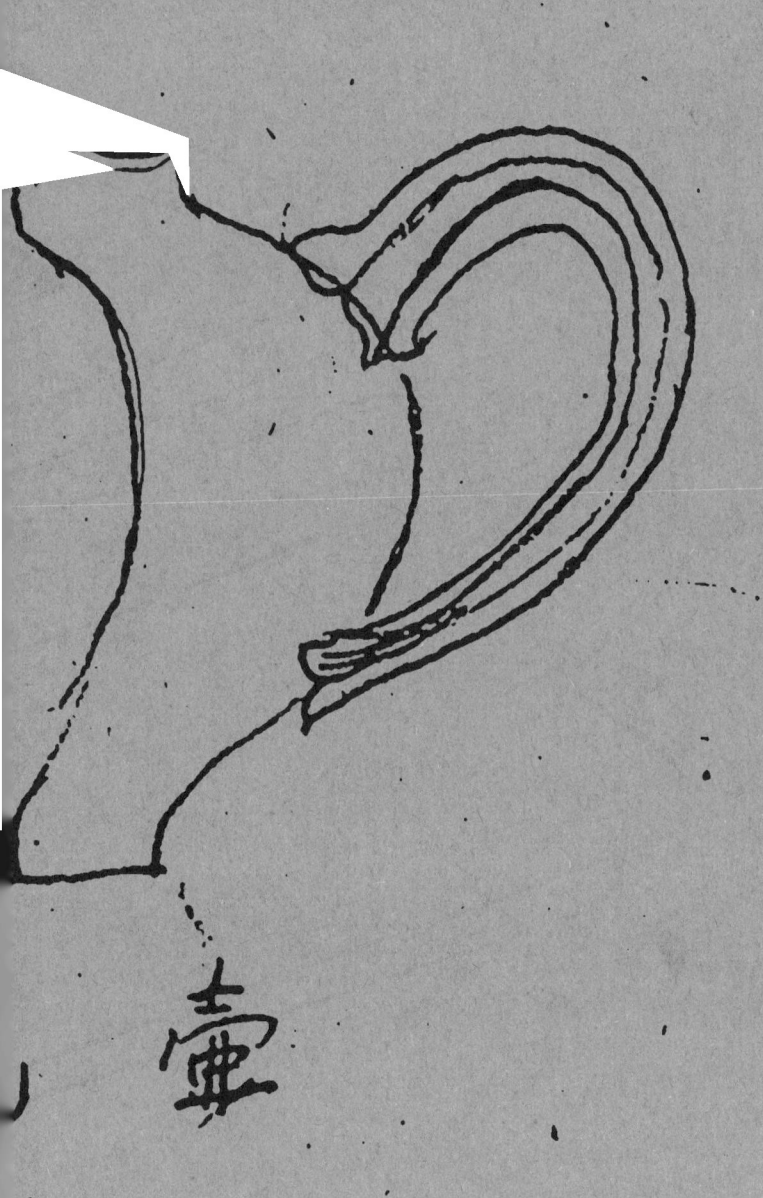

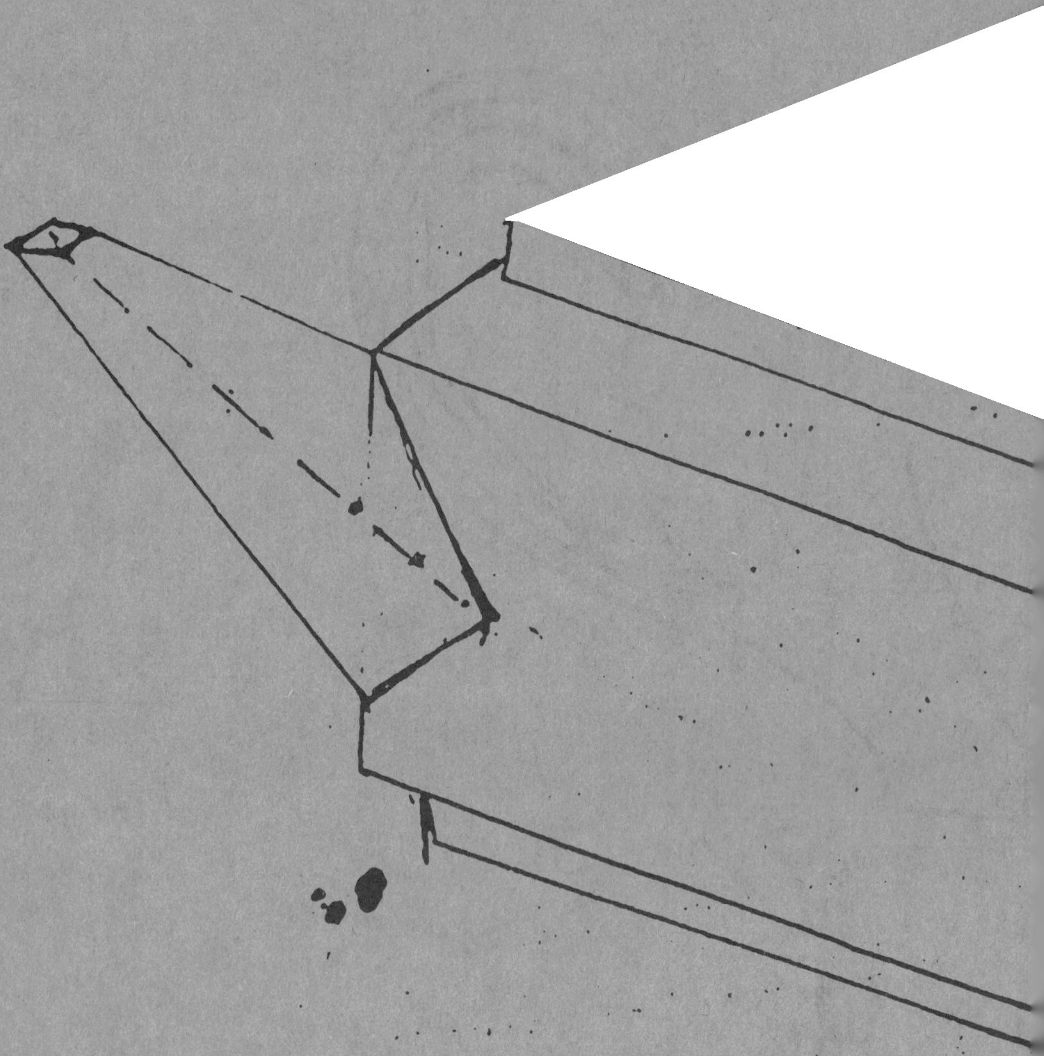

五五年创作

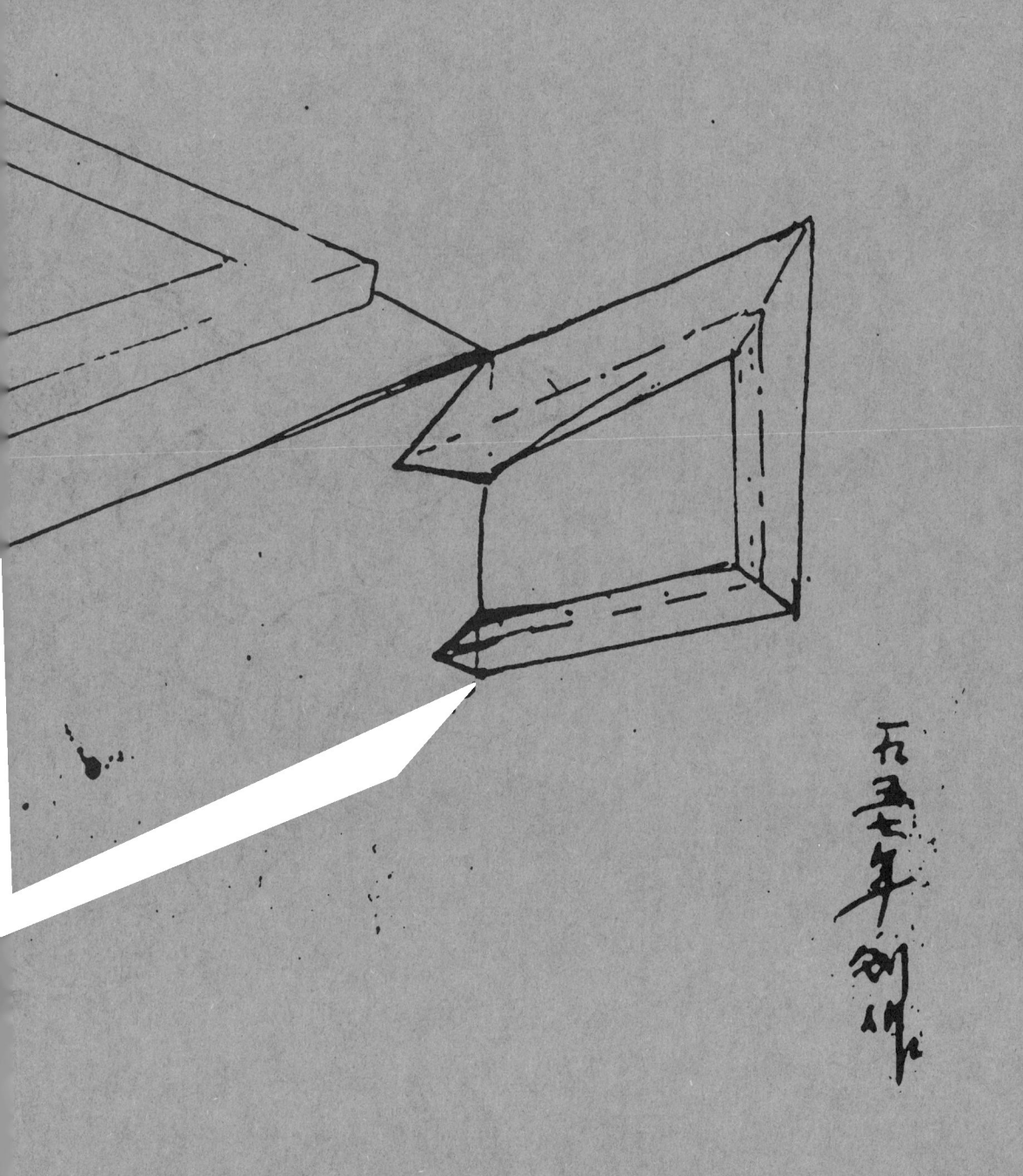

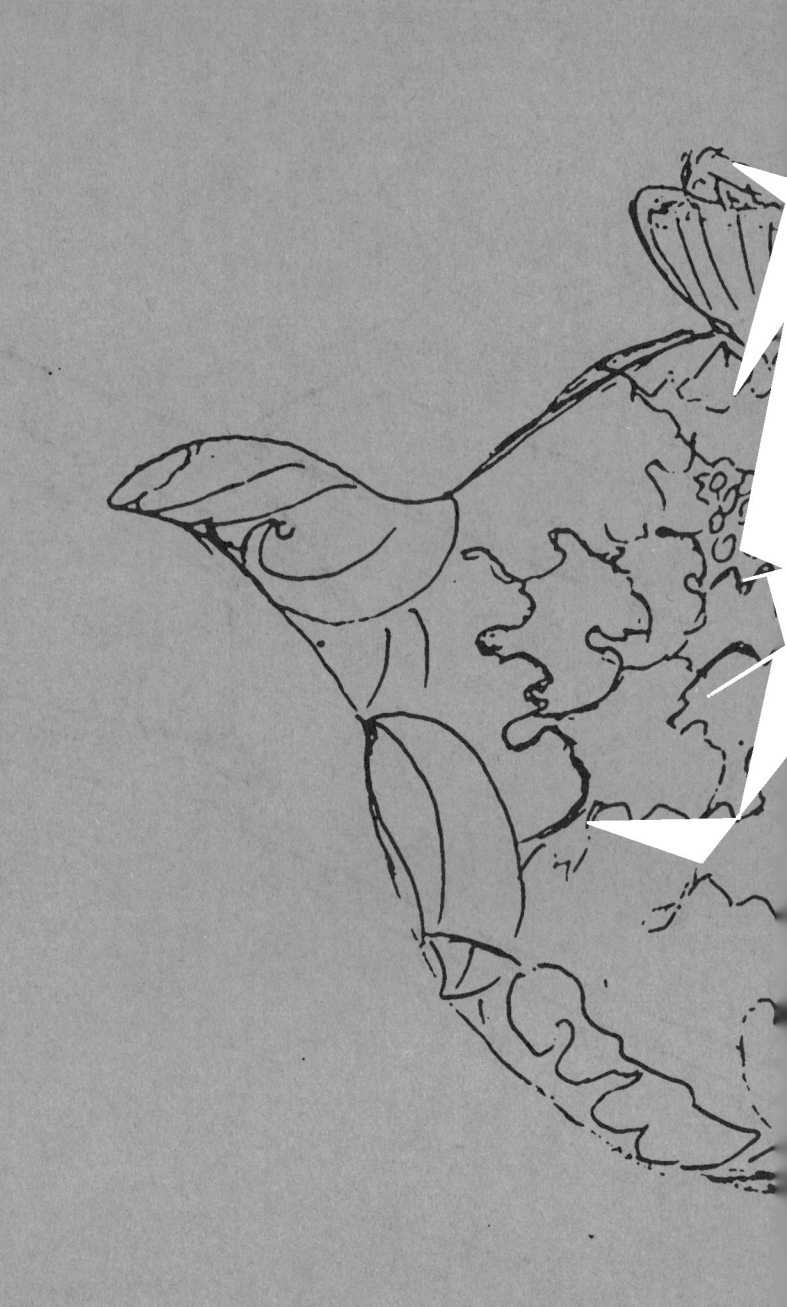

牡丹壺一九五六年刻作

一檐
一囧
一底

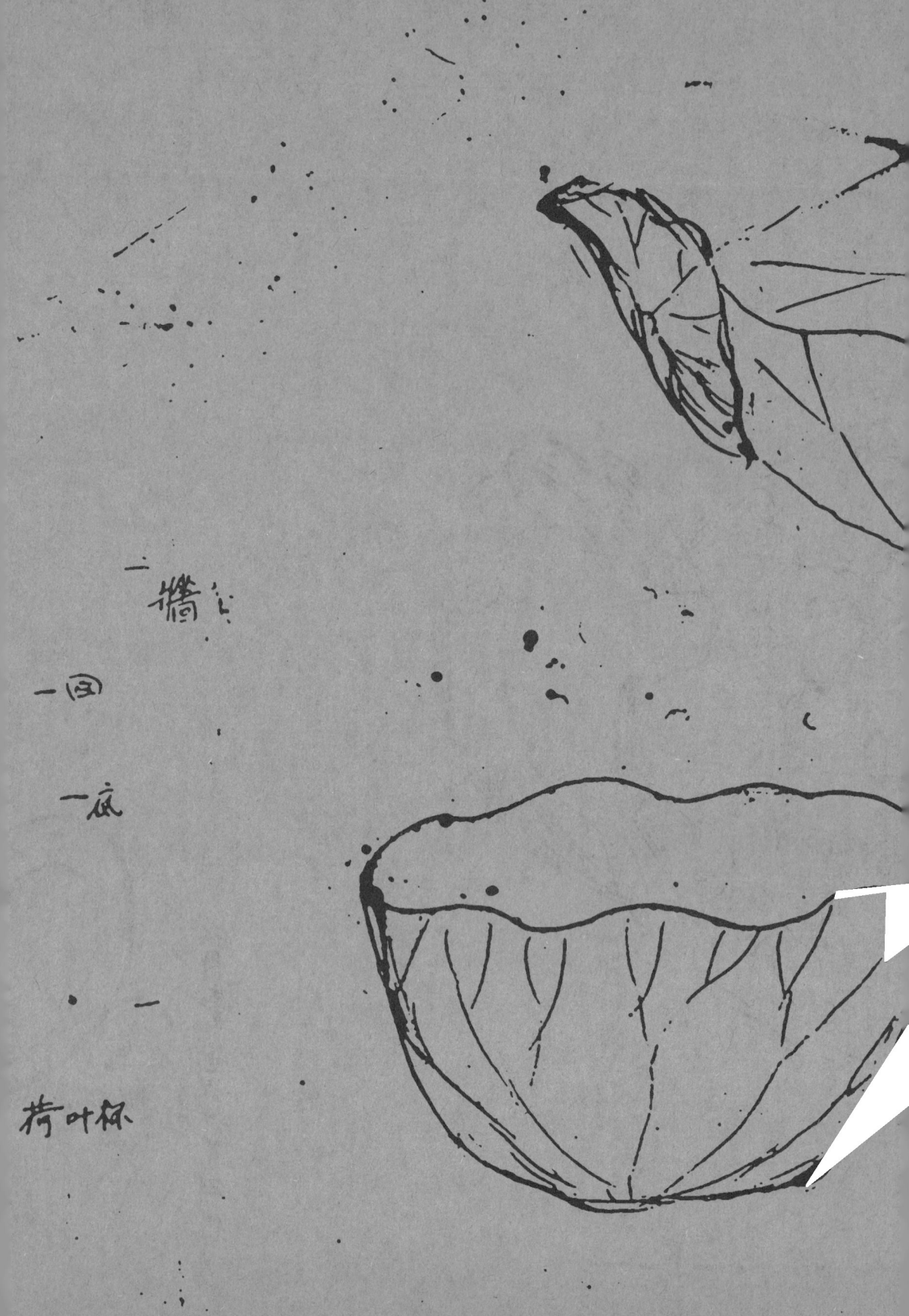

荷叶杯

荷葉壺

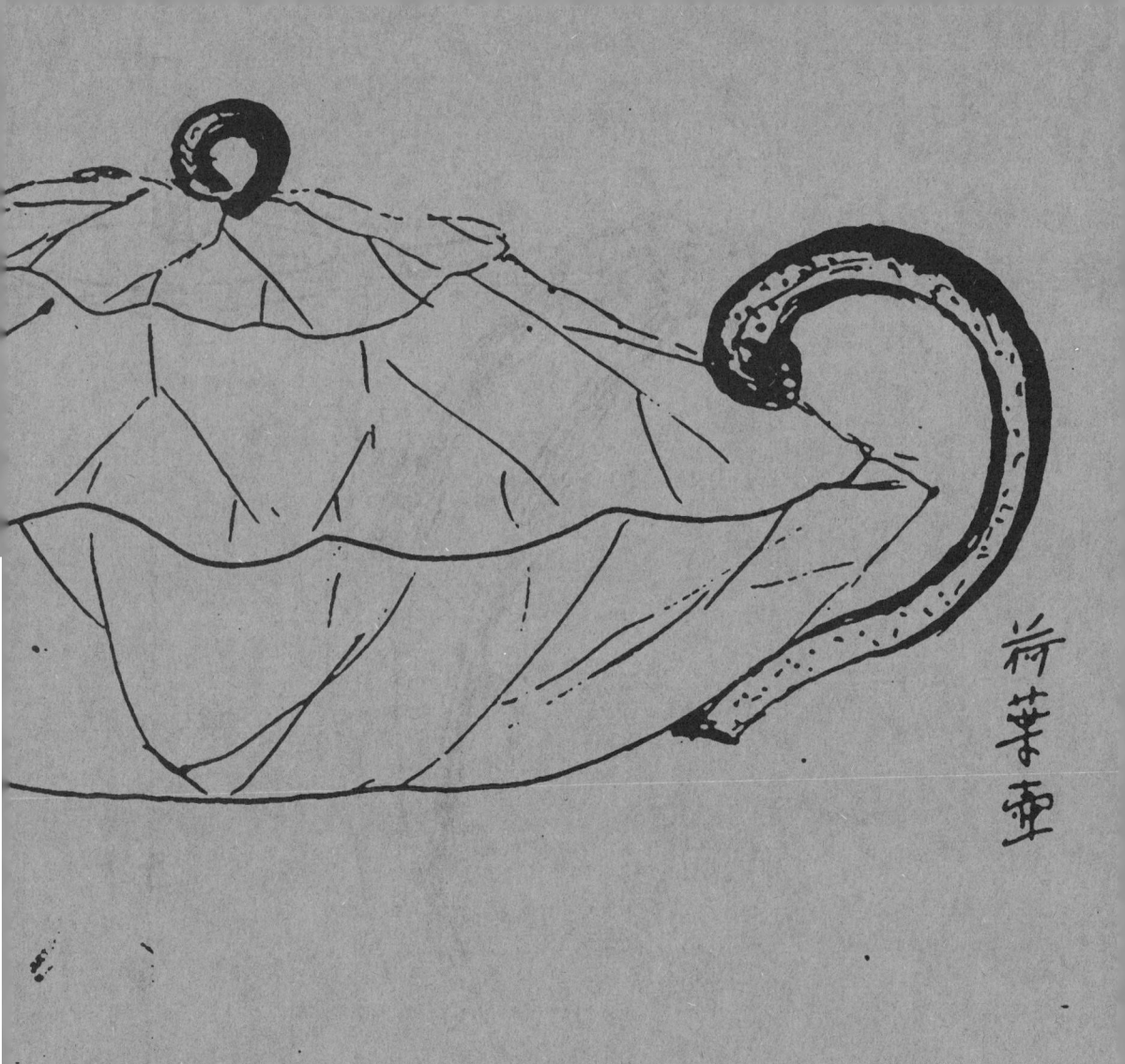

荷葉杯

15

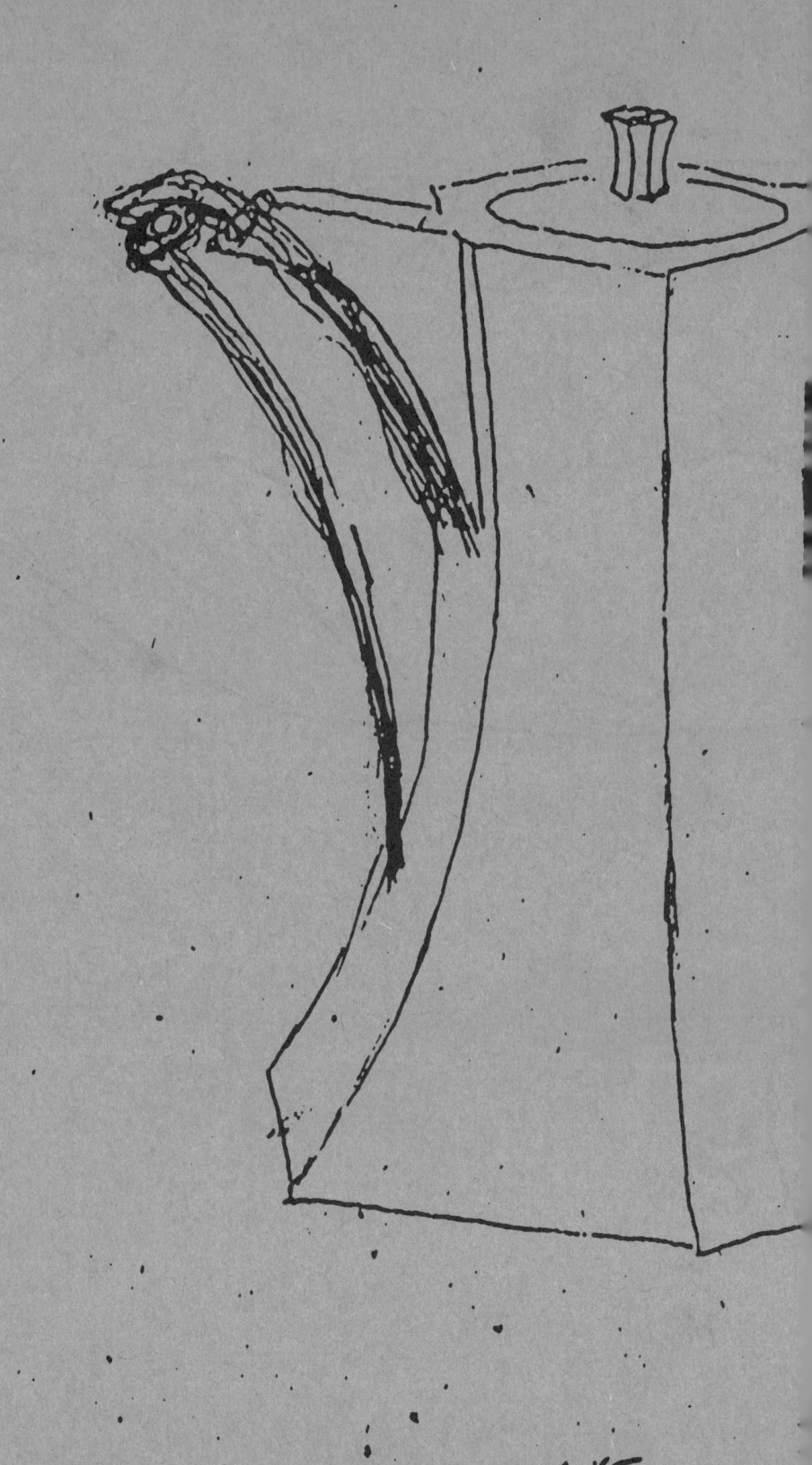

六方酒具

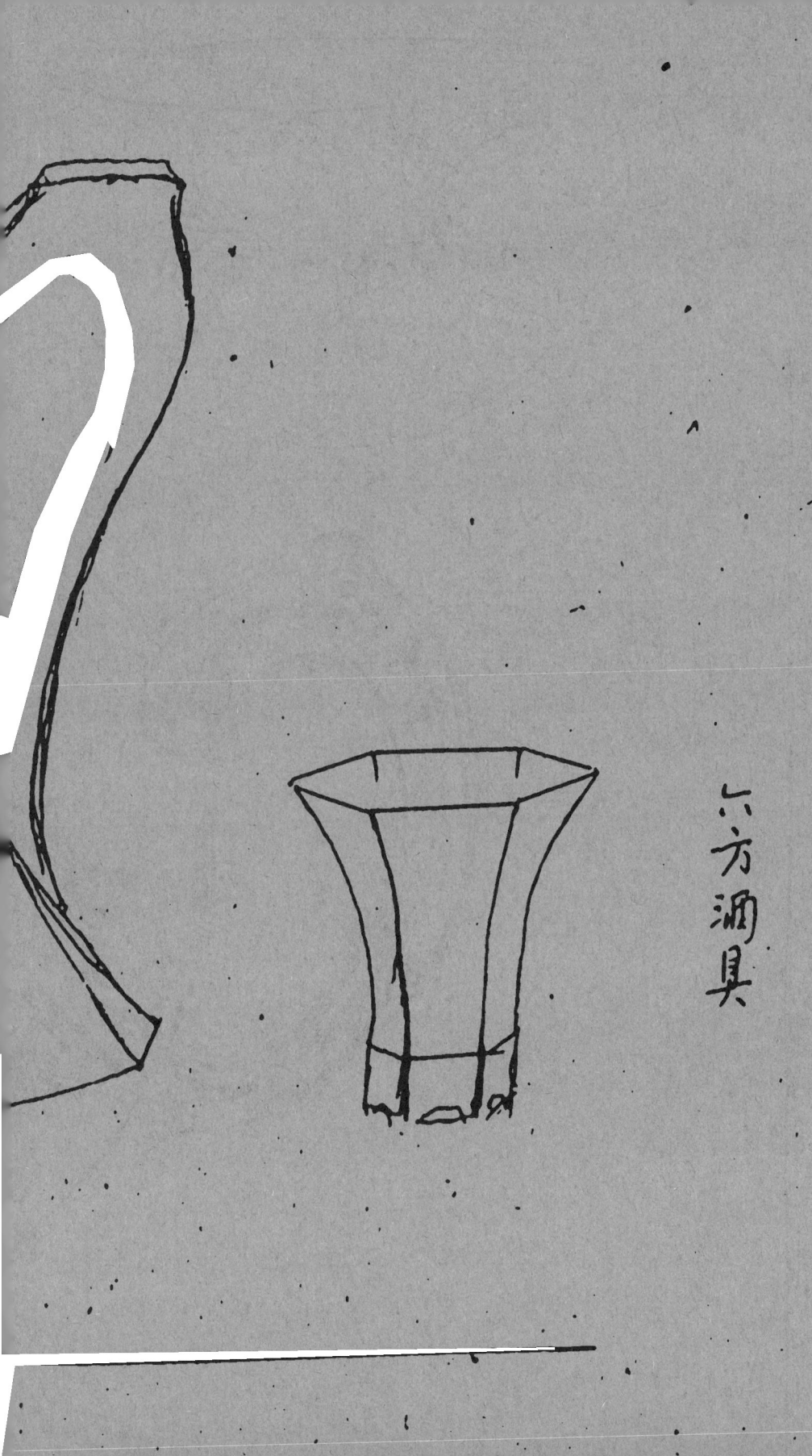

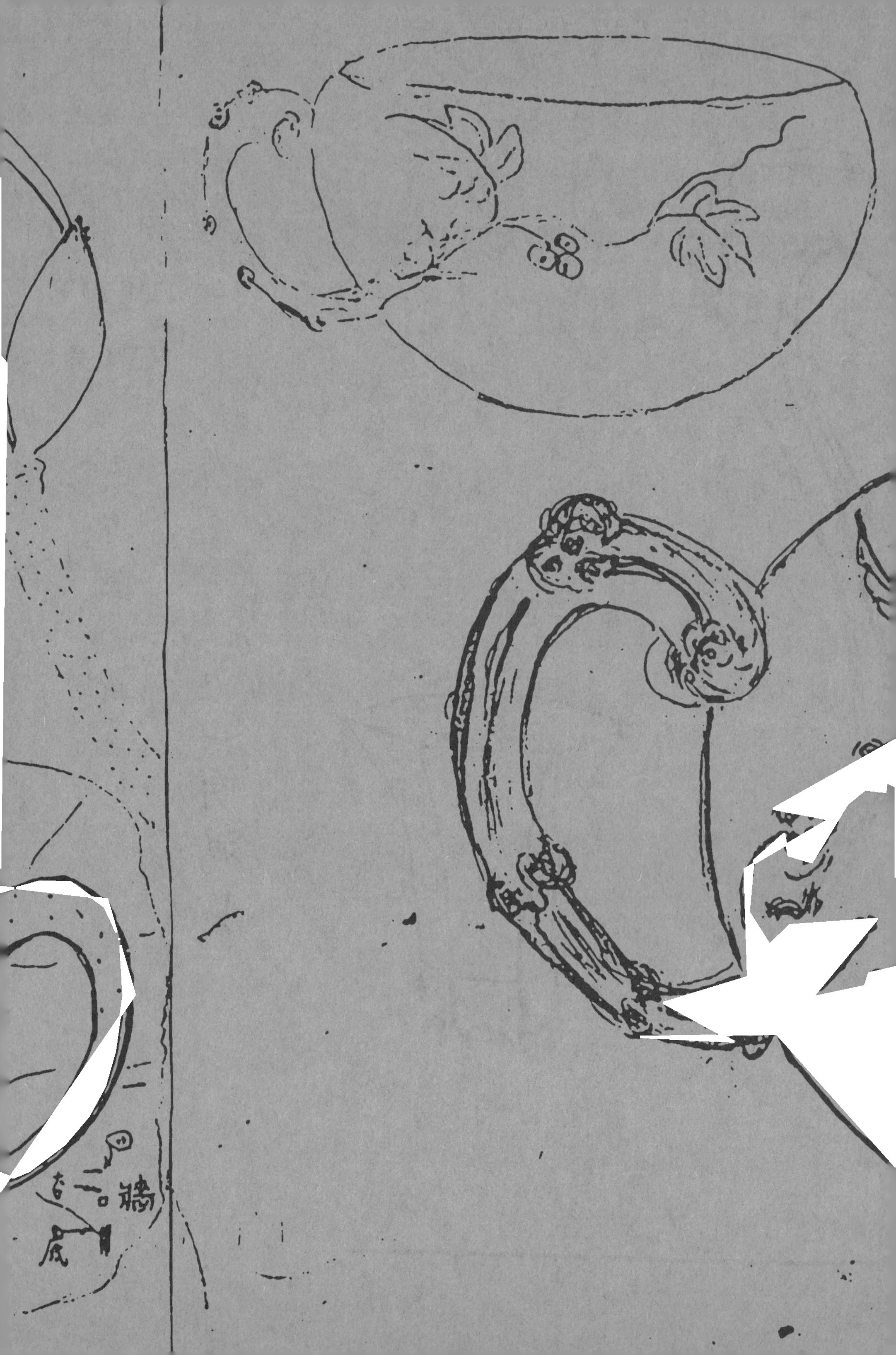

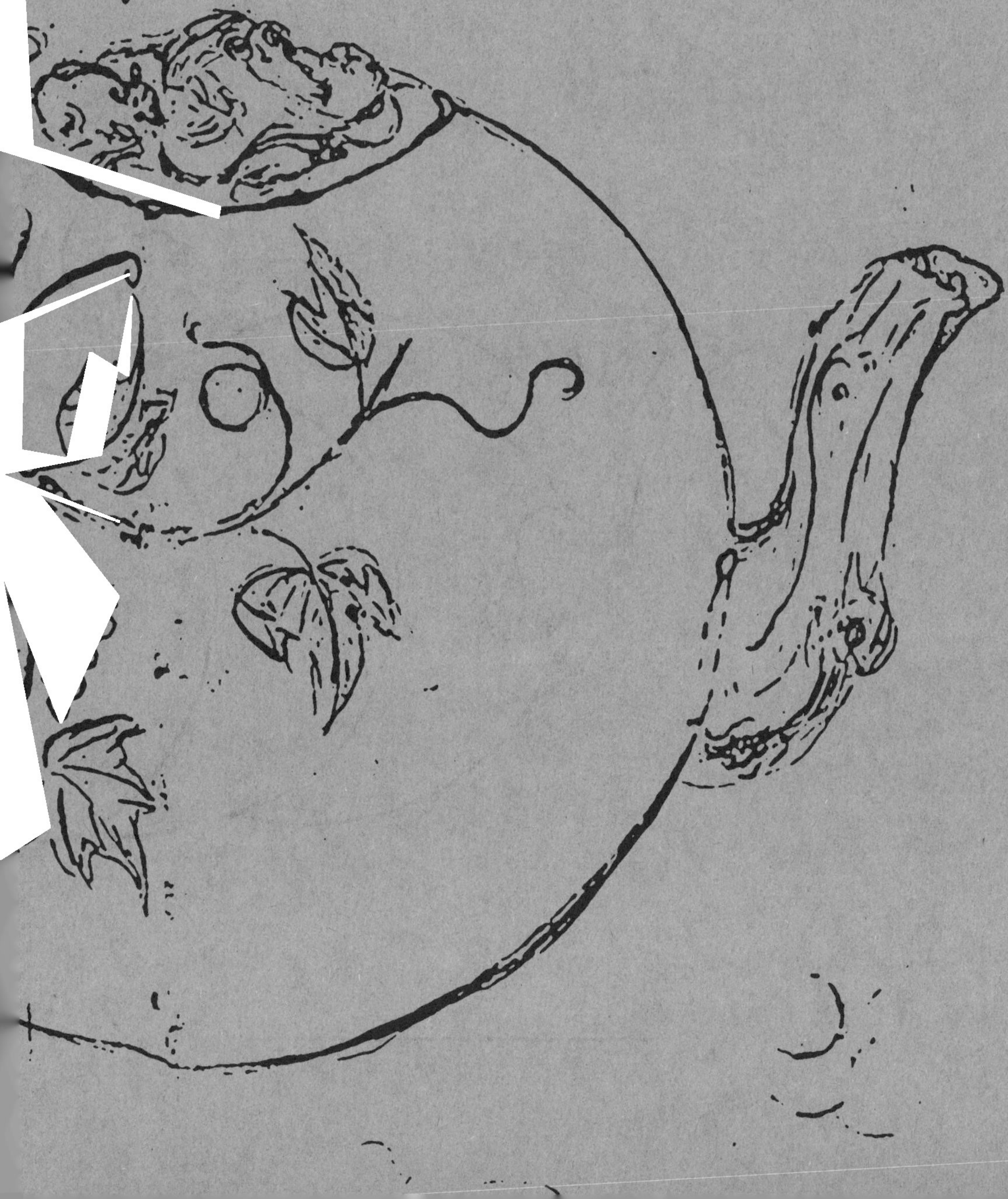

13

南瓜壺

嘴
一
画
底
渐

（仿古）

葫芦壶

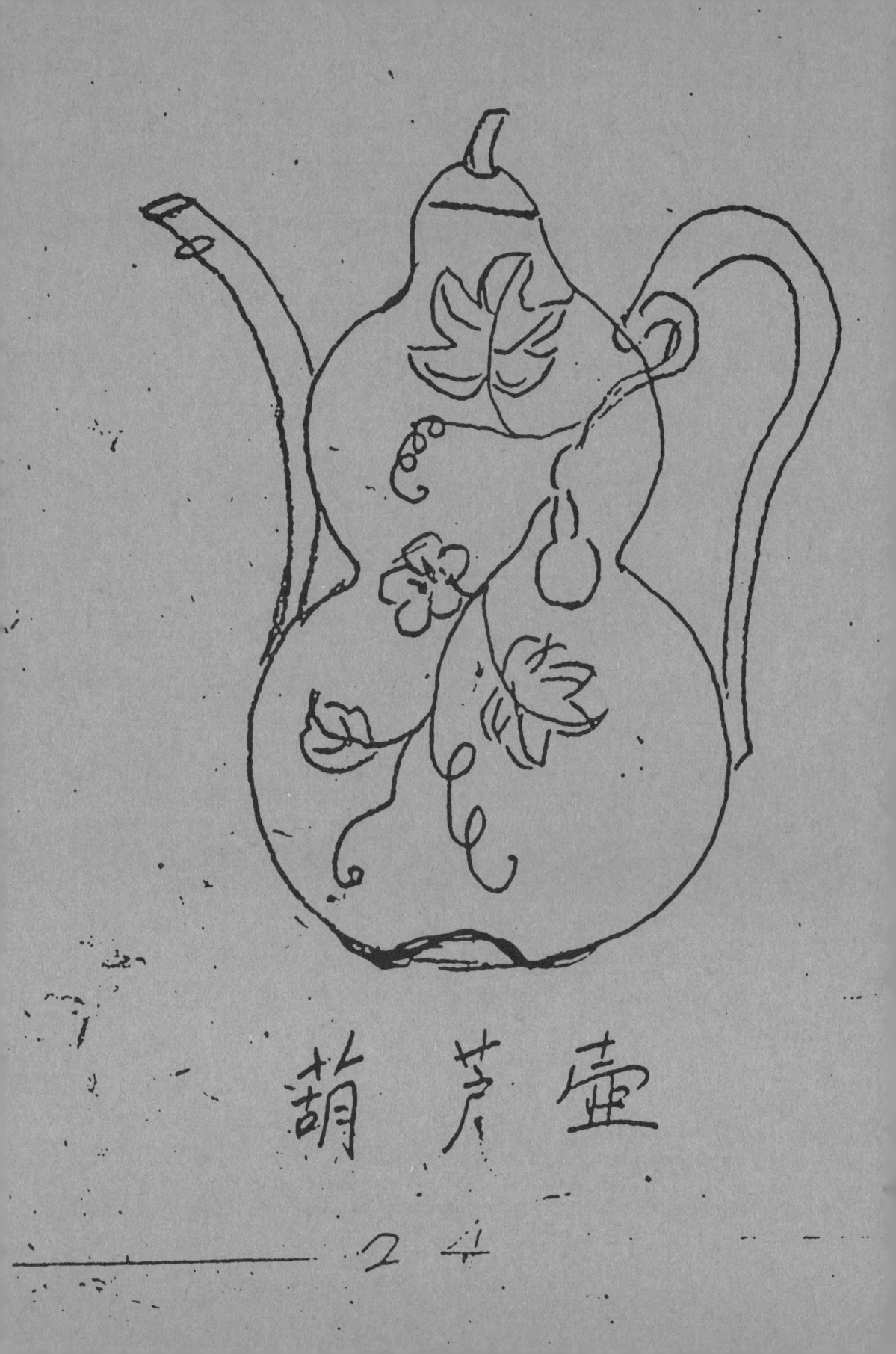

花非花
蒋蓉传

徐风 著

江苏凤凰文艺出版社

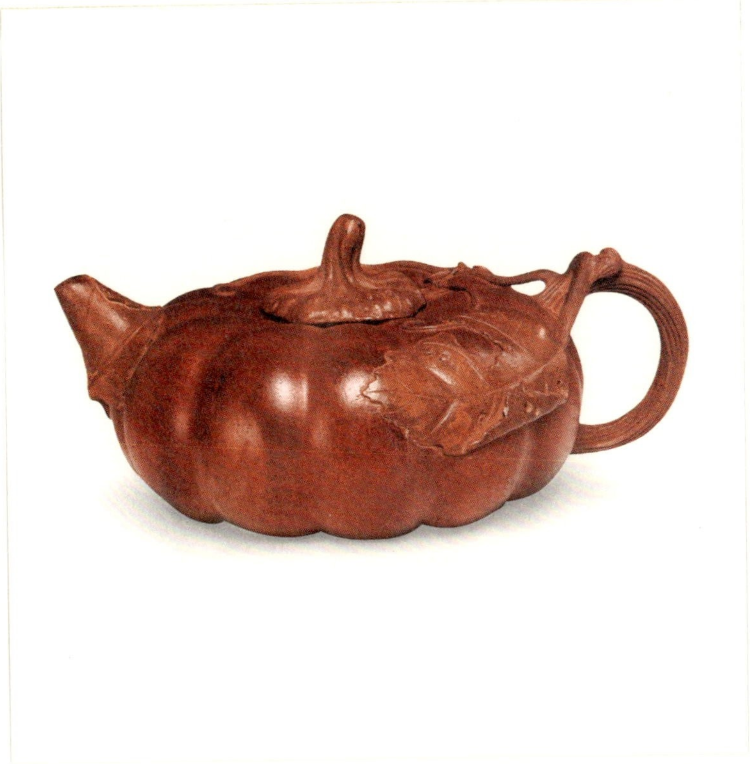

目录

- 001　第 一 章　壶中女孩
- 023　第 二 章　沪上春秋
- 039　第 三 章　寂寞乡关
- 051　第 四 章　雾失霓虹
- 069　第 五 章　春华无梦
- 105　第 六 章　炎凉随心
- 135　第 七 章　风生波起
- 145　第 八 章　情归何处
- 189　第 九 章　烟笼寒水
- 209　第 十 章　又见彩虹
- 241　第十一章　白发姻缘
- 269　第十二章　老树遒劲

315　欢喜心
　　　——修订版后记

321　蒋蓉年表

第一章 壶中女孩

她的摇篮曲是父母亲打坯时发出的均匀声响,铿锵复铿锵,让一个幼小的心灵在陶坯的撞击声中飞扬。3岁的时候她就喜欢向着窑场奔跑,泥与焰交织的窑场图景里总是有一双好奇的童稚的眼睛在闪闪发亮。飞翔,是头顶数不清的蜻蜓,还有比蜻蜓多一万倍的奇妙幻想。

一个人的出生，其实就像种子发芽一样偶然。比如某一天，暴风雨把一颗种子吹落到了崇山峻岭的某一处岩石的缝隙，它落地的时候甚至来不及做出任何一种姿态。然后在一个丽日高天的某时某刻它悄悄地发芽了，50年吞云饮雾，100年栉风沐雨，它长成了一棵虬曲苍劲的大树，又过100年，别的树都死了，它还活着，于是被称为奇树，有人给它写诗有人在它身旁留影。它被说成是稀有珍贵植物，普天下的人把它当作雄奇坚贞、伟岸永恒的象征。而它的另一个伙伴则飘落在一个普通的乡村院落，在板结的土地里慢吞吞地没名没分地生长，没有人注意它的款型仪态，它长得刚有些结实，就被用来当作一根拴牲口的桩子；20年刚过，主人就把它砍下来做了羊圈里的柱子，再过了20年它离开了那些热热闹闹的羊头羊崽，被当成柴火塞进了灶膛。最后，变成了灰烬的它飞向天空大地的姿态和它的前世今生是何等的相似。

既然人和种子一样没法选择出生的土地，没法选择家庭、环境、教育、爱，以及像万物得到恩养所必需的条件，那么，1919年农历十月初十的黄昏，在江苏省宜兴县潜洛村一间简陋的农舍里，一个女婴呱呱坠地时所发出的清脆的哭声，并没有引起这户农舍以外的人们的重视。秋风细雨正在荡涤着这个日见萧瑟的乡村，没有报纸、通讯；没有人谈论国是，但乡村的小茶馆里依然贴着"莫谈国是"；虽然这一年的京城发生了一场震惊世界的新文化运动，就连小小的宜兴县城，也有学生和商人们联合出击，举行罢课罢市、抵制日货活动，但步履蹒跚的德先生和赛先生还不可能抵达像潜洛这样偏安一隅的乡村。寂寞的田野在零星的狗吠下显得更加寂静，村西边烧制陶坯的窑头还在喷吐着滚滚的浓烟，夜幕降临的时候，这户人家的男主人脸上挂着刚做父亲的忐忑和欣喜，大步流星地穿过几条田埂，去向他的父母和亲戚们报告。当他返家的时候则已带回了父亲大人刚给女婴起的名字：林凤。这是蒋氏家族的长孙女，按照中国人的观念，所有的人都希望她是个男孩。由此，鞭炮和酒席以及染红的鸡蛋被理所当然地省略掉了。尽管如此，女婴的父亲蒋宏泉先生第一次笨拙地抱起他的女儿的时候还是非常激动。窑场的陶器在满世界叮当作响，器皿清脆的交响越过村庄，在广袤的田野上空弥漫，开窑的人们在尽情吆喝。在蒋宏泉听来，这些原本美妙的声音都没有孩子的啼哭好听。蒋家是紫砂世家，按理在这凋敝的乡村，有手艺的人是受人尊敬的。但紫砂艺人又区别于那些泥瓦木匠，他们的一手绝活常常换不到饭吃，紫砂壶和阳羡茶一样，都是有钱人的消遣，而1个有钱人周围就有1000个穷人。鲁迅说，焦大不爱林妹妹，饥区的灾民不会去欣赏兰花。甚至，比农民还不如的是，捏泥巴的紫砂艺人并没有赖以生存的土地，他们的活路全在10根手指头上。因此，家里添了一张嘴吃饭的蒋宏泉只能把生活的指望完全寄托在村西那座日夜喷吐火舌的老龙窑上了。窑场即生死之场，他疲惫的身影在落日下被无限地拉长。一种两头尖尖翘起来的的小木船会不定期地停泊在村头的小桥旁，船主会用大米、盐巴、劣质糖果和针头线脑换下他捏制的那些活灵活现的陶马、牛、老虎,当然,更多的是紫砂壶。小木船来的时候,蒋宏泉满心喜欢,小木船走了,他又有些惆怅,仿佛他的精气神被带走了,他创造的无从言说的欢乐也被带走了,包括那些依附在壶上的,灵光一现不再回返的迷人手感。他郁郁地扛着半袋大米回家,还有一个小铃铛,一个铁质镀金的长命锁,那是他以仅有的能力给女儿林凤的一个小小惊喜。

1919年的潜洛村遥远而且模糊。100年前的那座神秘乡村,在1983年出版的《宜兴地名录》里仅仅占了一行小字:

"范蠡开凿蠡河与西施在此息落,故称前雒,后讹传潜洛。原潜洛有七个庄,后并为一村。"

从字面释义,这里曾经是越国大夫范蠡和旷世美女西施的栖息之地。不难理解,我们的古人总是创造一些半神半仙的美丽故事来作为自己的精神背景。地理意义上的潜洛村离陶瓷产区丁蜀镇不远,离宜兴县城20公里。与毗邻的上袁村一样,潜洛村也是紫砂的发源地之一。这里属于阳羡地域,紧邻太湖,水土丰厚,四季分明;历史上滋养了无数人杰,也蕴藏着成功人士机遇四伏的人脉背景,历代状元宰相将军学者星罗棋布在方圆百里的县域。紫砂起于北宋,盛于明清,由于质地独特、壶式古朴风雅,得幽远之趣,不媚不俗,与文人的气质十分相投,让天下士人墨客莫不宝爱。宋人梅尧臣诗云："小石冷泉留早味，紫泥新品泛春华。"辛弃疾则抚壶吟咏："一水试泉痕。饮罢清风生两腋，余香齿颊犹存。"到了明清时期，紫砂名家辈出，壶则扶摇直上，无论宫廷黎民，爱者日隆而冠绝一时。时大彬、陈鸣远、邵大亨、陈曼生、黄玉麟……潜洛人提起这些紫砂圣手，说起他们谜一般的传奇故事，照例会浮起一个乡亲式的自豪与憨笑。但晚清之后，国运式微，紫砂大不景气，村上的紫砂艺人越做越穷，家小都不能养活。村东村西的土坡上有两座龙窑，在滚滚的浓烟里潜洛村渐渐变得不再妩媚滋润，夜半里火龙腾飞的景象已经让人们司空见惯，村北则有一大片野狗出没的坟场，这里安眠着潜洛村的列代先民。小林凤从记事起就知道，村里经常饿死人，铅灰的天际下黄土垒起的新坟以及纷飞的纸钱是常见的景象。小林凤的世界里则满是黏黏的陶土，家家在晒坯、户户在抟陶。她的摇篮曲是父母亲打坯时发出的均匀声响。铿锵复铿锵，让一个幼小的心灵在陶坯的撞击声中飞扬。3岁的时候她就喜欢向着窑场奔跑。泥与焰交织的窑场图景里总是有一双好奇的童稚的眼睛在闪闪发亮。飞翔，是头顶数不清的蜻蜓，还有比蜻蜓多一万倍的奇妙幻想。有一天她看到年迈的祖父带着她的父亲和两个伯父叔父在窑头上举行着庄严的祭典，一个罕见的肥硕猪头，一条眼睛还在眨巴的鲤鱼，还有几样她从未见过的干鲜果品，在袅袅上升的青烟里若隐若现，祖

父深深地跪下去念念有词的神态使她感到好奇。后来父亲告诉她,被供奉的是一位名叫范蠡的古人,他在帮助越国吞吴之后就带着一位美女西施悄悄来到这里,制陶浣纱,成为陶业的祖师,后人称他为陶朱公。他于是给大家发了一个饭碗,并且,还传授让大家守住饭碗的技艺,至于他的技艺是跟谁学的,为什么他不做官,要到这里来,大抵没有人知道,因为大家看重的还是饭碗本身。不过,做手艺的人也有冥想的片刻时光,他们都知道,这小壶大缸背后,站着一位面目模糊的白须长者,如果你手上偷懒,你就会听到遥远却清晰的一声咳嗽。

很小的时候,小林凤对龙窑,对冥冥之中的陶朱公,就怀有一种莫名的敬畏。

1925年秋天,小林凤已经6岁,在祖父蒋祥元的坚持下,她得以跨进村上的潜洛小学读书。彼时的乡村教育,是以宗祠为核心的。大凡有钱的姓氏家族,会把带有血缘的孩子集中在本家祠堂里,合力出钱,请一位大家可以信赖的塾师来教学。蒋家太穷,甚至没有自己的祠堂。幸好村上兴办了小学,这是辛亥年风暴之后,从县城吹来的一股清新文风。祖父从口袋里掏出一大把铜钱交给校长时的虔敬表情让她刻骨铭心,上课的时候,林凤还发现祖父趴在教室的窗口,老顽童一样不肯离去。蒋祥元一生抟陶,是个不识字的乡村紫砂艺人,他多么希望蒋家能出个把秀才。为了长孙女,就是卖血他也情愿。他要求孙女林凤每日习字,写《九成宫》和《玄妙塔碑》,他确信一个大器之才必然从小练就一身童子功夫。然而,这个四代捏泥的紫砂世家要出一个读书人的意愿在两年后却不得不破灭。有一天林凤放学回家,父母正在吵架,吃晚饭的时候父亲低沉地告诉她,不要再去上学了,明天起就留在家中帮母亲做饭洗衣——即将经历第4次分娩的母亲周秀宝已经给小林凤添了两个弟妹,她多么希望丈夫答应让长女林凤继续上学,而已经被生活的重担压得喘不过气来的蒋宏泉,还是在妻子的唠叨声中做出了最后的决定。这个家庭已经穷得揭不开锅了,以他有限的人生阅历,他也实在看不出小林凤多读几年书对他们这个陶艺人家会有什么用场。

偷偷哭了几场的小林凤找到了她最后的援兵,但祖父已经病重,他口袋里最后的一点积蓄也许都扔进枕头边那只黑乎乎的中药罐里了。床前的蜡烛即将燃尽,小林凤无望地离去时听到了祖父以仅有的力气发出的一声深重的叹息。

书包被母亲悄悄藏起来了,为的是让女儿不太伤心。她并不知道,8岁的小林凤在河埠上洗衣服的时候,不远处的小学校里朗朗的读书声从河面上传过来,不知不觉就听得泪流满面。有一天,学校的林先生在村头见到她,大声说:蒋林凤啊,你为什么不上学了?小林凤低低地说:我家里穷,妈妈又生了小弟弟……林先生叹息,说今后你有空就来旁听吧,不收你的学费。

她回到家,鼓足勇气把先生的话对父亲讲了。父亲无奈地两手一摊,说:丫头啊,家里买油盐的钱快都没有了,哪来给你买纸买笔的钱呢？你帮妈妈多做点家务，妈妈就可以腾出手来多做一点窑货。

母亲周秀宝也是民间陶艺高手，她最拿手的活儿，是做那种仿各种动物的紫砂水盂以及假山景致。水盂一天可以做好几个，但一个只卖5分钱。

从此小林凤再也不提读书的事。但辍学这件事给她的打击几乎是致命的，小学校上课的钟声和读书声，如针锥一般刺痛着她幼小的心灵。迫于生存艰窘的父母没有精力去观察女儿身上的变化，没有人知道她内心那一份和年龄不相称的忧郁。她没头没脑的幻想，就像一棵树，在它拔节的时候被狠狠地砍了一刀，但它总是要长大。常人眼里的小林凤总是风风火火，像一枚被抽急了的陀螺，每天穿梭于河埠、作坊、窑场、菜园之间。每当开窑的时刻她陪着父母一起心惊肉跳，在心里默念着阿弥陀佛，伴随着窑汉子们高亢的号子，一件件历经千度窑火洗礼的陶器出窑了，一阵欣喜伴随着一阵叹息。当父亲小心翼翼地抚摸着他的那一堆烧得黑幽幽的陶器时，她的心就被拎了起来。谢天谢地，父亲难得地笑了，如果这一窑是"黄货"，那全家就没有活路了。

一个人如果不能理解一颗种子在田野里经历的冬夏春秋，不能理解一个生命的全然完成，他就无法领略田野里无处不在的那种神秘、美和创造的力量，也不可能理解那种只有在田野里才能产生的感恩和喜悦。

其实，对于蒋林凤的童年来说，田野和窑场不啻是广阔意义上的课堂。她不可能去村上的小学校读书了，但她每天可以在父母的作坊里感受砂泥成型的种种奇妙的乐趣；她可以在田野上感受阳光的清香，泥土的清香，草木庄稼的清香；她可以在烈焰交织的龙窑上感受泥坯变成五光十色的陶器时那种涅槃般升腾的情景。她并不知道，这一切对她以后的一生有多么重要。

这一年林凤11岁，她长成一个秀气的小姑娘了。

她不是大户人家的小姐，没有人让她背诵《唐诗三百首》，她也没有机会阅读《红楼梦》和《西厢记》。但是她自小耳濡目染的剪纸窗花、杨柳青年画、社戏、民谣、滩簧调、风筝、龙灯马灯，给她营造了一种独特的语境，她敏感的心灵在这语境里悄然生长、拔节。

民国到处在打仗。奉军和苏军都开进了宜兴城，与驻守在长兴的孙传芳部相持不下。战火一起，黎民遭殃，庄稼的收成一年不如一年。富人家尚能吃饱肚子，穷人脸上的菜色却在一点点加重。有一种等待是焦心而漫长的。收陶器的小木船总是不来，家里已经没有米了。母亲去隔壁伯父家借米，已经借过两次了。伯父蒋宏高虽然也是靠做陶艺吃饭，但他人活络，手艺好，朋友多，在丁蜀镇一带的陶艺圈子里有一定的名气。他还经常去上海，一去就是几个月，他知道外面的世界是什么样子，所

以伯父家的日子要好过些。父亲蒋宏泉在一个雾蒙蒙的早晨决定挑着货担沿村走卖，他相信自己手抟的陶艺物件会遇到众多的知音。在林凤的记忆里，那一天过得真慢，一直到黄昏时刻父亲还没有回来，没有米的铁锅还是冷冰冰的。月亮升起来了，一家人才听到那熟悉的脚步声自远而近。小林凤听出父亲的脚步声不似往常那么铿锵而显得有些疲惫拖沓，她就知道父亲今天出师不利。果然，父亲的那一担命宝般的陶器，只换回1斤白米。伤感的蒋宏泉告诉妻儿，并不是他的陶艺没有人欣赏，而是大家都太穷了，饭都吃不饱，谁还有心思玩陶器呢？

几十年后蒋林凤还记得那天晚上母亲用父亲换回的1斤米熬成的粥特别的稀薄，她只分得浅浅的一碗，蹲在灶窝里几口就喝完了。父亲的长吁短叹在寂寞的秋夜里显得格外伤感，潜洛村的陶艺人家正以前所未有的窘迫和潦倒支撑着难以为继的日子。一天下午，久违的小木船突然出现在村口的小河浜里。鸡鸣狗吠，闭塞的潜洛村顿时热闹起来。这一次船主并没有带来大家盼望的日常用品，舱门打开，挤得满满一船的竟是乌黑的大枣。蒋宏泉的那些卖不掉的紫砂陶艺作品终于在这里有了市场，精明的船主用廉价吃进的乌枣换下了他制作的古色古香的紫砂壶和模样毕肖的紫砂动物，以及他妻子制作的那些文雅儒秀、镌刻精细的水盂笔筒。小小的船头上，拙于计算的蒋宏泉和历练江湖的船主正在进行着一场难以公平的换算，林凤和弟妹们则陶醉在乌枣的香甜里，虽然没有白米，但甜脆的乌枣正在迅速填饱他们饥饿了数日的肚子。林凤后来回忆说,那天晚上我和弟弟妹妹不知吃了多少乌枣,肚子都吃胀了。在她童年有限的生命记忆里,似乎吃什么都是限量的,唯有这乌枣例外。她突然感到,能够换取乌枣的紫砂壶是那么珍贵,陶艺与乌枣的瞬间替换让她不由自主地扑向那长长的苦日子里突然泛起的一点点甜。第二天一大早,林凤走进父母的作坊,以不容置疑的口气宣布说:我也要做坯了!我要用紫砂壶换更多的乌枣。

　　那个平常早晨,双手沾满紫砂泥的父母并没有因为女儿的一个意外请求感到欣喜。蒋宏泉一直自诩是个"末代艺人",他不像其兄宏高那样活络、善于奔走。他整天足不出户,没有社交圈子,也没有捧场的客户,想必他的壶艺也会派生出些许的局促。长期的闭塞与潦倒让他实在看不到祖传紫砂工艺的出路,这一抔土,这一份苦差,还有传下去的必要吗?更何况林凤是个女孩,自古艺不授女,他不想再让女儿受一份煎熬。不如让她学学女红手工,那倒是一个女孩的本分。妻子周秀宝则认为应该让林凤学艺,或许她从女儿身上看到了自己当年的影子。再说,多一双手干活,对这个嗷嗷待哺的家庭毕竟可以增添一份力量。荒年饿不死手艺人,是她人生经验的最后底线。后来他们都明白过来,其实这里根本不存在同意不同意的问题。自从林凤会走路起,她就天天在自家的作坊里玩紫砂泥巴。耳濡目染自不必说,回想起来,实际上小林凤早就在跟他们学徒了,而林凤正式进入"徒弟"的角色,则是从父亲教她打泥条、围身筒开始。父亲告诉她,紫砂是老天爷独赐给宜兴人的富贵土,世界上只有宜兴丁蜀镇的黄龙山的山肚里才有。紫砂泥有红泥、紫泥、本山绿泥。紫砂矿土从岩中取出,质坚如石,还须经过长期的风化陈腐,方能褪去火气,这样的过程就像储藏老酒,时间越长,酒越醇香。生泥变成熟泥的工艺流程,经过千百年的经验积累,更是自成体系,各怀绝招。紫砂工艺自有一套独特的成型方法,打身筒和泥片镶接法,是从明代的时大彬开始的,这是制作紫砂壶最基本的手工技艺。尽管后来有人发明了紫砂模具,但用模具做出来的壶,没有灵气个性,壶也会越养越脏。唯有全手工制作,方显出神韵元气,这是绝活,掺不了假,一个紫砂艺人功力如何,就先做个全手工的壶看看。再退一步,用空手打一个身筒出来,就知道你学了几年,学得怎么样,有没有出息。紫砂的老祖宗名叫供春,他是明代一个官宦人家的书童,他无意间做了一把树瘿壶,惊倒了众人,都说他是文人参与紫砂的先祖。那时的文人比较金贵,从此紫砂就有了身价。供春之后又出了一个时大彬,是他创造了紫砂成型的基本方法,尤其是手工拍打成型镶接的绝艺,并把原先煮茶的大壶改成掌上珍玩的小壶,就连皇上的深宫也给紫砂壶打开了大门。所以,供春和时大彬的名字,总是在艺人们的口中流传,不知不觉紫砂已经有600多年历史了。

　　喜欢刨根问底的林凤非要把父亲肚子里那些紫砂学问倒出来不可,而紫砂是一条长河,你随便掬起一捧水,都可以讲个三天三夜。

乡村的夜晚安谧恬静，非常适合林凤的父亲讲述故事。

紫砂壶又分光器、花器、筋囊器。在林凤后来的记忆里，父亲讲述的语气总是散淡的，像月光下的小河里袅袅上升的水汽。

"所谓光器，俗称'光货'，其中又分为方形和圆形器两种。'光货'的造型要求是'圆、稳、匀、正'，柔中有刚而圆中有变，厚而不重且稳而不笨。方形器则追求线条流畅，轮廓分明，平稳庄重，方中寓圆。像'大亨掇球壶'，就是光器的代表作之一。

"花器呢，俗称'花货'。咱蒋家祖传的就是它。在光货的基础上模拟自然物体形态的壶艺，可雕可镂，师法自然。大千世界，花卉翎毛、瓜果虫鱼、松竹梅橘等等，皆可拿来做装饰。可是啊，依葫芦画瓢肯定不成，提炼取舍才是其根本，又像又不像，适度夸张，那才厉害。像'供春壶'就是花货的老祖宗。

"还有就是筋纹形体，俗称'筋瓢货'；它是把壶体分成若干等分部分，你看那地里的南瓜，在做壶的人眼里，那是一瓢一瓢镶起来的。那是何等精确严密的结构！筋瓢器和它是一个道理。那样的一把壶要求上下印衬，身盖齐同，纹理清晰，明暗分明。单是口与盖严丝合缝，尚不足为奇，其工艺要求，多一分嫌肥，减一分嫌瘦，古时候的人呢，称这叫天设地造，绝配！"

紫砂是一个太大的乾坤。父母领着林凤往里走，11岁的紫砂女

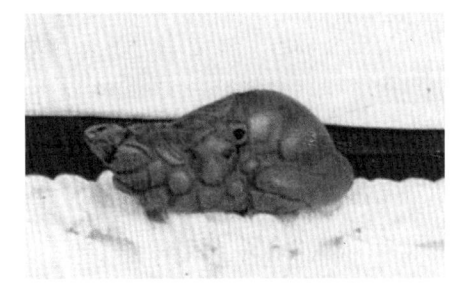

尚未开蒙，一砣泥敲敲打打捏捏弄弄，做出一把能倒出水来的壶，不就成了吗？这个世界里到底有多么深邃广博，她还不知道。春天的花开了，秋天的叶落了，父亲那永远讲不完的故事总是没有结尾，而他的严厉和慈爱如一面双刃之剑。空做，不准依赖模具。造型的想象力既是先天的，又是后天的。蒋宏泉把所有可以依赖的模具全部藏起来，如果女儿过不了基本功这第一关，就不必吃这碗饭了。他欣喜地发现，林凤的观察和模仿能力极强，手工也很精巧。对于一个民间艺人来说，工在先，艺在后，出手的活儿决定着往后的造化。女儿的处女作是一只松鼠葡萄水注，小松鼠稚态可鞠，林凤给它安的眼睛有点像小弟弟淦庭，调皮而稚气，葡萄则是林凤最爱吃的。她得意地告诉母亲，她做葡萄的时候，嘴里是酸甜酸甜的。周秀宝甚感欣慰，女儿身上有一股不同流俗的潜质，以她的眼光，这只普通造型的水注没有匠气而显得那么清新可爱。她轻轻告诉女儿，就这么做下去，她一定会有出息的。

这是蒋蓉潜质里灵性的第一次发芽。它也是一种民间语境的初次打开，它的起点是欢喜，是对好日子的向往，是慢慢浩大的一种气象。

但是，一只松鼠葡萄水注只卖5分钱，这是伯父蒋宏高从上海带回的消息之一。不知从何时起，伯父的上海消息对他们这一家就

松鼠葡萄水注

像命脉一样重要。林凤后来才知道，伯父和一个名叫戴国宝的陶刻名手在上海合股开了一家"铁画轩"陶器店，作为当时沪上一个展示宜兴陶艺的小小窗口，"铁画轩"的开张不仅拯救了陷入困境的宏泉一家，而且，这家不起眼的小店在上海广结知交、呼朋引类，其程度有如细雨润物一般的渗透。宏泉夫妇渐渐从宏高那里得知，他们的紫砂陶艺正在觅得越来越多的知音，订单也慢慢多起来了。这一时期他们的主打产品是陶马、羊、鸡、虎之类的吉祥动物，还有笔筒、砚台、水盂等文房雅玩。他们终于无须单单指望那条以壶换米的小木船过日子了。宏泉甚至跟着宏高去了一趟上海，那是他生命史上晕头转向的3天，他实在难以向妻儿形容那样高的楼房，那样大的轮船，那样热闹的马路，还有外国人，那么蓝的眼睛，那么金黄的头发。起先他真的无法把这个花花世界和自己的紫砂陶器联系在一起，但他的确看到了一些有钱人在玩壶藏壶。不过他们太挑剔，凡是壶底打着他的印章的壶，哪怕做得再好，也没人问津。要从他们的荷包里掏出钱来买壶，真比登天还难呢。没有名气的蒋宏泉在上海玩壶圈里受到了明显的冷落，宏高哥哥告诉他，那些爷叔阔佬爱的是古人的玩意，如果这些壶上的印章是时大彬、陈曼生，那他们就会买。老实人宏泉发急地双手一摊，咱们哪来时大彬陈曼生的壶呢，连见也没见过啊。宏高则耐心地指点了他一番，假古董在上海是一个非常坚挺的产业，吃这行饭的人，只要玩得转，数钱都来不及。蒋宏泉如梦初醒，从此他就在其兄蒋宏高的引领下加入了为上海玩主们做假古董的行列。其实宏高的壶都是自己设计打样，根本无古壶可依，但壶做得再好也不能打自己印章。按照宏高的说法，那些有钱人就这德性，你做的真东西他不要，刻上假图章他就要了，他玩的就是那"风雅"二字，那个花花世界本来就真假难辩，只有穷人的肚子饿是真的。

现在林凤每天能做10个松鼠葡萄水注了。伯父从上海回来说，虽然这小东西只卖5分钱一个，但买主们都很喜欢，他们都不相信这是一个11岁的小姑娘做的。今天，他要亲眼看着林凤做一个。

结果是伯父被小侄女征服了。

蒋家只怕要出一个女状元呢！他喃喃自语。接下来林凤又按伯父的要求，熟练而飞快地打成一张泥片，那均匀的落点、娴熟的手法，或许在伯父心中激起了更多的波澜。做紫砂的人都知道，一团熟泥需要捶打多少次才能成为可以围身筒的泥片，是有着硬性指标的，既不能拖泥带水、软绵无力，也不能使劲乱捶、过分用力。一张泥片打下来，有多少功力一目了然。

作为奖励，他拿出了几颗稀罕的奶糖给林凤，告诉她不要再做水注了，从今往后，就一心一意跟爹妈学做壶吧，紫砂可以做的东西固然很多，但从来是以壶为尊。而做壶，是要用一辈子去钻研的啊！

林凤做的第一把壶是木瓜壶，这原是她父亲的壶样。顾名思义，其形状有如木瓜。在艰难的时光，质地绵实的木瓜可以顶饿，是乡下人可以度命的好东西。民间艺人仿其瓜形入壶，本身已有感恩的成分。抟壶人往往有着惊人的模仿和观察能力，在他们的手中，一切造型都被赋予了生命。他们善于并喜欢把大自然恩赐的瓜果花蔬描摹展现在自己的作品上，以体现生活的乐趣，也折射出平头百姓消灾避祸、祈福迎祥的心态。第一把壶于蒋林凤永远是一种新鲜而灼烫的记忆，泥坯经过了几天几夜龙窑烈焰洗礼终于变成了壶，新鲜、饱满，如一轮羞涩的满月。她情不自禁扑上去的姿态让在所有在场的人记忆深刻，而她自己知道，今生今世她再也离不开这泥与焰的生命之场了。

林凤把木瓜壶送给了学校的林先生。她要让林先生知道，她是出于多大的无奈才辍学的，她内心是多么敬重先生、敬重学问。林先生很激动，他提起笔，给林凤写下一段赠言：

凤之壶艺，若蚌之藏珠，自生自成；开壳之瞬间，即光照遐迩。珠玉之养，若胎儿之于母体，无须外力推动。玉汝于成，大器在望矣！

作为一个见识浅陋的乡村寒儒，林先生很满意自己的这一段文字，他并不知道，若干年后他麾下的辍学女生蒋林凤所发出的光泽会照亮多大的一片天空。

性格敏感而内向；特别关注周围有生命的一切，喜欢花、虫、鸟、草；会发呆地听风从原野上刮过，会久久地眷恋草尖上的露珠；会在没有月亮的夜晚无端地惆怅，看上去非常地温柔，而骨子里有一份不易察觉的的主见和倔强——这是少年蒋林凤留给亲人们的印象。

　　日寒草短，月苦霜白。平淡的日子里仍然有值得记叙的章回，《宜兴县志》记载了民国二十二年陶行知先生派教员来宜协办乡村夜校一事。太湖边的办学故事，随着料峭的寒风吹到了偏僻的潜洛村，居然，村里也办起了历史上第一个夜校。踏着月光上学是一件多么美妙的事情，就像地里的青苗吮吸露水，就像风儿从原野上轻轻地掠过……鸡鸣时分了，灯下依然有不倦的学子在诵读课本，蒋林凤无疑是乡村夜校里最用功最优秀的学生。识字的快乐是无与伦比的。她练书法，习柳公权、颜真卿颇得先生赞赏；在只有一根灯线的油灯下背唐诗"北风卷地白草折，胡天八月即飞雪"，窗外是呼呼的风在吹，窗内是母亲剪不断的唠叨。她知道读书是好事，但她更知道这个贫困之家实在没有这么多灯油供女儿整夜地读书。林凤坚持说我吃的菜里不放油好了，我的那份油，我要点灯读书。妥协了的母亲在作坊里干活的时间更长了。她不点灯，为的是让女儿读书的那盏灯点得长些，更长些。

　　林凤的读书生涯只维持了不到一年，凋敝的乡村已经容不下一所扫盲的夜校。教书的林先生在夜校解散的那天送给她一套课本，让她刻骨铭心的不仅是先生的教诲，还有他那苍凉无奈的笑容。意外的惊喜则来自姑妈的婆家，一部残缺不全的《康熙字典》，由姑妈的公公，人称大先生的老秀才出面，郑重地送给了她。这是一份近于奢侈的礼物，多年后她还向别人讲起接过那部字典时的惶恐不安。很快学会了查字典的她还把简单的字教给弟弟妹妹，俨然像个小先生。

一次，林凤的姑母来说，她家隔壁来了一个走亲戚的小伙子，说起来还和蒋家沾点远亲呢。壶做得非常好，年纪轻轻就有了名气。好奇的林凤便借故去姑母家拿壶样，正巧碰上了这个年轻人。中等个儿，面白无须，看上去有些孤傲。林凤看了他一眼，没有和他说话，其实她心里很想看看他做的壶，或者和他交流一下壶艺，而他已经自负地转身而去了。女孩子是不能主动和男人讲话的，但她记住了这个白衣少年的瘦弱背影和姑妈后来才告诉她的名字——顾景舟。

林凤和外部世界没有任何联系，除了伯父偶尔从上海带回一点有关紫砂的行情，她的全部世界就是她的作坊、她的潜洛村。外面的世界是什么样子？她不知道。

林凤16岁那年终于获得了第一次去县城的机会。走出潜洛村，她正在抽条的身子变得轻盈飘逸。扑面而来的街景是如此让人眼花缭乱。虽然她是从享受5分钱一碗的豆腐花开始感受县城的，但在氤氲的汤气里她已经幸福得发晕了。这次难忘的旅行的高潮是去照相馆拍照，第一次面对镜头的林凤激动而笨拙地穿上了照相馆师傅提供的一件脏兮兮的旗袍，在楼台亭角的粗陋布景前做出一个她很不

16岁，在县城所摄

习惯的姿势。这是上世纪30年代月历仕女的典型做派,但被镜框记取的是村姑林凤的一份忐忑与紧张。拍照师傅在一旁纺棉线一般地絮絮叨叨,他让她笑,她却怎么也笑不出来。最终,一个不谙世事目光迷离的江南村妞在拍照师傅的摆布下被定了格。事后她知道,父亲之所以这么慷慨地让她拍照,是因为有人来提亲。父亲希望女儿有一个较好的身价,而一张化了妆的时髦照片是必不可少的。这一切林凤并不知情。闭塞的乡间谁家有女初长成并不是什么秘密,谁都知道蒋宏泉有个能文善壶的宝贝闺女。有一天清早,一个陌生的汉子挑着一担黄灿灿的稻谷来到蒋家。在林凤的记忆里,家中的口粮从来没有超过一斗。这一担蹊跷的稻谷让她吃惊不已,而更令她惊诧的是父亲和汉子说话的时候态度有些异样,还不时地观察她的神情。汉子走的时候朝她嘿嘿一笑,他留给父亲的一张红纸上密密麻麻写着蝇头小楷。她终于知道那一担稻谷就是她身价的一部分,那张红纸即是对方开出的"八字"。按照约定俗成的做法,如果对方和她的生肖八字不犯冲,那么不久之后的一个黄道吉日就是她出嫁的日子,她的人生将迈过一个山一样高的门槛,从此成为一个别人家的女人、媳妇,跟一个她原来不认识的男人在一个屋顶下生一堆孩子。而生孩子对于乡下女人来说是一件多么可怕的事情,她见过产妇潮水一样的血涌,见过她们在婴儿降生时尖叫得死去活来的样子,见过她们为了一个生命的诞生而搭上自己性命的惨烈场景。

我不要嫁人!她对着忐忑不安的父亲大叫起来。积淀在林凤性格深处的倔强部分突然迸发，16岁的温柔少女第一次对生养她的父母坚决地说不。之后是三天三夜的不吃不喝，母亲甚至在她的枕头下搜出一把锋利的剪刀。一切都像民间发生的抗婚故事那样，故事里的有关细节已经悄悄在潜洛村流传。于是母亲先妥协了，无奈之下的父亲最后只好挑起那担稻谷，退给那户提亲的人家。

　　这场风波过后的一个晚上，父亲突然病倒了。面对着服侍在侧的女儿，他说出一番让林凤终生难忘的伤心话：爹爹做紫砂，做了一辈子也没人看得起。紫砂太贱了，你就是学得再好，将来也不会有什么出路，爹爹本来想给你说个好人家，自己也好有条活路，可你偏偏不听。咱们家算是完了……

第二章 沪上春秋

他是第一个走进她生命的男人,虽然这份感情是朦胧的,像长夜里迅疾而逝的闪电,像刚刚萌芽就遭遇冰雹的幼苗。她和他没有任何承诺,甚至连手都没有拉过。

旧上海街景

林凤在一个淅沥的雨天踏上了通往上海的路途。这一年她20岁。作为蒋氏紫砂的传人，她的壶艺功夫在乡间已经声名鹊起。蒋家擅长做花壶与仿瓜果玩件，林凤的技艺则可与父亲宏泉比肩。广为流传的一则故事说，她做了一颗以假乱真的紫砂花生，被一个年轻的馋嘴媳妇捡到后塞进口中，结果大嚼之下嗑掉了半颗牙齿。她的仿真和造型能力还体现在一只紫砂独角犀牛水盂上，她把金鱼、螃蟹设计成一对喜欢冤家，让螃蟹咬住金鱼的尾巴，而金鱼则游进了犀牛的怀抱求救。这只情趣盎然的水盂在模仿的基础上已经有了创新而无通常的匠气，不经意间它被摆到了上海"铁画轩"古玩陶器店老板娘杨德宜女士的案头。"铁画轩"这块牌子，是她先生戴国宝创下的基业，戴老板早年也是个民间艺人，他善用铁针在瓷器上镌刻书画，功夫了得，自然就出名。"铁画轩"在当时的上海古玩界，口碑相当不错，堪称戴老板一生打拼世界的缩写。戴老板还在上海滩上炼就一双火眼金睛，古董与字画，以及杂玩之类，他只消瞄上一眼，肯定十不离八九。可惜，戴老板已于1926年去世。他留下的家业，由夫人杨德宜女士打理。杨女士人很好，长期与戴国宝一起生活，也颇懂些字画古玩。或许在某个清晨她突然悟到，面前这只通体洋溢着才气的水盂的制作者是大有潜力的。她看准的人，从来不肯放过，既然她是蒋宏高的侄女，那么还有什么理由不让她来上

花非花 蒋蓉传

海加盟"铁画轩"的仿古作坊呢?

实际上,林凤在离家的前几天就兴奋得睡不着觉,父母的反对和亲友的担心反而激发了她出门闯荡的勇气。直到最后一刻,父亲终于答应并决定亲自护送她去沪。慢吞吞的小火轮把他们送过东太湖,经无锡上火车,一路颠簸终于到了上海。只有过一次县城体验的林凤并没有在进入大上海的时候激动得晕倒,她勇敢地挺起胸脯,紧挽着父亲的胳膊,怯生生的眼睛掠过那些比龙窑还高大的广告牌和看不到房顶像是要倒下来的大厦,比春天田野还要花闹的霓虹闪灯,比乡下楼屋还高的双层电车,比潜洛村过年看社戏时还要多好多倍的人……前来迎接的伯父告诉她,这些眼花缭乱的街市和咱们是浑身不搭界的,咱们住的地方在高楼的后面,一种叫作亭子间的地方。实际上,让林凤住下的地方比她想象的要糟糕得多。她不知道亭子间竟然像乡下的猪圈那么小,这里住着伯父的一家。晚上12点之前没有她的床铺,过了子夜全家都睡下了,她才在一块勉强容身的地板上摊开被褥,没有了潜洛村零星的狗吠鸡啼,没有了爹妈的唠叨,没有了稻草铺床的松软清香,没有鸟叫,甚至连风声都听不到。在伯父一家陌生的此起彼伏的鼾声里,她真的想哭,却又不敢发出任何声音。这一夜真是让她辗转难眠。

几天后杨德宜女士来见了林凤一次。她仔细地看了看她的手,对于一个艺人来说,这双手太重要了。古人说,手比命重要,心比手重要。来自乡下的林凤性格内向,说话不多,但是手艺活儿已经非常了得。杨女士并没有让她去"铁画轩"上班。她只需要一个能熟练地仿制紫砂古玩的枪手,这个枪手不能直接和客户见面,也不能打自己的印章。市场上需要什么,她就必须仿造什么,以假乱真是起码的要求。蒋宏高已经在这里干了好多年,上海人都叫他燕亭先生,那是他的雅号,但他的名字从来不准出现在任何一只茶壶上。像他这样的老枪手,铁画轩估计养着好多呢。后来人们知道,连程寿珍、吴云根、陈光明这样的制壶高手,都向"铁画轩"提供过素坯。1930年代后期的大上海到处弥漫着一种奢靡的繁华气息,艰苦的抗战打得难解难分,发国难财的党国大员和得了红利的冒险家们喜欢在古玩收藏里寻找风雅与乐趣。有名头的紫砂老壶往往成为他们喜欢的宝物。蒋宏高和林凤每天的工作就是按照铁画轩提供的壶样仿制老壶,这些被做旧后显得沧桑满面的老壶分别由铁画轩的人打上明清制壶高手时大彬、陈鸣远和陈曼生、杨彭年、邵大亨等人的印章,以不菲的价格出售给那些附庸风雅的达官贵人。在住处不远的一条狭窄曲折的亚尔培路上有一个更小的亭子间,那里就是他们的工作室。林凤还是第一次面对面和伯父一起干活,一份默契,两份劳苦,伯父和侄女各有各的心事。慢慢地,她终于知道伯父是一个多么优秀又多么委屈的紫砂艺人。他几乎精通紫砂所有门类的所有绝活儿,如果不是为了生活所迫,他可以搞很多创作,留下许多传世精品。但他一生中的创造欲望已经被逼仄的现世生活所榨干,只有林凤知道,即便是那些所谓的仿壶,有许多也是伯父自己的壶样，他决不是一个依葫芦画瓢的工匠，只是为了养家活口，才不得已把自己的壶打上古人的印章。如果说做假古玩的人是见不得阳光的。那么，伯父的今天是否就是自己的明天呢？虽然每月有20元工资，但这只并不牢靠的饭碗让林凤的心头一直云遮雾罩，一份盲目的快乐很快就这样透支了。

其实，恰恰是这一段时间的"临摹"和伯父言传身教的"功课"影响着蒋蓉以后的艺术生涯。仿古，何尝不是一种基本功的磨练，把古人的作品模仿得惟妙惟肖，更是一种功力的体现。寂寞的"练功房"里，困惑和郁闷像一支带苦的熏香那样日夜烤炙着她，缭绕着她。小小的亭子间更像一只鸟笼，亭子间外面的弄堂里弥漫着一种她不喜欢的气息。回想起来，潜洛村的每一寸天空都是那么明朗干净，连同村头那条安静的小河，都令她眷恋无比。她不习惯这里闹心的忙碌，嘈杂的市声，漉湿的街面，常常被堵塞的阴沟，烟熏火燎的板壁房子，窗户上挂着的臭哄哄的风鸡和咸鱼，楼梯间里永远生着冒不完烟的煤球炉，万国旗一般的男人女人晾晒的衣裤永远在人们的头顶招摇，没有朋友，没有熟人……她把这些感受写进一封信里，告诉乡下的父母，她在这里是多么地不开心。

按照伯父的说法，弄堂外面的世界到处充满陷阱，所以林凤是不能单独外出的，她只能一直闷闷地趴在亭子间里干活。铁画轩的人经常来取她和伯父做下的素坯，这个不起眼的亭子间正在大量炮制着供贵人们消遣的假古玩。不过，时隔多年后，林凤和其他的壶手却都对铁画轩心存感激，因为那是一个品位不低的平台，他们在这里得到了历练。"上海仿古"竟成为紫砂界元老级人物的一种标配。

事实上林凤并不知道，自己做的壶，被铁画轩打的是什么印章。"万历年间时大彬""陈鸣远""杨彭年""邵大亨"的印款打在她做的各种壶上，那是后来才知道的事了。有时，"铁画轩"的人会拿来一把蓬头垢面的老壶，壶底字面斑驳，竟是一个如雷贯耳的名字。能见到这样的紫砂祖宗级的作品真容，对于一个紫砂艺人来说，简直就是一种莫大造化。

她当时想，如此冒天下之大不韪地炮制古壶，岂不是对先贤们的亵渎？但她忽略了一点，在这些"仿古"的过程中，包含着她向紫砂前辈致敬的意味，而她的壶艺在提高，也正是得益于"铁画轩"提供的这样一个平台。

对林凤的一份满意，杨德宜女士是溢于言表的，她说正在考虑给她加工资。林凤如获至宝的是，"铁画轩"的一位伙计来取素坯时，随手扔下的一份《大沪日报》。除了娱乐版的明星逸闻，更有五花八门的分类广告。尤其让她眼睛一亮的是，闸北有一家上海标准陶瓷公司正在招收熟练技工，男女不限，月薪30元。

林凤决心突围。就像小说里的一处伏笔，亭子间里的紫砂女终于在监护人蒋宏高的眼皮下顺利开溜，一节精心制作的紫砂藕型笔架成为她加盟公司的有力佐证。一周后她居然穿上了标准陶瓷公司的蓝粗布工作服。伯父蒋宏高惊诧于不声不响的小侄女突然变得那么有主见,而且十分倔强。他劝说她的100条理由还不如她的一条理由充分:世界上最没有出息的地方除了鸟笼还是鸟笼。

其实蒋宏高私下里很欣赏侄女的性格。乡村女孩很少像她这样有主见,平时她并不张扬而且非常温顺,就像一根藏在棉花里的绣花针,需要的时候就会露出它锋利的针芒。

最后他们达成的协议是:无论多忙多晚,每天林凤还是要住到伯父家来。

"铁画轩"的人又来了。他们愿意提前实施所承诺的加薪计划,但林凤执意要走。她是一条鱼,她喜欢水,陌生的水域毕竟是水。走出亭子间的林凤在浙江老板开的标准陶瓷公司找到了一种新的感觉,车间虽然嘈杂,但比亭子间明亮多了。有许多单纯可爱的小姐妹做同事,每天可以在上下班的时候浏览这个繁华都市的种种风情,春风沉醉的夜晚林凤不止一次地产生幻觉,生死契阔,今夕何夕?繁星闪烁的夜空,她找不到牛郎星和织女星了,遥远的潜洛村已经渐次变成一道背景,无论它多么老迈和迟钝,但它在林凤的睡梦里总是那样亲切而不可替代。《水红菱》《小田螺》《小辣椒》《桃子水盂》等,这些玲珑剔透的紫砂小玩件不如说是她的思乡之作,

也是从欢喜心出发的。老板对她的才华很是赏识,很快她被委以"工艺辅导员"一职。50多个女工集合到她的部下,叫她蒋辅导,林凤则以全部的精力训练着这样一支缺乏起码素养的娘子军。值得记叙的是一个名叫温长根的师傅,30岁不到的样子,高颧骨,浓眉,细长的眼睛,看上去人很是敦厚沉稳。他是个电工,还会修理机器,在林凤眼里他简直无所不能。温师傅总是给大家讲故事,讲富人如何剥削穷人,讲日本鬼子如何烧杀抢掠。在他的引导下,林凤和大家一起开始抵制日货。有一天下班后温师傅悄悄地对林凤说,要带她去一个地方玩。她跟着他上了有轨电车,七拐八弯到了一个地方,她好奇地见到了一些熟悉的工友,更多的是陌生面孔。原来这里就是赫赫有名的沪西工人俱乐部,热气腾腾的场面让林凤不知不觉受了感染。这里正在排练一出风行的话剧《放下你的鞭子》,恰巧那一天女主角没来,戏排不下去,导演正在发火,温长根和他耳语了几句,导演就朝林凤走过来了。鸭舌帽下一双瞪圆了的眼睛朝她上上下下看了半天,说你来试试吧。

林凤当然死活不肯。导演突然问她:你恨日本鬼子吗?如果让你上战场,你会退缩吗?

温长根师傅鼓励她:不要怕,你一定行!

她突然觉得温师傅的话对她是那么管用,从来没演过戏的林凤真的上场排练了。她的宜兴乡音很重的普通话并没有让导演气馁,因为她投入,还因为她身上的一份乡村女孩的率真与淳朴,而这正是这出简单的街头活报剧所需要的。温长根师傅总是陪着她,给她买夜宵,送她回家。温师傅的知识非常广博,天南地北什么都懂。一路走着听他说话,真是一种享受。

第一次演出是在公司的食堂里,风暴一样的掌声让林凤激动得落泪。温师傅在后台给她献花,是红色的康乃馨。深夜他和她告别时的目光让她感到特别温暖。心,则有一种从未有过的悸动。可是有一天温师傅不见了,公司里到处都在议论,说温师傅是共产党,被日本人抓走了,她再次见到温师傅,是见到他已经僵硬了的遗体,肮脏的白被单上到处是血。知情人说,他是被活活打死的。工人们集聚起来,要求给温长根开追悼会。那天的游行队伍很长,林凤走在队伍的最前列,大家在高呼口号,她的一份伤心却不是用语言能表达的。她还不懂什么叫共产党,她只知道一个她所敬重的、喜欢的男人死了,死在日本人的手里。过去的点点滴滴都成为珍贵的回忆。他是第一个走进她生命的男人,虽然这份感情是朦胧的,像长夜里迅疾而逝的闪电,像刚刚萌芽就遭遇冰雹的幼苗。她和他没有任何承诺,甚至连手都没有拉过。

温妈妈得到儿子的死讯顿时昏了过去。他又没有家眷,入殓的时候,林凤和几位女工一起给他换下了惨不忍睹的血衣。林凤把自己做的一颗原色紫砂花生小挂件挂在他胸前,宜兴的乡俗里,"花生"有着长寿和多子多孙的寓意。她愿他安息。从此温长根这个名字,于她便是一座无可替代的心碑,一直到半个多世纪后,白发苍苍的她回忆起那个颧骨有些高的浓眉男人时，还是会泛起一片激动的红晕。

从此所有的康乃馨都是别人的了，太多的灯红酒绿也是在演绎着别人的故事。林凤的故事则不再与男人有关，没有了温师傅的日子让她感到黯淡无光。或许是心情的缘故，林凤在相当一段时间里不愿谈感情的事。一下班她就回到伯父的亭子间，在昏黄的电灯下帮衬伯父干活。这期间她创作了一把"三脚提梁鸟头壶"，这把壶的造型就像一个高难度的体操动作，显示出她已经能够把握控制难度较大的器型，伯父很喜欢，第一次答应她打上自己的印章。但这把精美的茶壶却卖不出去，这让林凤感到气馁。市面上的物价正在惊人地飞涨，伯母总是在抱怨，通常的情况是她拿着一条棉被去排队换5斤米，轮到她时却只够换几只大饼了。"铁画轩"的生意一天比一天清淡，往昔的那些古玩清客大部分已经杳如黄鹤。开不出工资的老板脾气变得很大，伯父一家5口人的生活真是难以为继，而伯父的身体也越来越差了。这位在上海苦苦经营了近20年的紫砂高手，对于自己最终没能在这个花花世界获得一席之地而感到彻骨的悲凉。

有一天，一位名叫顾景舟的年轻人来访，他礼貌地叫蒋宏高蒋伯伯，还从家乡宜兴带来了炒熟的南瓜子和板栗。说起来他的姑母还是林凤奶奶的干女儿，两家又都是做紫砂的，相见之下格外亲切。原来顾景舟也是来加盟标准陶瓷公司的，按理他和林凤应该有许多共同的话题，但林凤发现他身上有一种与年龄不相称的清高与矜持。她原先印象里的顾景舟是个干干净净的白衣少年，而现在的顾某人满面风尘，很有些落拓不羁。缘分这样一种东西并不是挥手即来拂手即去的，男女之间缺乏默契的谈话则会令人乏味。从顾景舟后来与林凤的交往来看，当时他对这位比自己小4岁的紫砂才女应该是有好感的，但他不善于表达，或者他的表达不当。女人能够容忍男人的愚钝，却不能接受男人的矜持。

以上对顾景舟和蒋林凤在上海第一次见面时的描述，来自13年前对蒋蓉老人的采访。时年蒋蓉87岁。她记性很好，说到顾景舟，她眼睛里神采奕奕，语调则平和轻柔。她虽然没有坚持说一开始顾景舟就对她有好感，但听她说话，感觉她要传递的，正是这样一种意思。蒋蓉是个感性的人，她之所说，应该是女人的一种直觉，在大多数时候女人的直觉是准确的，但有时也会因为获准信息的不对称而发生偏颇。时间越过了大半个世纪，蒋蓉和顾景舟都不在了。但在顾景舟徒弟葛陶中的记忆里，顾景舟只讲过蒋蓉的伯父蒋宏高陶艺了得，是紫砂花器界少有的杰出艺人，说到蒋蓉，顾景舟只是轻描淡写地说了一句：她和她伯父相比，还差得远。这里顾景舟并没有轻慢蒋蓉的意思，事实上，当时蒋林凤还太年轻，把她跟老到的伯父放在一起比，并不恰当。那么，顾景舟的话里，是否还包含着别的意思呢？

至于情感方面的事，顾氏一脉的徒弟们认为，其实两个人都只是欣赏对方的壶艺和为人。作为女人，她总是希望她看重的人，对她多一些在乎，哪怕她并不会去接受，但她乐意见到，并且获得一种讲述的快感。

当时的青年顾景舟在壶艺界其实已经颇有名声，只是一蹶不振的紫砂业的巨大阴影无法彰显他这样的才子的熠熠光华。顾景舟再次光临蒋伯伯的亭子间的时，林凤会借故外出，不知为什么，她对这位令伯父赞不绝口的同乡没有感觉，他们在公司里也没有特别的交往。在众人眼里，模型技师顾景舟与工艺辅导员蒋林凤只是一般的同乡关系。若干年后林凤回忆说，说起来也奇怪，每天朝夕相处，我和他没有逛过一次街，吃过一顿饭，见了面也只是点点头寒暄几句。他这个人比较孤傲，平时不苟言笑，当时他收入很高，每月100大洋，又没有什么负担，即便是在高消费的大上海，他也可以过着一般人不可企及的生活。所以他悠闲自得，刻了一方闲章，署号"自怡轩主人"，他不必像其他紫砂艺人那样为了一家老小的生计奔忙。他有清高的本钱，对于那些没有文化的粗人他是不屑为伍的。与她唯一的一次交谈，也只是局限于紫砂的话题。在顾景舟看来，以简代繁的紫砂光器是可以阐释整个世界的，质朴、内敛、古雅的器型则体现了中国传统文人的情怀。而繁复的紫砂花器，虽然有民间艺人的智慧在，但无论形似神似，都是缺乏想象力的。虽然他比较欣赏蒋林凤的才情，但似乎对她设计制作的那些紫砂花器茶壶和玩件并不认同，认为太像的东西就没有了想头。林凤当然不敢苟同，她认为做紫砂花器首先要有光器的基础，是在光器的基础上进行装饰，繁复并不是繁琐，"繁花似锦"是一种境界，既然大千世界花虫鸟兽都可以入画，那为什么不能入壶呢？

有一个问题摆在我们面前，那就是，蒋林凤在上海仿古时期的业余时间如何打发？

如果把同在上海的顾景舟作为一个参照，那么我们发现，顾景舟的业余时间多半是用来读书或者逛旧书店的，有时会在书画古董的冷摊上一逛就是半天。林凤则不成，她是个女性，伯父的叮嘱时时在敲她的背。下班之后她必须急匆匆地回到伯父的亭子间里，帮做家务的伯母打打下手。她喜欢看书但没有时间，即便拿到一本书，家里孩子的吵闹声也会逼得她看不下去。

当时，紫砂界的冯桂林、王寅春、吴云根、裴石民等艺人都先后在上海滩参与仿古。后来，"上海仿古"就变成了一个紫砂老艺人们的重要资历。如果把上海仿古当作是一个起跑线，那么，蒋林凤至少也是紧随顾景舟等艺人之后的，她已然站在了日后紫砂界的第一阵营里。

林凤的上海生涯一直持续到1943年。在众人眼里，她是一位沉静干练的职业女性。她不喜欢交际，整天在工作室里钻研技术。后来她的感情生活并不是一片空白。有一位王姓男子出现在她的生活里,松江人,标准陶瓷公司的管理员。他追求林凤的方法属于那种典型的上海市民做派,先是请看电影,逛公园,然后在外滩的黄浦江边试着拥抱接吻。但他们的程序刚过第一站他就吞吞吐吐地说其实他还有一个女朋友,他实在无法在林凤和她之间做出取舍。这是一个典型的湿漉漉薄雾迷离的上海早晨,气愤的林凤抽身而去的时候王某肯定屁颠屁颠地在后面追,这个典型的情爱画面似乎还应该加一点"今宵离别后,何日君再来"的背景音乐。在一种特定的环境里,那种甜丝丝的及时行乐的市民文化一直会渗透到人的内心。可是蒋林凤的情感底线是以温长根为参照的,她有理由关上她感情的大门,在她眼里,那些奶油气太重的上海小男人怎么可以和温师傅比呢?

一个决定大家命运的坏消息不胫而走,标准陶瓷公司的老板因贩卖日货,在上海滩声名狼藉。而且他还投靠汪伪政权,即将赴外省任职。公司即将作鸟兽散,开始卷铺盖另谋生路的工人们整天骂骂咧咧。眼看着一份稳定的工作即将失去,林凤心里很是焦急。一天下午,老板约见蒋林凤,告诉她公司还将生存下去,保留人员上有她的名字。她突然想到了顾景舟,他能留下来吗?老板说顾景舟这个人清高自大,留他何用?她听了心里突然明白了,那些有骨气有个性的人都不在这个所谓的保留人员名单上,她若留下,岂不是和老板一丘之貉?

她去意已决。伯父蒋宏高正在患病，每天吞咽的药丸无疑占去了这个窘迫家庭的一大半开支，林凤的处境更是引发了彼此的乡愁。衰弱的蒋宏高终于决定带领全家撤离上海，飘摇风雨，何堪回首，一个太长久的羁旅该结束了。他希冀自己那乱世中不堪一击的身体能在故乡宜兴的怀抱里恢复元气。

离开上海的那天依然下着雨，林凤记得，她来上海时也是下雨的天气。后来她的一生里，许多重要的日子总是和下雨有关。岁月作证，大上海终究褪去了一个村姑的乡气和愚稚，让她带走的是一份优雅的干练和淡定的心境。一直到她真正地离开，她才知道自己对这个城市是多么的喜欢，它的千娇百媚和千疮百孔一样令人留恋；它的奶油糖，霓虹灯……永远释放着诱人的气息；它的天空的每一片云彩都带着俗世的温情。虽然这个城市从来没有属于过她，但一份淡淡的离别的惆怅穿越了每一个平淡的日子，一起聚向她的心头。

不管怎样，回家总是让人高兴的。她分明听到了故乡的深情的呼唤。和伯父不一样的是，她还年轻，一切才刚刚开始。

第三章 寂寞乡关

色彩丰富的田野像牧歌，像幽美的默片，让她忘记烦恼而保持着心灵的恒温，在青草的清香里她优雅地过着一份清贫的乡村生活。她不知道她的另外一半在哪里，他应该是怎样的一个人？也许前世今生一切都有命定，她相信。

蠡河一角

蒋蓉，而不再是蒋林凤。给自己改名是她回到家乡的做的第一件事。70多年后的一个初秋的下午，蒋蓉老人在时间的深处幽幽地述说有关为什么改名以及后来的种种故事。她的语气平和，像家乡蜀山脚下那条蠡河的水波。光阴荏苒，我在距离那个下午13年后的一个冬夜重新打开采访笔记，再次沉浸于那些泛黄而脆薄的细节，像谛听平静水面深处涌动的激流。

芙蓉是她最喜欢的花。她是做花器的。蓉，是一种新生活的绽放，是一种久长的馥郁，是一颗敏感的心灵对未来的期盼。

然而，从上海回来的蒋蓉在最初的一个月里竟然找不到感觉。窑场断烟了，家家的作坊里死寂般冷清，一个新名字只给了她暂时的爽利和希冀，潜洛村正以前所未有的荒凉凋敝踉跄地步入1943年的早春。县志记载这一年的宜兴到处都在逃难，日军的大规模"清乡"和"扫荡"每天让数以千记的难民居无定所。在逃难的人群里，我们找不到蒋蓉以及她的年迈衰老的父母、还没有成年的弟妹。原来他们在几十里外的张渚山里投靠了一个远房的亲戚，挖野菜、采野果成了蒋蓉和弟妹们每天必做的功课。来自山外的消息说，一种叫霍乱的瘟病正在全县蔓延。县城出版的《品报》报道说，徐舍区洴浰村瘟疫延续40天，全村100多户，死亡200余人，有

10余户一家老小全部夭亡。有如惊弓之鸟的蒋蓉一家不敢下山,但躲在亲戚家显然不是长久的办法。一天下午,蒋蓉搭乘一辆骡车去了丁蜀镇,深藏着紫砂矿土的黄龙山已经筑起了日军的碉堡,原先日夜喷吐火舌的几十座龙窑几乎全部熄火,昔日忙碌嘈杂的陶瓷驳运码头变得冷冷清清,所有的作坊紧闭着它们原先夜里也敞开的大门,这个以陶闻名的千年古镇在日本人的蹂躏下已经丧失了元气。总之,一路的见闻让蒋蓉颇为伤感,战争让所有的寻常巷陌不再带有平常的温情,生活的出路也变得模糊不清。21世纪的一个秋天的下午,我沿着蒋蓉记忆中的线路驾车慢慢行驶在通往丁蜀镇的路途上,因为蒋蓉坚持说,那一次丁蜀镇之行对她后来的影响很大。当时她先去上袁村找顾景舟,因为没有预约,景舟先生不知在何处云游。其时,丁蜀镇窑场已遭受重创,全镇40余座龙窑,已有20多座被日军侵占用作炮楼。蒋蓉花了半天才绕过那些破败的窑场,找到了一条名叫白宕的巷子,白宕无宕,乃是几百户世代抟陶的艺人窑户聚居之地。蒋蓉来这里拜访一个名叫华荫堂的陶业长辈,华荫堂堪称丁蜀镇最大的陶业老板、著名的开明绅士,又是这方圆几十里窑场的活字典,是个一言九鼎的重量级人物。华荫堂知道蒋蓉的才艺以及她的上海仿古阅历,他很欣赏这位干练的紫砂女才子。但当时华荫堂手下的若干座龙窑全部歇业,工人们都在家里饿着肚子,因此他无法满足年轻的蒋蓉要

蒋家老屋残壁

第三章 寂寞乡关

在这里谋一份工作的愿望。不过蒋蓉仍然在这里得到了一份她意想不到的惊喜，华荫堂破例拿出一件镇宅之宝：清代制壶女名家杨凤年的代表作《风卷葵壶》，让她观赏。这是一件让蒋蓉受到极度震撼的作品，风来了，葵花在欢快地起舞，仿佛那是一只极其温柔的手，是造物主无所不能的魔手，世界被感动了，万物在一种别具情致的动感中，在难以言传的婀娜里翩然起舞。不知过了多少时候，蒋蓉抬起头时已经泪光闪烁。许久许久，她沉浸在一份深深的感动里。过去她只听伯父说过杨凤年这个名字。她也是生于制壶世家，是制壶名手杨彭年的妹妹。也许女人与女人之间，有一根特别的心弦，它们的沟通是可以跨越时空的。这把《风卷葵壶》以风吹葵叶的动感入壶，在茶壶的造型中非常少见，体现了作者观察生活提炼植物形态的高超能力。60年后，已经度过百岁诞辰的华荫堂老人还清晰地记得蒋蓉当时见到《风卷葵壶》时那种久久凝视、极其虔诚的神态。

"美的东西都是一步到位。"

她喃喃自语:

"真的，见到这把壶是我的造化。"

《风卷葵壶》对于蒋蓉的特别意义，还在于为她今后坚持紫砂花器创作奠定了基础。杨凤年这个名字，既是她前世的一个良师，又是她今生的一个梦幻。

　　后来他们谈到了时局，都痛切地感到紫砂艺人和国家其实是唇亡齿寒的关系，国亡了，何来紫砂的地位，何来紫砂艺人的活路？同时他们相信日本人的统治是不会长久的，紫砂是中华国宝，它是夺不走、烂不了的，总有一天，它会扬眉吐气、重显光华。

　　华荫堂告诉她，日本人几次来打听这把壶。无论如何，这把壶在家里是待不住了。他打算把它藏到乡下去。

　　"日本人凭什么掠夺咱们的好东西？！"

　　然后，华荫堂认真地向蒋蓉订了一把《老南瓜壶》。他随手写给蒋蓉一张字条，那是三斗米的米票。凭这张字条，可以去市面上任何一家米店兑换。蒋蓉的壶，哪里卖过这样高的价钱。

　　况且，壶还没有做呢。

　　一时间，她怯生生地不好意思去接那张字条。

　　华荫堂笑了。

　　华荫堂先生的铁骨风范，还有那种长辈般的殷殷诚意，让蒋蓉感动。她是个不善言辞的人，只是因为激动，满头是汗，她只能向华先生深深鞠躬。

与华荫堂告别后蒋蓉打算回家。她在大街上遇到一个名叫吴碧云的女人，她和这个打扮妖冶的女人原先是前后村的乡亲，自打这人嫁进城后再也没见过面，她们站在路边寒暄了几句。听吴碧云的口气她和日本人很熟，而且日本人非常喜欢紫砂茶壶。蒋蓉立刻感到对方的气味不对，便借故告辞。吴碧云追上来说日本人没有那么可怕，他们也欣赏有才气的人。蒋蓉不再理她，如躲避瘟神般飞快地离去。

　　之后，吴碧云又到潜洛村来找过一次蒋蓉。她说日本皇军喜欢她的茶壶，愿意花重金购买。蒋蓉反感地说："你是中国人，怎么替日本人说话？你看看窑场还冒烟吗？我们也早已经不做壶了！"

　　吴碧云说："好姐姐你就帮我一个忙吧，让我在皇军面前有个交代。"

　　蒋蓉冷笑道："你把我的手剁了去送日本人吧！"

　　家徒四壁空无一物的蒋家让这个为日军效力的女人感到失望。据说，无功而返的吴碧云在村口被某家的狗咬了一口，又据说有人看到了她别在花裤衩上的一支乌亮的手枪，还有人说这个女人经常在日本人在青龙山的炮楼里出出进进，但没有人能说出她的确切身份。几十年后，吴碧云这个名字还让蒋蓉付出了意想不到的沉重代价。

　　所有的出路都显得渺茫。只有潜洛村的老屋还是他们的蔽身之所。到处都是嗷嗷待哺的饥民，光秃的田埂上已经不再有野菜草根，一些人家在吃光了树叶后尝试着用观音土充饥。用紫砂壶泡茶已经成为遥远往事中的一种奢侈。

　　蒋蓉在油灯下专心制作华荫堂先生所订的《老南瓜壶》，这样的年景，华先生还订她的壶，不但是对她的鼓励，也是一种含蓄的接济。做壶的时候她又想到一层意思，这《老南瓜壶》，是乡下人的俗称，它还有一个文雅的名字，叫《东陵瓜壶》。其中还包含着一个励志故事，很小的时候她就听伯父讲过，说是古时候有个人叫召平，他在秦始皇时期做过东陵王，后来秦朝灭了，新皇帝几次出面请他出来做官，他心念旧主，坚辞不从，在城外租了几亩地种瓜。他种的瓜又大又甜，被人们称为东陵瓜，朝野的人说到东陵瓜，都知道那是暗喻一种难得的气节。陈鸣远的《东陵瓜壶》有一种老迈的清趣与从容，它一点也不倨傲，却透现着些许遗世的孤高。蒋蓉的《老南瓜壶》，则接通着更多的地气，是暖融融的烟火气息，是一份知足的欢乐，看似老成持重的格调里，有难掩的隽秀与英挺，气质里有一种民间恩养的情趣。

　　这年深秋的一个风雨之夜，伯父蒋宏高在贫病中去世。他临终前最大的遗憾，是这一生很少在自己的作品上打过印章，就像自己生的孩子全都用了别人的姓氏，莫大的悲哀已经扩散到垂危生命的每一个细胞。虽然学问和绝技都不是这个乱世所需要的，但他在离开这个冷酷的世界的时候仍然告诫侄女，无论如何不能把紫砂丢掉，今后，无论做什么壶，都要堂堂正正盖上自己的印章。

　　村西的坟场上多了一座用黄土垒起的新坟，雪片似的纸钱一直在蒋蓉的脑海里纷飞。她把自己关在作坊里，决意要好好做一把壶，只有好好做一把壶，才是对伯父最好的祭奠。有风轻轻叩动门扉，像伯父往昔的叮咛。灵泉之下的伯父应该含笑瞑目，蒋氏作坊的灯火没有熄灭，传薪有人。只要一触摸到紫砂泥，她的心就会沉静下来，世界骤然变得只有一把壶大。自从在华荫堂那里见过《风卷葵壶》，她的一扇灵性之门仿佛被訇然打开。那种风中的动感，如春水般的潮涌，叩击胸膛。一整天，一整夜，她的天空长满霜枝，她的世界冰雪消融。不知道昼夜晨昏，也不觉得饱饿饥渴，《龙壶》和《凤壶》就是这样诞生的。不知过了多少时候，她从凳子上站起来时突然感到晕眩。颤巍巍的母亲把她拥在怀里，父亲则在作坊的一角抹着老泪。龙壶雄壮，凤壶优雅，栩栩如生的游龙嬉凤浮雕般匍匐于身筒饱满的壶体之上。无论造型还是雕塑，都很见功力。

即便是在最悲伤的时刻，蒋蓉的壶艺创作还是离不开圆满和吉祥的主题。为什么呢？这是民间艺人的心性所系。在他们的眼里，这个世界是被用来感恩的。所有的缺憾，都怪自己的命运不济，都只能在一以贯之的、终生修行般的感恩中获得圆满。还有一个原因是，草根艺人们即使心里再怎么痛苦，也只能藏在心里，传递给大家的，总是一份用欢乐打底的吉祥如意，哪怕它的质地是苦涩的。

从蒋林凤到蒋蓉，她已经完成了一次艺术上的蜕变。一直到这个时候，蒋宏泉才觉得女儿真正长大了，他和妻子周秀宝都确信，他们真的老了，他们已经做不出女儿做出的这样的壶了。一个月后，蒋宏泉信心百倍地带着这对壶前往上海，有一位蒋家的老客户听说蒋蓉做了一对龙凤壶，很想收藏。父亲上路时蒋蓉煮了家中最后的两枚土豆塞进他的口袋，她和母亲一样担心他病弱的身体能否经得住车船之劳，但家中的米囤已经空了多日，一家人连吃糠咽菜都难以为继。所有的人都指望着这对龙凤壶挣个好价钱，聊补无米之炊。

　　父亲在两天后的一个傍晚空着两手回到家中，让大家心里凉了半截的是，他拿出的只是一张手写的白条而不是钞票。白条上虽然写着一个可观的数额，但它毕竟不能换来柴米油盐啊。父亲说，那个手头拮据的收藏家答应最多半年后一定兑现这张白条。而半年是一个多么漫长的时间概念，对于饥饿中的一家人来说，熬过一天都是困难的。母亲为了不让大家太扫兴，便去村上的殷实人家借了1斤米，熬成一锅薄薄的稀粥，那天晚上白米粥的清香难得地光顾蒋家，弟妹们恍惚有一种过年的感觉。而蒋蓉却难过得一口也吃不下，把自己关进作坊，她又独自冥思苦想。一朵脆弱的灯苗陪伴她，在凄清的长夜里做着她没有完成的壶。《风卷葵壶》无数次叩访她的心灵，让她知道，一把壶可以感动一个世界，还可以装进一个世界。

　　1943年的冬天，宜兴全境沦陷。日军连续的清乡扫荡让许多村庄寂无一人，蒋蓉却一直留在作坊里干活而没有随逃难的人群东躲西藏。奇怪的是，她一点都不怕，不就是日本人吗？她在上海见得多了。这期间她的平淡的乡村生活并没有发生什么波折，倒是一个名叫于瑞清的无锡青年走进了她的作坊。像平静的水面扔进一块石头，泛起层层涟漪。

于瑞清是弟弟淦方的朋友，在无锡一家医院药房工作。他一来就喜欢看蒋蓉做壶。起先蒋蓉没怎么在意他，后来他待在作坊里不肯走，专注的样子让蒋蓉觉得这人有些憨。第二天淦方悄悄地对她说，姐，他喜欢你！

"可我一点也不了解他啊。"蒋蓉平静地回答弟弟。

"人很忠厚，人品绝对没问题。"淦方拍着胸脯说。

蒋蓉不语。她这年已经24岁，几年在上海的阅历，让她自有一份乡村女子不具备的干练与沉静。虽然因为家贫，她没有珠光宝气的衣服首饰，但她任何时候都衣着得体，有一份与众不同的气质，一份脱俗的优雅与清丽。对婚姻她有自己的看法，不喜欢的人她决不会苟且，她有自己的审美标准。乡下女子的终身大事大多由父母做主，但她是蒋蓉，一个在大事面前有主见不苟且的人。

这个于瑞清看上去蛮朴实腼腆的，人也长得清秀，有一份固定的工作。而且他那么喜欢看她做壶，不喜欢或者不尊重紫砂的人她不会考虑。现在有一个人走进来了，她能感觉到那双火辣辣的眼睛。他们之间的交谈是融洽的，于瑞清甚至还捋起袖子帮她打了一张泥片，虽然那是不合格的，但蒋蓉心里却给他打了一个合格分。

可是她不会匆忙做出决定。他低下头去看她做壶的时候，她无意间发现他的脖子和衣领上有一层黑黑的油泥污垢。她并不知道自己在上海的这几年生活，使自己养成了一种洁癖。她尤其不能容忍脏兮兮的东西穿在人的身上，她看男人，第一个要求就是干净。

第二天于瑞清走了，他没有得到蒋蓉明确的答复。临走时蒋蓉送了他一小块褐色的紫砂矿石，还有一个梅花图案的小模型板。她笑容平常，目光平静，送这些小礼物给他是不是含有某种暗示，于某人并不敢肯定。

淦方送走了朋友，姐姐开始问他了，这个于瑞清爱干净吗？

这个设问句其实已经有前提了，可惜淦方没在意。他笑着说，别的都好，就是有点口臭！

于瑞清夜宿她家，是和淦方睡一个铺的。也许淦方说的是一句玩笑话，但蒋蓉却当了真，她心理上绝对排斥一个口臭的男人。然后，可能存在的口臭与脖子上的污垢联合起来，彻底摧毁了于瑞清给她的一点好印象。

几十年后，于瑞清还记得，那一次他走的时候，以为蒋蓉会去送他，会和他一起走在一条两边点缀着野花的田埂上，然后挥别。但是，这只是他心存的幻想而已。

于瑞清回到无锡后给蒋蓉来过几封信，全是火辣辣的求爱，可是她一封信也没回。于瑞清肯定不知道自己的感情竟然完结在自己脖子上的污垢以及淦方的一句玩笑上，否则，半块肥皂加一支美丽牌牙膏就可以救他。缘分这东西有时是个吝啬鬼，一个品质优秀的男人就这样和蒋蓉擦肩而过，从此再无音讯。

　　一天，蒋蓉在家里接待了一位来自上海的不速之客，那是松江人小王，她昔日的同事兼追求者。小王说他已经和那位当时割舍不了的女友彻底分手了，他希望和蒋蓉再续旧情，他带来的上海奶糖和面包让蒋蓉的几个弟妹雀跃不已，但蒋蓉不假思索地婉拒了他。有些丢失的东西是找不回来的，一个三心二意的人让她缺乏信心，况且她已经离开了上海，没有基础的感情是不牢靠的，她不欣赏搭在沙滩上的积木，她回赠给他的，只有一声温柔的"对不起"和一个坚硬的句号。

　　蒋蓉心高，是因为她始终有一份自信。她已经完全成熟，一个由岁月垒建的审美王国防守严密；她敏感而多愁，感情有时特别脆弱，有时却异常坚强。感动，有时会是因为田野里那些没名字的小花小草，她出神地欣赏它们的姿态，真心为一朵野花的伤逝而忧郁，为一棵小草的成长而兴奋。色彩丰富的田野像牧歌，像幽美的默片，让她忘记烦恼而保持着心灵的恒温，在青草的清香里她优雅地过着一份清贫的乡村生活。她不知道她的另外一半在哪里，他应该是怎样的一个人？也许前世今生一切都有命定，她相信。

第四章 雾失霓虹

那一次精神的饕餮让蒋蓉在激动的恍惚中度过了难忘的一周。时间被忘却了,封尘的唐风汉韵让一个个慵倦的清晨与黄昏流动着七彩的祥云,仙风道骨的文人士子一个个扑面而来:吴道子、米芾、沈周、文徵明、唐寅、董其昌、石涛……何等雄奇的十万大山,这简直让一个恶补的紫砂小女子晕头转向。

蒋蓉再一次走出潜洛村是在1944年的早春。春天的雨让涨满的河水加速地奔流,通向县城的20里土路曲曲弯弯,青春的梦想再一次在腾起的尘土里飞扬,她的身后还跟着年迈体弱的父亲。他们决定在县城南大街租一间小店的门面,以出售做好的紫砂陶器。这是父亲托熟人帮忙的结果。生意清淡是在意料之中的,战争不仅掠夺了民间的一切财富,还让许多人失去了欣赏陶艺的雅兴。早先的宜兴城里茶楼酒肆鳞次栉比,热闹非凡,但在日军的铁蹄下这个世代富庶的江南古城正在日复一日地衰败。不过,蒋蓉的出现还是在城南地带引起了一些人的注意。每天会有一些好奇的人围在狭小的店门口看她现场制作,看一块紫砂泥在一双巧手里变成了一头憨憨的水牛、一只威猛的老虎、一座逶迤的假山。一位县城小报的记者还用半文半白的笔法给蒋蓉写了一篇300余字的速写,称她是"巧夺天工之紫砂才女",这是她的名字第一次在媒体上出现。尽管这份报纸印数很少,发行的渠道基本以向车站码头店铺的行人赠阅为主,但蒋蓉的命运由此又有了新的转折。有一天,一位叫范敬堂的县府文书拿着报纸来找蒋蓉。他一直站在小店门口看蒋蓉干活,一声深沉的赞叹是在他看得入迷之后由衷发出的。蒋蓉印象里的范先生虽只40多岁,却颇有长者风度。他执意用2块银元买下了她做的一对紫砂陶羊,这让蒋蓉受宠若惊。2块银元当时可供一家5口一月生活之用。蒋家几代人的作品都没有卖出这样高的价钱。一周之后范先生又来了,这一次他说出了一个属羊的上海朋友的名字,那是一个富可敌国的大收藏家，他非常喜欢蒋蓉制作的这对生肖羊。接下来是言辞恳切的邀请，上海望族虞家花园需要一位制作花盆的技师，她若加盟，会得到一份优厚的收入。

　　那一对幸运的紫砂陶羊牵引着蒋蓉梦一般地再次进入上海。故事深处的虞家花园坐落在闹中取静的协庆路上，据说，这套拥有几十个房间的3层法式建筑只是虞府的一部分。主人虞洽卿先生早年一直在四川做官，没有人确切知道他到底有多少姨太太和子女，更没有人知道他有多少财产。蒋蓉印象里的虞先生是个深居简出的人，她只见过他一面，那竟是一个衣着朴素的老先生，言语不多却有着不怒自威的派头，他的博古通今、无所不晓让蒋蓉第一次在人面前感到缺乏底气。说到紫砂，虞老先生更是如数家珍，好多历史上的折子是她闻所未闻的，即便是伯父，恐怕也没有他那么通晓。但虞老爷子露过一次面后就再也没有出现。在蒋蓉看来，迷宫一样的虞府就像一架庞大的机器，无论什么时候总有一些仆人在上下忙碌。管家交给她的活儿是设计紫砂花盆式样，有6个成型工人归她分配。至少有几百种以上蒋蓉叫不出名字的花儿在玻璃花房里艳丽得寂寞，就像深宫里的怨女，永远难见天日。被栽进花盆的花儿则一下子像宠妃一样青云直上，身价百倍。紫砂花盆的排水透气性适宜花卉、树桩生长，其色泽古穆沉静，样式多变，因而成为栽花之首选。什么样的花配什么样的盆那是极讲究的，譬如春兰，必得配上镂刻竹石的方盆，以彰显其雅致；而大红的勺药，若配一只色泽淡雅的米黄套盆，则妩媚得风流。蒋蓉设计的器型可谓千姿百态，最小的掌中珍玩，只有酒盅般大；最大的巨型架构，可容纳百年古松。陶刻与装饰也精当可人，表现出儿女性情，观者无不赞叹。管家在一天傍晚来找蒋蓉，老爷高兴，是因为特别欣赏她设计的两款造型，一是"花口喇叭小盆"，就像一朵盛开的花瓣，上下匀称，亭亭玉立；二是"铺砂六方小盆"，以几何形为主体，六方体角面鲜明，造型稳健，以细砂点缀，如古朴金萱，令人爱不释手。

"老爷吩咐了，打开专放古玩字画的珍宝斋，让您开开眼界。"

"真的？"

阿里巴巴的大门訇然洞开了。

那一次精神的饕餮让蒋蓉在激动的恍惚中度过了难忘的一周。时间被忘却了，封尘的唐风汉韵让一个个慵倦的清晨与黄昏流动着七彩的祥云，仙风道骨的文人士子一个个扑面而来：吴道子、米芾、沈周、文徵明、唐寅、董其昌、石涛……何等雄奇的十万大山，这简直让一个恶补的紫砂小女子晕头转向。除了书画，还有数不清的玉器、漆器、瓦当、汉纹、青铜器。蒋蓉央求让她慢慢看，老爷破例在一个大家不知道的房间里下令说：准。

展开那暗旧斑驳的画幅，那些山水，那些枯树，那些西风中的瘦马，那些长髯的老者，还有衣褶如花瓣般繁复的仕女，以及观棋的顽童、牧羊的少年，在沉睡了几个世纪之后，一齐在秋天的一个早晨醒来。千年的时光拥挤在这间小屋里，让酩酊的蒋蓉几乎透不过气来。

养眼的日子一页页翻过。很难说蒋蓉看过了这些宝贝疙瘩就能得道成仙，但眼界与气度的开张是要有阅历衬底的，百分之九十九的紫砂艺人从生到死都没有离开过他们的作坊和窑场，于是大都只能在模仿前辈的死胡同里转来转去。看到了那么多好东西的蒋蓉终于知道，原来紫砂的许多造型都是从毗邻艺术中化过来的，和那些老祖宗级的精妙绝伦的鼎鬲簪爵相比，600年的紫砂艺术还只是小弟弟。

让蒋蓉意外欣喜的是，离虞家花园不远的弄堂里居然开着一家成人夜校，交不多的钱就可以每天晚上来这里补习文化和书法。光亮充足的电灯下从容读书的蒋蓉有一种从未有过的充实，她把大部分工资寄回等米下锅的家中，自己则过着一份节俭的气定神闲的日子。过了不久是虞老爷的65岁大寿，蒋蓉精心创作了一套紫砂《百果酒具》，作为献寿的礼物。这套酒具共14件，以北瓜器形为壶，荷叶为托盘，选12种果品为酒杯，每个杯子上缀以灵动的仙草瑞枝，中国传统的喜庆祥瑞尽显其间。在数以百计的寿礼中虞老爷特别喜欢这套酒具，祝寿那天它被摆在最显眼的位置，以致让其他的一些舶来礼品黯然失色。蒋蓉的名字开始在许多人的口中流传，她设计的花盆更是声名鹊起……你厉害，你能得到一只蒋蓉的花盆

20岁在上海

吗？有人私下里找她，愿意用更大的价钱"买"她。一笑置之的蒋蓉淡定从容，时光容易把人抛，红了樱桃，绿了芭蕉，就像上流社会的红舞鞋并不适合她洁白的双足，非分物事，她从来不去看，不去想。

一个平平常常的日子突然让蒋蓉流了许多泪，是因为这天的清晨她突然想到，这天是温长根师傅的忌日。她在花房里选了一大把白菊花，跟管家请了半天假，转了几路车赶到龙华公墓。温师傅的坟前站着一位佝偻的白发老太，蒋蓉听不清她在喃喃些什么，但她知道那是可怜的温妈妈，黑发人长眠着，白发人苟活着，阴阳两界两顾茫茫。感伤的泪水是从蒋蓉心底汩汩流淌的，她这一生，还是第一次为一个男人流泪，为一株早夭的爱情萌芽流泪。

1944年深秋，虞家花园已经流动着一种没落颓败的气息。蒋蓉敏锐地发现一些原本忙碌的仆人正在逐渐消失，庭院里纷落的黄叶里传递着一些不妙的说法：老爷病了，3个公子正在为了争夺财产而上演着一场生死决斗。花房里的鲜花变得不够供应，据说是因为即将掌权的二公子经常在家里举办舞会。一天下午，西装革履的二公子突然召见蒋蓉，要她特制一批案头清供的水仙盆，他有急用。二公子是留洋回来的，英语比国语说得还好。他看蒋蓉的时候眼睛一眨不眨，暧昧的神态让蒋蓉不太舒服。他还问蒋蓉会不会跳舞，显然，一个干巴巴的回答令他十分失望。紧张的蒋蓉终于找得一个机会抽身离去，接下来的10余天，她与6个成型工人秉烛夜战，所需之水仙盆终于如期交货。可是就在交货这一天晚上，虞家二公子在百乐门被不明身份的蒙面人刺杀。得到噩耗的虞老爷当时就昏厥过去，虞府一时大乱。半夜，蒋蓉被一声枪声惊醒，花匠说是三楼东面的房间发出来的，这太像一部惊险片里的情节，和这些情节息息相关的蒋蓉知道，虞家从此不会有安稳的日子了，树倒猢狲散，她可惜只在这里待了9个月。她感激这200多个安逸散淡的日子，虽然没有人来通知她离开，但她知道，这里不再有她的一席之地。给她发放最后一笔工资的管家说：蒋小姐真是明白人，你不愁的，有这样一双手，走遍天下都不怕的。

她离开虞家花园的隔夜天边有着隐隐的雷声，冬天不常有的雷声，她就知道，明天又是一个下雨的天气。她撑一把油纸伞走出虞家花园时眼睛有一点湿润，她本来想去医院跟虞老爷告一声别，但管家淡淡地说不必了，你就赶紧走吧，听到那天晚上的枪响了吗？少爷不在了，接下去还不知道发生什么事呢！

寻范敬堂先生：蓉已自沪返宜，如见报请到宜城南大街56号宏生陶器店一叙。

这则寻人广告刊登在1945年1月17日的宜兴《民锋报》第2版右下角，其时国民党的县政府已经撤退至宜兴城西北50余里的张渚山里，县长丁国桢被老百姓戏称为"皮包县长"。蒋蓉不知道范敬堂先生是否还在县府谋职。不管怎样，她不能忘记这位曾经提携过她的长者。可是，没有任何消息证明他的存在。感恩的力量为什么这样脆弱，苍茫的烟尘古道为什么总是让一些珍贵纯洁的情感没有去处，没有归宿？

父亲的宏生陶器店一直在风雨飘摇中支撑，女儿回来了，蒋宏泉有一种如释重负的感觉。蒋蓉的重新出现居然让店里的生意有些回升，生活的安定又让她回到了作坊的泥凳旁。她要做一把壶，这把壶在她心里已经呼之欲出了：《束柴三友》。懂壶的人知道，那是陈鸣远的款式，是花器创作中的高难度作品。蒋蓉为了这件作品已经暗暗地准备了好几年。

生于清康熙年间的陈鸣远是中国紫砂史上花器创作的开山人物。他富创意，擅肖生，好仿古，擅刻壶铭。古朴守拙的紫砂到了他的手里，不但有了儿女情长，也平添了许多文气。他的创作题材汪洋恣肆、品种繁多，凡自然形态，信手拈来皆可入壶。古人说他"形制款识，无不精妙"，有爱其壶者甚至这样惊叹："人间珠玉安足取，岂如阳羡溪头一丸土？古来技巧能几人，陈生陈生今绝伦。"

《束柴三友壶》乃是他的代表作品之一。

该壶的壶体是一捆松柴，腰间用藤条一匝，故名束柴；松竹梅乃中国传统文化中的岁寒三友，亦是历代文人士大夫精气神之象征。陈鸣远的意境无疑是富有诗情的：山间小径，清风一阵；一个

東柴三友壺

担柴汉子唱着山歌拾级而来，松之坚贞，竹之清悠，梅之高洁，全部体现在平民化的构图之中。

仿陈鸣远并不难，难的是得其精髓，这是多年前伯父的箴言。蒋蓉版的《束柴三友壶》则是站在古人肩上的再度创作，无论松枝、竹节、梅蕊，都显示了蒋蓉独特的审美理念。捏塑、雕刻工艺上的突破使得该壶比陈鸣远的原作更具儿女情态，更具一份生命的疏放之美。

暖融融的温煦，这是蒋蓉花器在这个时期的主要特点。就《束柴三友壶》而言，古人的壶器上，彰显的是士子的高韬，是文人的清高骨格。蒋蓉不然，她手下的壶，释放的是农家乐融融的情调，是大自然的意趣，是明目清心的山野味道。格调在这里并没有降低，而十足的野趣会让最冷峻的文人墨客也生起一段温情，来感念烟火气的居家日子。

《束柴三友壶》的成功让父亲蒋宏泉感到十分欣喜。女儿确实长大了！他觉得这把壶再穷也不能卖，它应该是蒋家传人的镇宅之宝。但他老人家在一天夜里盘账的时候突然晕倒，吓坏了的蒋蓉和弟弟淦方赶紧把他送到县城医院。一连几天父亲持续昏迷不醒，医生最终的结论是残酷的，一盏风前飘忽的灯已经熬尽了它最后的灯油，哭红了眼睛的蒋蓉开始准备父亲的后事。家徒四壁，蒋蓉实在找不到值钱的东西可以变卖，无奈之下，还是把心爱的《束柴三友壶》卖给了一个皮货商人，换得一副薄皮棺材。次日黎明，蒋宏泉被一副雇来的担架抬回潜洛老家。在经过村西那座老龙窑的时候他突然回光返照，他隐约听到一阵远处飘来的陶器铿锵声，于是他坚持着要到窑上去看看。一个行将就木之人的最后愿望是不可违拗的，在众人的搀扶下蒋宏泉真的登上了窑顶，但是眼前的景象让他的心沉到了潭底——杂草几乎已经覆盖了整座窑体，几只硕大的田鼠在倒塌的窑头上探头探脑。窑是冷的，并没有人烟。他这才知道耳边听到的声响只是幻觉。一个让蒋蓉永远难忘的场景是，父亲深凹的眼睛在突然燃起灼人的光亮后迅速地黯淡下去，他终于离去，在他熔铸了他一生心血的冰凉的窑场上。这位绝技超人的能工巧匠留给这个世界的作品实在不多，一把"洋桶壶"是可以传世的，与兄父一样可惜的是，他制作的大量的壶上都没有自己的名字，也许是上苍为了弥补这莫大的遗憾，便赐于了他一个悲壮的宗教式的离去，蒋宏泉惨淡人生最后的句号竟是如此圆满。

埋葬了父亲，蒋蓉和母亲、弟弟淦方、淦春、淦勤，妹妹定凤、月林、梅林一行还是回到了县城的陶器店，这里毕竟有父亲置下的一份基业。一天，顾景舟来访，在蒋蓉的印象里，他比在上海分别时落拓多了，一场"天花"让他原本白净光洁的脸庞留下了一些浅浅的印记，衣着也有些随意，但眉宇之间的清气还在。在蒋蓉的感觉里，这一天的顾某人有些灰头土脸，状态并不很好。和蒋蓉一样的是他一直没有成婚，战争让紫砂行情一落千丈，也让这位心高气傲、不肯折腰的"瘦萍"（当时顾景舟的自号）为了生计而四处飘泊。

蒋蓉还是留他吃了一顿饭，席间顾景舟提出"合作"，即自己来加盟这个小小的宏生陶器店。如果蒋蓉答应，那将是现代紫砂史上的一段佳话。设想一下吧，当时顾景舟才30岁出头，正是才华横溢的年份，蒋蓉则比他小4岁，一个做"光货"已经卓然成家，一个做"花货"亦已声名鹊起。两人若愿合作，必是紫砂界独一无二的珠联璧合。

但是，蒋蓉婉言谢绝了。

时光飞越了60多年。晚辈的我在采访蒋蓉老人时有一段对话，兹录于下：

问：当时你为什么要拒绝他呢？

答：因为当时我觉得，他说的"合作"，不仅是指生意，还有别的意思。

问：别的什么意思？是否指感情上的？

答：是的。

问：那你为什么不喜欢他呢？

答：我也不知道。反正，当时我心中的人，不是他这样的。感情的事不能勉强。

问：当时那个年代，媒妁之言，父母之命。许多人不就是在一起凑合着过过日子的吗？

答：别人可能是这样，我不这样。

问：别人说，如果你们能够结合，就是一门两泰斗，紫砂界的风光就都被你们占了。这一点你想过吗？

答：其实他和我的观念是不一致的。他看不起我做的花货，我也不喜欢他的傲气，两个性格不合的人在一起，是不会幸福的。

问：当时你那么拒绝他，他是不是有点难堪？

答：其实我们都没有直说。他是个很清高的人，说不合作，那就算了。

问：现在回顾这件事，你觉得当时做得对吗？

答：没有什么对不对，我只是怎么想，就怎么说。

蒋蓉的回答使我感到，世界上最不可改变的就是女人。没有什么能够改变她们爱情婚姻的航标，哪怕它仅仅通向不可能出现奇迹的苦难岁月。按照蒋蓉的思绪想象下去，被蒋蓉婉拒后索然离去的顾景舟心里应该是难受的。他一生未向女人求过爱，"合作"也许是他以最大的勇气、最含蓄的口吻说出的最诚恳的求爱语言。和许多天才一样，当时他除了一手绝技别无长物，在找不到出路的现实的种种羁绊下，他的生存一样的十分艰难。

以上对话摘自2005年7月9日对蒋蓉老人的采访笔记。有感而发的议论，也是依顺传主的语境所派生。本书第一版问世后，顾氏一脉的家人与徒弟都认为，即使顾景舟确实提出要跟蒋蓉合作，那也可能只限于紫砂生意。在顾景舟的壶艺史上，他确实为了生计跟别人有过合作，比如，为了完成上海"铁画轩"的订单，顾景舟曾经与沈孝鹿等人合作，起早贪黑地赶制茶壶。他还为了江苏省农民银行定制的100把"座有兰言"仿鼓壶，分别与沈孝鹿、诸葛勋等人合作过一个多月。所以，在顾景舟的辞典里，合作就是合作，他不会把自己的终生大事用生意上的合作来假托，那不是顾景舟的风格。

而且，熟知顾景舟的老人，比如烧窑师傅吴树林受访时认为，顾景舟年轻时，感情并非一张白纸。25岁那年他谈过的一次恋爱，导致他出了一场天花。所以，说他一生未向女人求过爱，亦属不切。其具体情节可以参看《布衣壶宗——顾景舟传》。

但是，蒋蓉也是个一辈子谨言慎行的人。她所讲的，肯定是几十年维持不变的、埋藏在心底的一种直觉。蒋蓉接受采访的时候，已然87岁。她认为，自己这部传记，是对这个世界的一个交代。传记这种体裁，在重大关节上容不得虚构假设，也不能因为个人的偏颇妄加结论。在这里，笔者只能把客观的资料铺陈于读者，让读者做出自己的判断。

1945年的宏生陶器店分明是蒋蓉一家在汪洋中艰难度日的风雨之舟。有一家"兄弟书店"坐落在它的隔壁，店主是个20多岁的进步青年，名叫朱豪。蒋蓉的大弟淦方不仅和他厮混得很熟，还经常拿一些"红色"的书籍回来传看，起先蒋蓉并不在意，那些内容新鲜道理实在的书籍同样也吸引着她。后来淦方老是"革命""解放"的不离口，蒋蓉便多了一份担心。侵占宜兴的日军一直到这一年的9月才放下武器受降，新四军光复宜兴后即迅速撤出。国民党又回来了，青天白日旗重又升起在小城的上空。有人提醒蒋蓉姐弟，小心县党部的人，他们的鼻子很长，经常有事没事地在这一带觅食呢。事情该来的总是要来，一天下午，县党部几个便衣来到店里，一张盖了大印的传票交到蒋蓉手上，说县党部的书记长蒋如镜先生要找蒋淦方谈话，被一起带走的还有隔壁的朱豪，据说他是共产党。淦方前脚走，母亲周秀宝就急得晕过去，还有最小的妹妹梅林，她前不久被查出有肺病，有时咳出一口血，把大家吓得半死。家里已经没有钱买药，她只好乖乖地躺在母亲身边，脸白得像一张纸。这个祸不单行的家就像被推到了悬崖边，那些日子里蒋蓉急得团团直转。邻舍们说，谁要是被县党部盯上了，那就逃不了走着进去躺着出来的命运，淦方此去凶多吉少，要把他从虎口里救出来谈何容易！她穿过深深的大人巷去到县党部打听，一连几次都没有人理她，后来她在一个管事的头目手里塞了几块银元，那人才答应让她见一面。大牢里可怜的淦方双手被吊在高处，脸庞和身上是一道道的血痕，想必吃了不少苦头。仅仅几天，一个健壮的小伙子就被折磨得惨不忍睹。"通共"的罪名是可大可小的，这里的人没有兴趣听她的申诉，也许除了钱和妖冶女人没有什么能让这些党国的官员们瞪大眼睛。蒋书记长可能是因为忙于党国大事，蒋蓉想求见一面的可能几乎是零。这时有一位卸职归田的沈专员出场了,此人50多岁,自称是蒋书记长的至交,一生宦海沉浮,深谙所有官司诉讼的一切环节。按照沈某人的说法,要让蒋淦方自己走出县党部的大门起码必须准备500大洋。对于囊中羞涩的蒋蓉来说,这不啻是个天文数字。钱是这个乱世唯一的救命稻草,没有钱的穷人却只能眼巴巴地看着一条无辜的生命被活活涂炭。沈专员还说,淦方的手已经被打断了,蒋蓉还必须替他代写一份登报用的"自新书",等等。沈专员看着把蒋蓉逼得差不多了,便转了话锋,说出了另一层意思:其实蒋书记长也是个读书人,决不贪恋钱财,他喜欢紫砂壶,对蒋小姐的才艺很是佩服,过些日子蒋书记长就是50大寿了,这样一个机会,蒋小姐可要抓住啊。

　　蒋蓉没有想到,自己的壶竟会和弟弟的性命联系在一起。她不知道这是不是一个阴谋。她想起父亲在世时曾经讲过的一个故事:清代有位名叫邵大亨的制壶高手,一生视官场如粪土。有一天,县官传他到衙门,要他定制紫砂壶。大亨不从,竟被县官严刑毒打。后来,大亨便胡乱捏些壶样搪塞,县官实在无法,只好把他放了。

　　无论如何,她不愿把自己的作品送给一个道貌岸然的刽子手。可是弟弟的生命危在旦夕,一把壶若能换回一条命,就是自己委屈死了,也对得起淦方了。

　　急火攻心的日子蒋蓉的嘴上满是燎起的火泡,一个弱女子一心要救弟弟于水火之中。在与沈专员的斡旋中,她提出了如下条件:

一、淦方是无辜的,她不可能代写什么"自新书";二、她只愿意送一把壶给沈专员,至于沈某人爱把壶送谁,都与她无干;三、壶和人必须同时交换。

10天之后,被折磨得不成人样的淦方终于出来了。

蒋蓉送给沈专员的壶,造型像一口古井,称"井栏壶"。那是清代陈鸿寿的款式。陈鸿寿号曼生,原是一位饱学诗书、精通金石书法的才子,"西泠八大家"之一,清嘉庆年间在与宜兴毗邻的溧阳当县令。他一生酷爱紫砂,创造了传世的"曼生十八式","井栏壶"乃十八式壶款之一,蒋蓉把它稍改了一下,加强了它的寓意:那一口像幽深隧道一样的黑暗之井,总有一天要枯竭!

论工艺,"井栏壶"属于光器作品,藏不了半点拙。有人说不会做光器的人才去做花器,其实花器乃光器基础之上的象形点缀。"井栏壶"的工艺要求鉴证着一个艺人的功力,蒋蓉的这把救出弟弟性命的井栏壶不过是她心烦意乱中的率性之作,而且,据蒋蓉自己回忆,当时做那把壶,自己越做越冷,而不像之前做那些花器,会越做身上越热。以悲愤入壶而不是像以往那样,以一颗活蹦乱跳的欢喜心入壶,这是她抟壶以来第一件激愤之作,每一根线条从头到底都冰冷冰冷。

1945年秋天的这座江南小城到处都在流传着蒋蓉一壶救弟一命的故事,被夸张了的女主人公在民间演绎的故事里变成了一个半仙式的人物。据说蒋蓉的壶半夜里会发出一种自然的光亮,放在宅子里可以消灾辟邪。但被神化了的蒋蓉及其一家并未走出接踵而至的厄运，就在淦方回来的第二天，妹妹梅林在吐完最后一摊青春的鲜血后平静离世，年仅17岁。蒋蓉抱着梅林慢慢冷却的身体，一声长长的恸哭之后她便什么也不知道了。

当她醒过来的时候发现窗外的世界一片雪白，世界在为小妹伤心得掉泪。漫天飘飞的雪花正陪伴着梅林走向她最后的安息之地，她终于安眠在潜洛老家一片被刨开的冻土之下，安眠在父亲的身边。之后一连多天，蒋蓉汤米不进，莫大的悲哀像无边的寒流无孔不入。如果说，她曾经为一把壶救出弟弟一条命而暗自小小地得意，那么，妹妹最终死于无钱医治，则让她陷于深深的愧疚。

梅林比我长得漂亮，她嗓子好，会唱戏。她死后许多人说，她到天上去做仙女了。

蒋蓉晚年的叙述里仍然带着忧伤。她用幽幽的话语向我描绘少女梅林的倩影，那是一个娥眉、修身、幽怨、哀伤的女子。这场美丽的伤逝在70余年后，依然让蒋蓉的内心疼痛得那么清晰。

第五章 春华无梦

从一份欣喜和成就感里沉静下来,她终于知道,那些浮表的轰轰烈烈终究不是她的,那条通向显赫权力的仕途也不是她的,只有在青灯与寂寞的背后,一份持久的执着与永不反悔的向往,才有可能引领她走向艺术的彼岸。

1949年，蒋蓉年满30岁。

在江南乡间，通常意义上的30岁女人已经儿女成群，30岁的女人已经没有了自己的梦幻，没有了庸常生活以外的念想。

蒋蓉却仍然是单身女子，这简直是江南乡村一奇。对于蒋蓉来说，曾经有过的缘分和机遇就像远去的黄鹤，而单身的状况就像一幅国画中的留白，决无空白之感。那留白有时是静静的流水，有时是悠悠的白云，有时则是一种寻常不见又无处不在的精神。我从一张发黄的老照片上捕捉到了青年蒋蓉与众不同的仪态：她的一份智慧与温存赋予了她所生活的年代以悠长的反光，她让我懂得，那种与生俱来的朴素与安静，是真正意义上的美丽。

一种平静的光辉。蒋蓉将在她的1949年里写下她生命史上不平常的一页。这一年的4月24日，宣告一个旧时代结束的县城媒体《品报》《庸言报》《民锋报》出版了它们的终刊号。同样在这一天，中国人民解放军第三野战军第十兵团31军配合28军解放了宜兴县城。在市民欢庆解放的秧歌队里蒋蓉和大家一起挥动着红绸，她饱含热泪，是因为她想起了温师傅，那个长眠于九泉之下的人曾经向她描绘过梦幻般的今天。

举家回到了潜洛村，蒋蓉有一种山重水复的感觉。

江南乡村的春天正尽情抚慰着多年战争留下的沉疴与创伤。共产党的土改工作队就驻在小学校里，见过世面的蒋蓉成了这里的常客。因为她对刚刚被推翻的旧政权有切肤之痛，还因为她觉得这里的每一个人都和她有一种天然的亲近，在他们的一颦一笑里有着温师傅的影子。

质朴的本色，火一般的热情，乡间女子少有的机敏与干练，蒋蓉理所当然地成为土改工作队最得力的骨干。这位新当选的村妇女主任爬上高高的龙窑，用白铁皮做成的喇叭喊话，一户户地通知村民们到打麦场上去开会，在阑珊的灯影里她和姐妹们放声高唱"解放区的天是明朗的天"……按理蒋蓉的性格十分内向，她不是个喜欢出头露面的人，平素安静的她居然在作坊里待不住了，她在一张土改工作队刘队长为她拍摄的照片里向我们漾着一个发自内心的微笑，在这个微笑的深处我们真的发觉，世界变了。

潜洛村的空气变得像河水一样明亮和甜蜜，它滋养着这里的一切，山、树、草，人们的脸终于不带菜色，在颓败的老龙窑重新喷吐的青烟里我们听到了窑工久违的吆喝。新生，那不是戴在大家头上虚幻的光环，而是像禾苗在沃土里奋力拔节的姿态。

村妇女主任已经没有时间做壶了，她的工作日志永远排得很满。把从来不出门的女子们发动起来是有难度的。这里的女人世世代代没有自己的名字，若是排行老大，就叫大丫头；黄家的，就叫黄丫头，以此类推，大小不等的丫头的命运其实都是一样的卑贱。给这么一堆堆目不识丁的各色丫头讲述革命道理，是让蒋蓉特别发

解放初期所摄个人照

071　　第五章　春华无梦

休的事情。她一天忙到晚，像一枚被抽急了的陀螺。一天深夜，工作队的刘队长紧急召见她，村长居然贪污，已被撤职查办，组织上任命她当代村长，妇女主任还得兼着。惶惑的蒋蓉力辞无效，"革命需要"这4个大字是可以压垮一座大山的。蒋村长不拿一分津贴，白天在村部办公，晚上到乡里的扫盲夜校担任老师，每天工作16个小时。蒋村长喝白开水，去县城开会还自带干粮来回步行40华里。蒋村长的腰间没有手枪，却挂着一串比手枪还重的钥匙，其中最重要的一把，是村里麦种仓库的钥匙。一天，前村的一个李姓大叔到村部来找她，诉说家里揭不开锅的窘境，说到伤心处，李某竟然当着蒋蓉的面声泪俱下，甚至扑通一声跪在地上。蒋蓉急忙将他扶起，男人膝下有黄金，再说她挨过饿，知道饥肠辘辘是什么滋味。共产党的麦种本来就是救济穷人的，于是她不假思索地大笔一挥，批给李某100斤麦种，以解燃眉之急。

没想到过了几天，三三两两的群众来找她了。先是有人反映，李某居然在集市上卖麦种，还自吹是蒋村长特批的；有的说，李某的家境根本就没有他说得那么贫困，这种人都能救济，为什么我们不能？还有的干脆跑到乡政府去告状，说蒋蓉办事不公。

乡长经过调查摸底，直言批评了她。

蒋蓉的一份委屈无可言说。她第一次浮起不自信的感觉，她不知道一个堂堂的男子汉竟然为了几斗麦种可以撒谎，甚至屈膝下跪。一个男人在一个女子面前涕泪横流的时候，你怎么会知道他的眼泪是真是假？她还不懂得凡事要做调查研究，她容易轻信；她没有城府，缺乏心计而且心肠太软，她突然感到自己是不配当干部的。尽管在之后的1952年她和乡长以同样的高票当选为县人民代表，但她内心有一个声音在不断地召唤：回来吧，回来！

1950年代初期的乡村女干部可谓凤毛麟角。蒋蓉为人坦荡磊落，有群众基础，有一定的文化水平，思想非常活跃。如果她一直做下去，仕途必定是通达宽畅的。

领导在培养她，各种公开的场合都让她参加，她的"头衔"也在一天天地增加：乡民校政治教师、乡社教专职教师、乡妇联委员……她在乡间俨然是个人物了。可是也有人为她惋惜，蓉啊，你怎么不做壶了？整天东跑西颠，把家传的手艺丢了多可惜啊。

年迈的母亲也说："千条路，万条路，哪条路是你的，你可看准了。"

几个弟弟、妹妹还在读书，她的家境并不宽裕，支撑一家开销的还是靠母亲日夜赶做的紫砂壶。

蒋蓉的心事没有人知道。做壶是坐冷板凳，这她不怕，蒋家已经坐了四代冷板凳了；捏泥巴没有地位，她也不怕，因为她内心喜欢做紫砂时那种创造生命般的感觉。虽说新社会选择多多，可她不做壶能干什么呢，真的就这样下去，当个整天开会的女干部吗？

到1952年为止，不是职业革命家的蒋蓉还没有领过共产党的一分津贴，她当村长是代理的，她当民校教师是业余的，她干的一切

"革命工作"都是义务的。可是,她也要吃饭穿衣,要供养老母。革命不是请客吃饭,但革命必须先解决民生问题啊。

作坊在召唤她。可是,当她真的在泥凳前坐下来,她的心里突然乱哄哄的,她怎么也静不下来了。

这是从来没有过的,她感到非常难过。

一天,她的一位女友储烟水来访。储烟水是宜兴知名人物储南强的女儿,蒋蓉与她相识于县城,彼此十分投机。烟水女士代表父亲邀请蒋蓉去善卷洞玩。宜兴丘陵山区是典型的喀斯特地貌,善卷洞则是境内70余个大小溶洞中最为雄奇多姿的一个,它与另一个著名溶洞张公洞,都是江南民国史上的重量级人物储南强先生50岁以后荡尽家产开发修建的,新中国成立后,他又将两洞无偿献给国家。此番义举在江南一带成为美谈。储先生字简翁,乃江南名士,清末民初二任南通知县,他在那里修水利、除旧弊、平冤案、搞绿化,深得黎民拥戴,后返乡出任宜兴县长,是一位毕生为民请命的大人物。蒋蓉在一个清新的早晨终于见到了这位让她心仪已久的前辈,储老先生一脸慈祥,亲手为她点燃了进洞参观的火把。宛如蓬莱仙境一般的善卷洞让蒋蓉兴奋得流连忘返,洞口的大厅如同一座宏伟的屋宇,形态各异的钟乳石如星星般目不暇接,曲折的溪流在溶洞的深处消隐。特别神奇的感觉是在山肚子里划船,那蜿蜒的长长的地下河水晶莹剔透,如玉液琼浆,天上人间时光倒流,仿佛一千个仙女在翩然起舞。造物主的鬼斧神工,可以让人片刻地忘却俗世的烦忧。蒋蓉记得,那天中午储南强父女还招待她吃了一顿饭,席间,兴致极高的储先生问蒋蓉,能否按洞内的景点结构,塑一个可供案头清玩的善卷洞假山?蒋蓉不假思索地一口答应。储老先生喜出望外,拿出一份极其珍贵的全洞地形图,以便供蒋蓉创作时参考。蒋蓉说不必,好东西看一眼就忘不了。当天晚上蒋蓉就在自家作坊里开始动手,民间艺人的一大特点是过目不忘,正宗的学院派很难理解他们不须通过速写、素描,单凭深刻的印象、敏捷的眼力和娴熟的工手就能准确地捕捉和描摹事物。无论粗犷或细微、神秘或直白、简朴或繁缛,都能传神地表达事物的神韵。已经历经了20余年制陶生涯的蒋蓉无疑是具备这种能力的。因为当"干部",她的手可能会有一点生疏,但很快就找回了感觉。这是蒋蓉在1953年的艺术回归之作,她将从一个美丽的茧壳里脱身,回到她原本该走的路上。

  10余天后,蒋蓉给烟水捎信,假山已经烧制成功,她将择日送上,请储老先生鉴定。没想到储南强老先生得知消息大为高兴,竟以76岁的老迈之身,亲往潜洛村而来。潜洛村有史以来还没有接待过像储南强这样规格的贵客,全村老小争相观瞻储老之奕奕风采。蒋蓉塑造的善卷洞假山逶迤曲折,峰回路转,洞中景观一一毕肖。整个造型气势雄伟,有吞吐八极之气象,令储老先生十分倾倒。过了几日,老先生托女儿烟水送来他亲撰并手书的一副楹联:

蒋蓉女士拔潜洛之秀气，擅制陶之精能，尤善假山且仿造善卷洞，一一毕肖，无不精美，以联颂之。

真迹米家传砚史

假山倪氏号云林

二洞山人储南强时年七十六

储南强早年就读江阴南菁学院，曾与黄炎培同学，旧学功底十分深厚。这副七言楹联引经据典、寓意深远，以中国古代书画史上酷爱真山活水，写尽天下园林的巅峰人物米芾、倪云林来比喻蒋蓉的超群才华以及塑造的这座善卷洞假山。储南强的书法从北碑入手，兼有楷书底子，柔中有刚，自成一体，透现出荒疏简约、遒劲有力的风格。

烟水女士还告诉蒋蓉，她创作的善卷洞假山近日被送到无锡的一个工艺展览会上展览，引起了轰动。储老先生特别高兴，在许多场合称赞蒋蓉不凡的才艺。

"父亲从不随便称赞一个人，他是真的欣赏你，希望你一直这样努力下去，不要撒手，不要放弃……"烟水如是说。

她走了，蒋蓉一直把她送到村口。储老先生赠予的楹联让她感到分量太重了，烟水留下的话语在她心头泛着光亮。从一份欣喜和成就感里沉静下来，她终于知道，那些浮表的轰轰烈烈终究不是她的，那条通向显赫权力的仕途也不是她的，只有在青灯与寂寞的背后，一份持久的执着与永不反悔的向往，才有可能引领她走向艺术的彼岸。

地理意义上的蜀山，只是宜兴陶瓷产区丁蜀镇北郊海拔几十米的一座小山。宋元丰八年，自巴蜀而来的东坡居士云游至此，感念于这里的山光水色与其家乡十分相似，不禁击节吟哦："此山似蜀，岂不妙哉。"他决心在这里买田养老，在松风明月间度过余生。历史不知该感谢苏东坡还是感谢蜀山，一座不知名的土丘在苏东坡登临之后便通贯着一股绵绵不绝的鲜活之气，搭建在山坳里的书堂翰墨飘香，使得这里的一草一木都有了灵性。金沙泉水鲜，阳羡茶芽香，连东坡书院的书卷气也是香喷喷的，起于北宋的紫砂器也难免不与东坡先生发生关系。至少，一种以他名字命名的提梁壶成了自古到今的经典。但他未必会知道，900年之后的蜀山脚下，紫砂生产模式已经从一盘散沙式的零星作坊式变成众星聚首的名家规模式，历经沧桑的中国紫砂将迎来它大劫不死、绝处逢生的春天。

今天的人们早已找不到"蜀山陶业生产合作社"的旧址。但人们会铭记蜀山脚下的南街古巷深处的一座百年老宅——杨氏祠堂，在1955年初秋的某日它被一串突然引爆的鞭炮惊醒。从此蜀山不再寂寞，它周围土坡上的数座龙窑已经一扫萎靡重振雄风。一张被岁月遗

紫砂陶土——假山

失的紫砂艺人集体合影里有朱可心、任淦庭、吴云根、裴石民、王寅春、顾景舟、蒋蓉等人的身影。历史将证明，这7位筚路蓝缕、历经磨难的艺人是中国现代紫砂史上承先启后、担纲挑梁式的大师。

任淦庭（1889—1968），现代著名紫砂刻画艺术大家。工楷、草、隶、各体书法。绘画师法自然，常以山水花鸟为题材，陶刻装饰手法兼工带写，简约传神，自成一家，且善两手同时挥毫作画。传世作品有《云龙瓶》《春燕画简》《黄山始信峰》等。

裴石民（1892—1969），现代制壶大家。有"陈鸣远第二"之雅称。早年专仿紫砂古器而颇负盛名，光货与筋纹器均得心应手，尤擅自配泥料，所制壶品色泽典雅。曾为稀世珍品《供春壶》配盖而留下佳话。传世作品有《松段壶》《双圈鼎壶》等。

吴云根（1892—1969），现代制壶大家、紫砂艺术教育家。擅长塑器造型，喜竹而多仿其器形，得其神韵。作品风格稳实端庄，有仁者风范。传世作品有《竹段提梁壶》《传炉壶》《线云壶》《掇只壶》等。

朱可心（1904—1986），现代制壶大家。早年首创紫砂咖啡茶具而享誉艺坛。擅长塑器造型而刻意求新，多以龙、云、松、竹、梅为创作题材。名作《云龙鼎》获美国芝加哥博览会特级优奖。多件作品作为国礼赠送外宾。传世作品有《松鼠葡萄壶》《梅段茶壶》《报春壶》等。

王寅春（1897—1977），现代制壶大家。擅长筋纹器。早年在沪上仿紫砂古器而成名。中年善制小壶，古中见新。所制筋纹器独具面貌而神形毕肖。传世作品有《半菊壶》《裙花提梁壶》《双圈直筒壶》等。

顾景舟（1915—1996），当代壶艺大家。中国工艺美术大师。早年受聘于上海"郎氏艺苑"，专仿历代紫砂名作而深得前辈菁华。尤擅塑器光货，独树一帜而开一代风气。对紫砂历史研究和传器鉴赏也有较高造诣。传世作品有《僧帽壶》《提璧茶具》《上新桥壶》等。

这里的南街其实是紫砂贸易的集散之地。因为它傍着蠡河，水上交通便捷，南街的尽头连着北厂，隔河与北街相望。窑户们多在南街有自己的门市，他们在这里收坯、加工，然后在山坡上的龙窑里烧成，五光十色的窑货通常由蠡河运往四面八方。

带着潜洛村乡间的泥土芬芳，蒋蓉迈着轻盈的步履姗姗迟来。她不仅是7位著名艺人中年龄最小的，也是唯一一位女性。引领她参加这个紫砂历史上第一个生产合作社的是老艺人朱可心，是他亲自跑到潜洛村来请蒋蓉出山的。对朱可心，蒋蓉始终有一种知遇的感恩，以后的岁月将见证这一点。蒋蓉已经35岁，经过多年的历练，她已经具备了一个紫砂艺人所需要的各种素质，她的影响早已不

20世纪50年代蒋蓉和王寅春、吴云根、裴石民等老艺人在一起工作

仅仅属于小小的潜洛村，而一个新的平台对她是何等重要，可以想见，她的紫砂生涯必将迎来一个全盛时期。

王寅春、裴石民、吴云根，都是长辈般的师傅，与他们的相见，自然是亲切的。

与顾景舟已经10年没见面了。如今重新聚首，又变成了同事，她眼里的这位兄长老成了许多。人生无常，各有甘苦。至今还是单身的顾景舟见到蒋蓉也很高兴，说："以后又在一个锅里吃饭了。"

蒋蓉大方地说："还望顾辅导多多关照。"

任淦庭先生来了，他是7个老艺人里，岁数最大的。老先生思想比较积极，是艺人当中最早入党的。平时他总是说自己的耳朵有点聋，但是，当大家在说一件重要的事情的时候，他突然就不聋了，反应很快。不过他很慎言，一般不轻易对事情表态，这是他的世故。无论如何他是个厚道人，对徒弟就像对自己的子女一样亲。

生产合作社是"多劳多得"的计件制。每一个人都经历着从"个体艺人"到"公家人"的演变，蒋蓉年轻力壮，领导分配给她的活儿总是完成得又快又好。一日，负责生产技术的合作社副主任朱可心接到上级的紧急指示：国家领导人出访需要定制紫砂国礼《九件象真果品》，这是对新中国紫砂艺人的一份极大信任。朱可心不假思索，把这一光荣的任务交给了蒋蓉。

九件象真果品分别是乌菱、荸荠、核桃、花生、板栗、茨菇、白果、西瓜籽、葵花籽。在中国江南民间的审美习俗中，这些生长

九件象真果品

于大地的果品或体现着老百姓对护生吉祥、富贵幸福的渴求，或反映了劳动人民对繁衍生命、和美恩爱的虔诚向往。如果说吉祥寓义是民间美术经验层面的浅层内涵的话，那么，生命象征则是民间美术形而上的深层内涵和巨大母题。蒋蓉的个性在于，她塑造的每一个果品都带有生命的灵性与呼吸，色彩则经过了她自己的审美过滤，突破了一般意义上的栩栩如生，不仅仅让"果品"本身弥漫着大自然的味道，更体现着一个民族的勃勃生机和五谷丰登的现世温馨。从技艺上看，《九件象真果品》的雕塑功夫已经达到了炉火纯青的境界，据说外交部礼宾司的官员十分惊讶这些逼真的果品玩件竟然是紫砂做的。而让蒋蓉激动的是，有一天朱可心把她拉至一边，告诉她，带着这些紫砂礼品出访的国家领导人，是周恩来总理。

毫无疑问，蒋蓉为合作社立了头功。

繁忙的工作是愉快的，烦恼则来自情感部分。7个著名的艺人中，只有蒋蓉和顾景舟没有结婚。好事的人们总是善意地希望他们能够珠联璧合，有人跟顾景舟提起这事，他总是铁板着脸不予回答；问蒋蓉，她笑笑说，我这辈子，早嫁给紫砂了。

她心里是有标准的。离过婚的男人她不要，长得难看的男人她不要，性格不合的男人她不要，不爱卫生的男人她不要，思想落后的男人她也不要。有一次，镇妇联主任某大姐给她介绍了一个镇江地委的干部，那是一个相貌端正的转业干部，蒋蓉和他见了一次面，交谈下来的感觉还不错，后来，那个男人站起来倒水，蒋蓉突然发现他上身长，下身短，穿一条肥大军裤，臀部竟然是瘪瘪的……她就打退堂鼓了。

男人怎么可以没有臀部呢？

"他是个战斗英雄呢，你到底要什么样的男人啊？"某大姐不解地问她。

"我也不知道，反正，至少看上去要顺眼的吧。"她说。

顺眼？多不容易啊！她心目中的男人不一定要是美男子，但她会不自觉地用一把好壶的标准去看待、衡量他们。壶身要饱满，口盖要严实，嘴錾要匀称，线条要流畅，出水要爽利……可是她平淡的生活里没有这样的男人，但她相信他一定存在。她憧憬着他在某一天清晨或者黄昏出现，如果没有，她会等待而不是去寻找。她居住的三娘娘庙背后有一片蜿蜒的活水，那是著名的蠡河，是范蠡西施荡舟之河，千古爱情绝唱的碎片已经随着粼粼的波光消逝了。河流的幽美，劳动的快乐，与情感的困惑交叠在一起，蒋蓉就一天天地在这交织的时光里做着自己已经不太年轻的梦。

大家都在做一些传统产品，反正老祖宗留下来的样式并不少。有的是仿三代、周、春秋战国、秦古铜器造型，如彝、鼎、尊、爵；有的是仿古代陶器造型，如彩陶、罍、觚、瓿、杯，以及秦汉晋的瓦当、汉砖纹样；有的则是仿古代器物造型，如秦权、玉器、钟、鼓等；还有的仿实用器物借形改装，如笠、柱础、筐、升、斗之类。仿来仿去，就是没有几件是紫砂自己的东西。

计件制下的重复劳动，对蒋蓉这样有想象力的创作能手其实是一种变相的惩罚。永远在做那些个老掉牙的品种，就永远走不出依葫芦画瓢的窠臼。如果仅仅是为一只饭碗、一份口粮，那么做出每天不止8个小时的牺牲实在太不值得，但艺人们好像谁也没有提出意见。大家是在为一个崭新的社会，为一个欣欣向荣的国家出力。每天为了完成生产指标，好像谁也没有精力再提出创新的问题。但蒋蓉已经敏锐地感觉到了，紫砂的出路在创新，她向朱可心提出了自己的想法："大家都做老产品，我想做一点新东西，可不可以试试？当然，我不会影响生产指标。"

"好啊，你的想法蛮好，创新是应该鼓励的，你就大胆去做吧。"

蒋蓉不需要刻意去寻找题材。她天生有一份与大自然息息相通的情怀。她没有家累，不爱逛街，不喜欢一般女人那样的家长里短，也不看重市井炊烟里的寻常生活。她心有所爱，偏偏是那些旁人不太注意的闲花小草，甚至小螺蛳、小虫子。离住所不远的田野里，有一塘团团如盖的荷叶，有几千只红蜻蜓在头顶飞翔，几乎每天的清晨和傍晚，她都会来这里呼吸新鲜空气。在荷塘边她可以一坐几个小时，看青的荷叶、粉的荷花、悠闲的浮萍、调皮的青蛙在一个童话般的世界里和谐相处，她的心就会格外地沉静下来。创作于她，其实就是对生活感恩的心境的记录，是诗情的喷发需要寻找一个最合适的载体。蒋蓉在一个蛙声如鼓的秋夜画出了《九件荷花茶具》的设计图纸。壶，还没有做，她心中的荷花已经怒放成灿烂的一片。难以入眠的夜晚，她蹲在娘娘庙住所的天井里静静谛听，蟋蟀在不远的田野里组成配声和美的唱诗班，鸣响中呈现着某种金属音质，那细致而甜蜜的颤音，在空气中清澈地播散开来。她突然找到了与之最贴切的基调，在制作《九件荷花茶具》的日日夜夜，她食无甘味，夜不能寐。有人发现她走在路上常常神思恍惚，见了熟人也忘记了招呼。她已经完全沉浸在她的荷花王国之中。

壶身是荷花，莲蓬作壶盖，卷曲的嫩叶作壶嘴，毛茸茸的荷枝弯成壶把，红菱、白藕、乌荸荠分别作为壶的3个底座。

壶盖上栖息着一只稚态可掬的青蛙，它的周围镶嵌着11颗可以旋转的莲心。4张团团的墨绿的荷叶圆盘托举着4只粉盈盈的荷花杯，仿佛如4个伴娘随着荷花仙子一起出浴起舞。

完整圆满、对称偶数、以大为美，这些中国民间典型的审美心态，在工艺美术造型中是常见的。荷花与莲子向来被古人比喻百年好合和多子多孙，蒋蓉选择它们作题材，还因为它们出淤泥而不染，有一种质本洁来的高雅。

壶与杯的每一根线条都贯通着柔美，蒋蓉式的柔美。色彩，也是蒋蓉式的静美，热烈而不娇艳，灵动而不妖冶。

紫砂有红泥、紫泥、米黄色的团泥，还有本山绿泥。蒋蓉的色彩是这样一遍一遍炼出来的：她把多种不同泥料反复调制，反复进窑试片，有的颜色一试就试了几十次。她必须用她自己的紫砂语言。米黄的底色，朱红的花脉，青翠的荷叶，鲜红的嫩菱，乳白色的藕，乌亮的荸荠，墨绿的莲房内镶嵌着9粒活络自如的莲子……语不惊人死不休，那是杜工部炼句的箴言，蒋蓉的赤橙黄绿青蓝紫同样是经过了千呼万唤、千锤百炼，才达到了至真至美的境界。紫砂花器自明代陈鸣远开创以来，都是单色或双色成型，《九件荷花茶具》则以其绚丽的多色创造了中国近当代紫砂史上花器作品的先河。

"要做出大自然的味道。"

这是蒋蓉的理念。需要的前提是，她的心必须接通大自然的气场。最重要的，是从一颗欢喜心出发。此心绵绵，山水供养，然后，由心入手，由手传心，落实到壶上。那壶，也成了大自然的一部分。

石榴壺

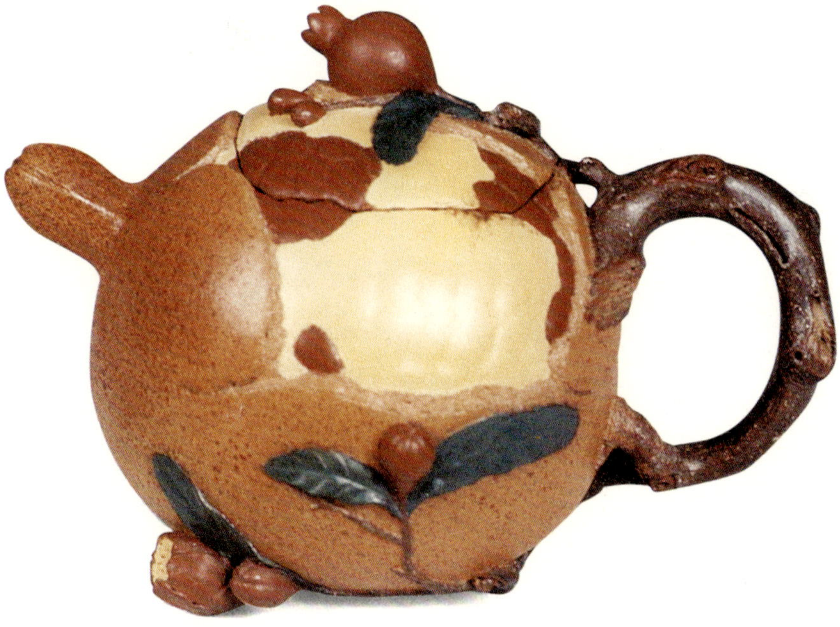

枇杷笔架

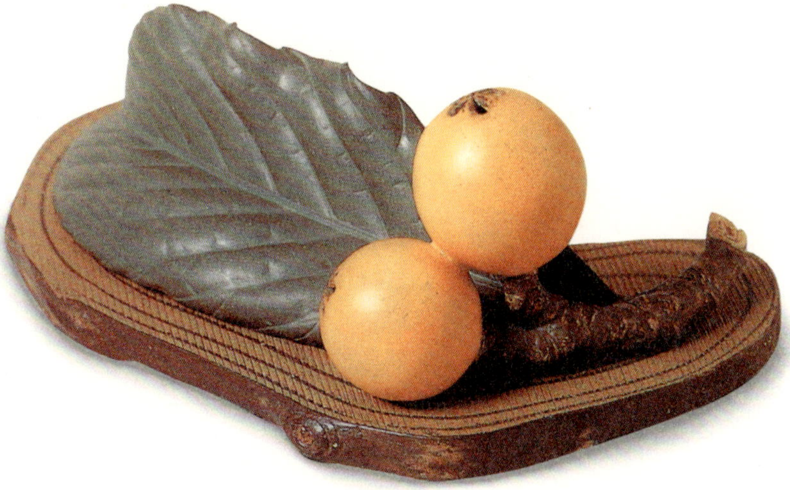

蛤蟆捕虫水盂

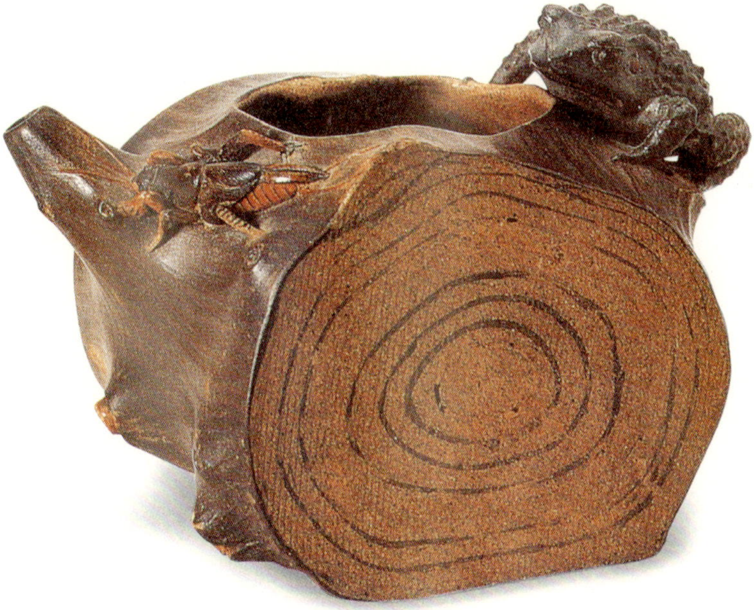

十一头白藕酒具

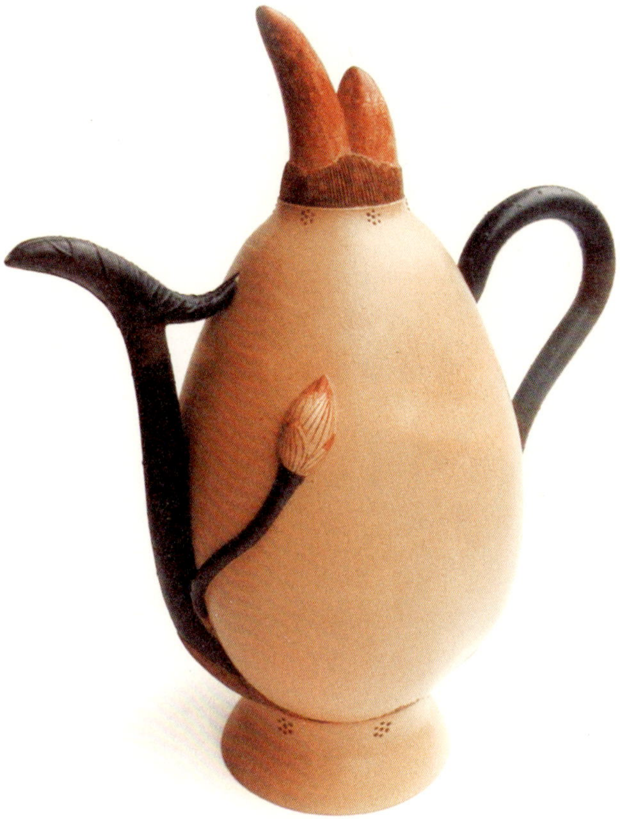

牡丹壺

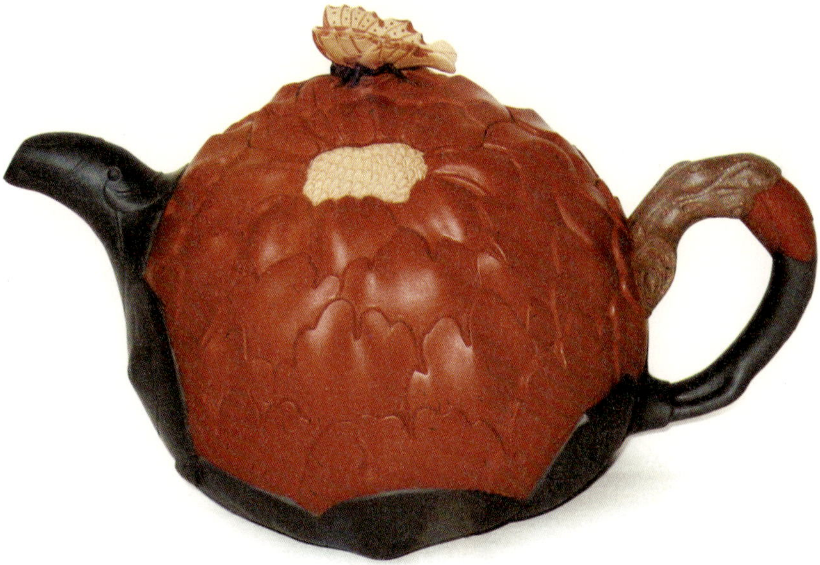

荷花茶具

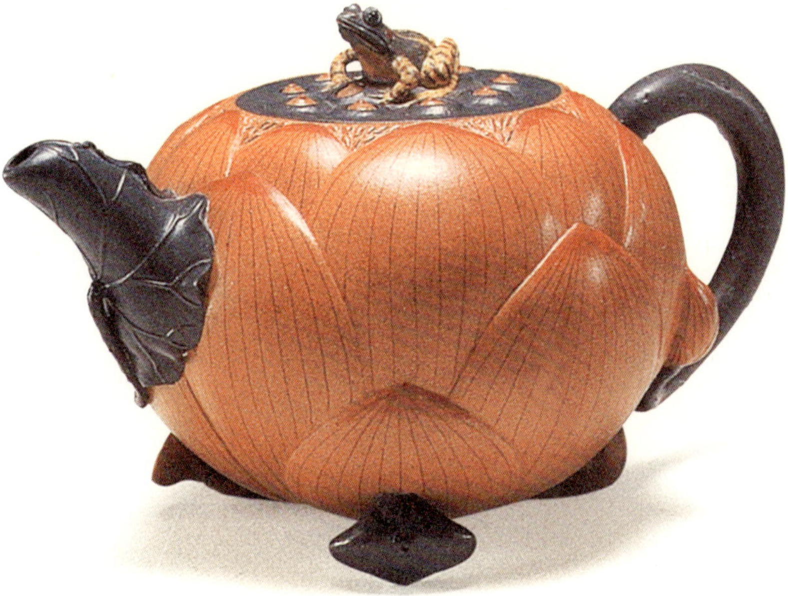

束柴三友壺

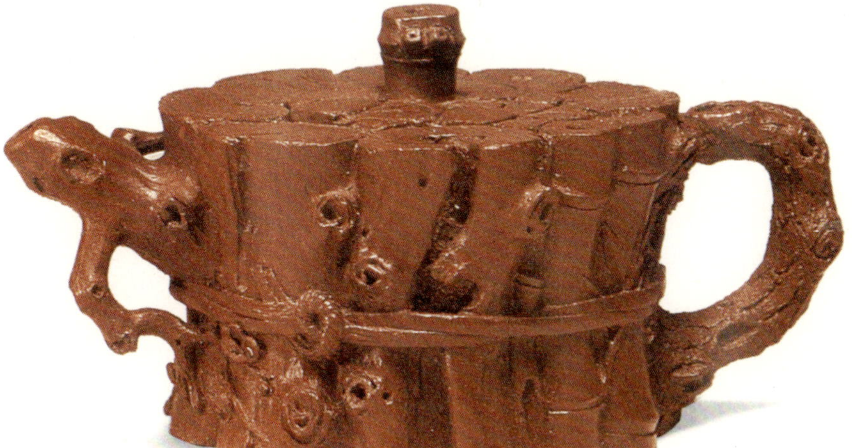

小碧桃壶

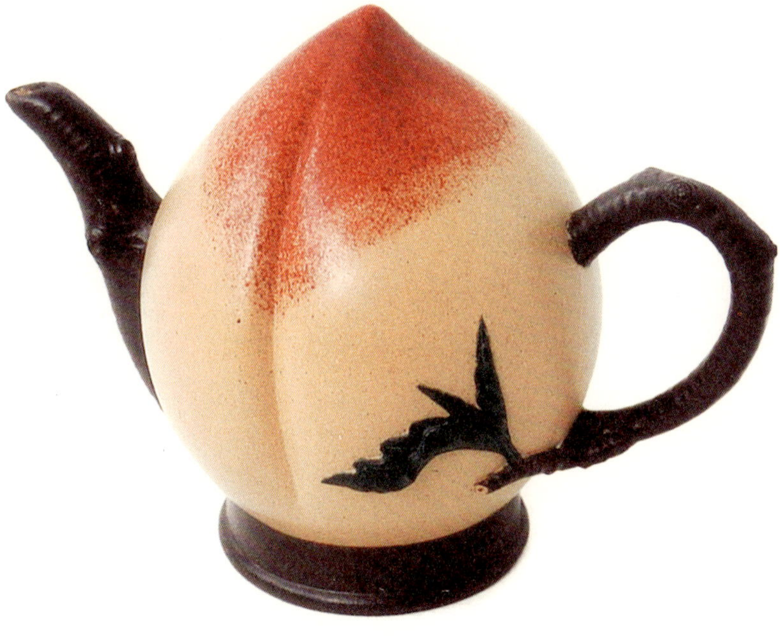

第六章　炎凉随心

高庄先生不想再说什么。碌碌人世，荷塘月色般宁静的境界已经久违了，他眼睛里有湿润的光，曾经沧海的人也会被一片清澈明媚的浅水感动，这水缓缓流过他的心，化作了一汪深情。

问题来了。

《九件荷花茶具》的壶坯刚做出来，就得到了朱可心和王寅春等老艺人的肯定。顾景舟却提出异议："为什么在壶盖上设计一只青蛙？太不协调了，应该换成翠鸟。"

蒋蓉解释说："荷塘里只有青蛙，我没见过翠鸟能栖息在荷花上啊。"

顾景舟说："你设计这只青蛙是什么意思？"

蒋蓉说："体现生活情趣啊，还能有什么意思？"

顾景舟说："还是换上翠鸟好，不妨你试试。"

蒋蓉沉默了。说理不是她的强项，但她不肯换，这份执拗，是藏在骨子里的。

顾景舟拂袖而去。他是合作社的生产理事委员、技术辅导，说话从来一言九鼎。蒋蓉公开和他顶牛，这让他有些难堪。

一种对顾辅导的偏见是，大家认为他看不起花器。有人还模仿他的口气，说花器与光器相比，显得繁复、花哨而缺乏想象力。又有人回忆，他曾经戏称蒋蓉的花器作品是"瘌痢头花"。天知道，即使是最刻板的老夫子，也有开玩笑的时候。顾景舟其实是崇尚花器的，比如陈鸣远的作品。但他确实很厌恶俗气的花器，那种没有精气神的花器，在他来看，是对花神的亵渎。

可是，公开而严肃地指责一把壶，这在平时沉默寡言的顾景舟来说，还是第一次。

有人提醒蒋蓉，顾辅导看到那只青蛙很生气，以为她自比荷花，影射他是麻田鸡。

事实是，有好事者在提醒蒋蓉之前，已经用另一种口气"提醒"过顾景舟了。

这些流言蜚语，其实都是俗世社会的标配，但与顾景舟、蒋蓉没有任何关系。

一些话越传越走样，连龙窑上的烧火师傅都知道，蒋蓉做了一只麻田鸡，是讽刺顾景舟的。

就是要把两个无辜且不相干的人往一条路上逼。

时隔60余年，当我们再来梳理这件事情的因果的时候，我突然发现，在顾景舟的背后，是一堵书墙，最醒目的书目，是《唐诗三百首》，是《浮生六记》，是《随园诗话》。再看过去，还有岁寒三友的条屏，有摆放着文房四宝的旧书案。

骨子里他就是个老派文人。所以，他才会看不惯蒋蓉把青蛙做在壶上。因为他认为这不但土气，而且俗气。而"翠鸟"一词之所以被他脱口而出，那是因为，在唐诗宋词里，翠鸟的形象比比皆是。

蒋蓉的背后也有一堵墙，那上面挂着欢快的杨柳青年画，贴着喜气的剪纸窗花，还挂着福禄寿的惠山泥塑。越过那堵墙，是广袤原野上流动的民间歌谣，是村头巷尾的白兰花卖唱小调，是甜酒酿，是油纸伞，是蓝印花布的褂子在高高的衣杆上飘扬，是此起彼伏的杏花开、莲花落的乡野小景，是软糯、婉转的滩簧调在黄昏时候的隐约传唱。

所以，在蒋蓉，是用一颗欢喜心看世界。这大自然里的一条小虫也有生命的情趣，而青蛙，是多么可爱的小精灵。她真心喜欢一种与众不同的俗气的好看，骨子里很欢乐的那种。如果说，顾景舟做光器，是做文人茶器，其神采是冷逸或冷峻，是以抽象替代具象，是以简洁替代繁复，那么蒋蓉作品的神采，就是怡情与趣味，是人们平时的口彩在壶上的转接，说到底，是平头百姓对美好生活的向往。

他们之间的矛盾，绝不是世俗男女之间的恩怨所致，而是紫砂光器与花器之间的文化差异和审美冲突。

一向清高的顾景舟选择了离开，他不参与这些饮食男女的话题。

哭笑不得的蒋蓉只好暗自叹气。她自认为和顾景舟之间并没有什么微妙关系，无非，他们一个39岁，一个35岁，都是钻石王老五级的单身男女，容易被人议论。这里，她忽略了一个最基本的常识，青蛙在宜兴方言里俗称麻田鸡，而"麻田鸡"恰恰是乡下人用来讽刺麻子的。顾景舟坦荡君子，不是那种小心眼的人，但什么事都经不起旁人起哄、怂恿，他做出这样激烈的反应，除了审美观念上的差异，也许不能排除与麻田鸡的寓意有关。

很多年后一些当事人回忆此事，都报以呵呵一笑。平淡的生活需要一些乐子来调节，其实呢，根本就不存在当时的人们所说的那种事。

蒋蓉的一份难受来自初衷的被曲解。并不是所有的话都可以搬上台面，她又是个不喜欢解释、不会争取主动的人，所以她和顾景舟之间就没有彼此沟通的渠道。有人劝她不要再做与麻田鸡有关的壶了，为了一把壶，去伤害一个大家尊敬的人，何必呢？

还有的人认为蒋蓉搞创新，是为了出风头。甚至，她平时的本分，都是装出来的。

"我没有想要伤害别人。可是，我已经被流言伤害。"

受伤的蒋蓉情绪低落。她沉默，一连多天听不到她说一句话。

朱可心安慰她说："都会过去的。"

在众人面前，朱可心也敢讲公道话："谁有话就当面说嘛，背后议论嚼舌头，是小人所为！"

顾景舟继续保持着沉默，一切任好事者去说吧。这段时间他在潜心创作《云纹肩三足鼎壶》，好像跟谁憋着一股劲。

若干年后，故人均已仙逝。紫砂老艺人、江苏省工艺美术大师程辉先生这样评述顾、朱、蒋三者之间的关系：

"顾景舟无论学问、工艺、文化素养，在7个老艺人里无疑是最突出的。他骨子里不太看得起朱可心、蒋蓉他们做的花器，常常善意地取笑他们。而蒋蓉偏偏跟朱可心走得很近，还认他做干爹，这让顾景舟心里颇为不快，但他又不便言说。"

对此，中国工艺美术大师、顾景舟的徒弟之一李昌鸿先生则认为：

"顾辅导并不是不尊重花器，相反，他早年曾经做过花器。他曾告诉我，故宫的紫砂展品里，有一只仿笋水盂，上面的图章是陈鸣远，其实是他早年在上海仿制的；上海博物馆里有一只紫砂莲蓬水盂，印款为鸣远，实际也是他做的。他一直认为，做花器易学难工，一般人达不到那样的高境，而流于媚俗的所谓花器，则不堪入目。这也是他对花器的一贯认识。"

顾景舟的徒弟潘持平则举了一个例子来说明顾与花器的关系：

"上世纪70年代后期，顾辅导曾经做过一套梅花茶具，那是典型的花器作品。有人说，这是他向做花器的权威人物朱可心的一次挑战，因为之前，许多人认为他不会做花器，所以也看不起花器。他创作的《梅花茶具》，借鉴了文人笔意，骨格清奇，清秀苍劲，是紫砂花器里难得的妙品。他这么做，也是以实际行动来回答外界多年来说他看不起花器的说辞。"

也就是说，虽然光器与花器之间存在着文化差异，但毕竟都是手指连心的民间工艺，即便打断骨头也还连着筋。而顾景舟之所以要在他认为适当的时候做一套花器，那是为了借此发表宣言：以文心入壶，才是紫砂的正道。

故事的转折是因为一位大人物的到来。中央工艺美术学院的高庄教授，在这年的春天翩然而至。高庄原名沈士庄，早年因创作木刻《鲁迅像》而名噪一时，曾参加国徽设计，负责修改国徽的图案和最后完成国徽模型的塑造，既是学富五车的艺界名士，又是造诣很深的陶艺成型专家。此后他与顾景舟合作的提璧茶具，便是当代紫砂光器的经典之作。

高庄见到《九件荷花茶具》，足足凝视了十几分钟。艺术家憎爱分明的性格使得他从不掩饰自己的好恶。

"太美了！"

高庄先生不想再说什么。碌碌人世，荷塘月色般的宁静境界已经久违了，他闻到了大自然的味道。面对着这温馨的壶器，他想到了一个词句：天籁。他眼睛里有湿润的光，曾经沧海的人也会被一片清澈明媚的浅水感动，这水缓缓流过他的心，化作了一汪深情。

青蛙还是翠鸟？这已经不是问题。高庄先生没有对翠鸟发表评论，但说这青蛙一看就是江南水乡的，因为它长得秀气。他特别喜欢蒋蓉版的青蛙，那是一只脱俗的小精灵，它的稚态使人想起童年，想起故乡的小河、水田和明净天空下碧绿的草地。

由于高庄先生的肯定，《九件荷花茶具》作为一项成果迅即被报到县里，并获得了县人民政府的荣誉奖状，《新华日报》记者专程赶来对蒋蓉做了专访。这年秋天，在全国陶瓷工业会议上，《九件荷花茶具》被评为特种紫砂工艺品。故事到这里已经画上句号，但蒋蓉作品获得青睐这件事本身对那些轻视紫砂花器的人不能不是一个启示。

这里又要说到顾景舟，他一生博学多才，人品刚正不阿，他所崇尚的紫砂光器则集中体现了中国文人士大夫峭拔清高、简洁内敛的审美情趣。蒋蓉作为纯粹的民间艺人，以花器赞美俗世生活，一枝一叶力求惟妙惟肖，将大自然收入壶中。光器冷峻，花器温情，实际是两种创作观念的抵牾。而顾、蒋身上各有一份艺人的固执，性格使然、观念碰撞，光器与花器冷战难免，他们的故事还将继续下去。

高庄教授这次还带来一个波兰女大学生，她的中文名字叫叶雅宁。她是跟高庄教授来实习的，江南陶都的独特风情让她着迷，汉文化的博大渊源又让她找不着东南西北。一个金发碧眼的外国女人突然出现在传统的工艺作坊，让这里的一些紫砂艺人感到新鲜，而让大家觉得有些不可思议的是，叶雅宁好像对那些破破烂烂的老房子，对路边的乞丐特别感兴趣。有一次，叶雅宁做了一对乞讨母子的紫砂塑像，大家一看觉得眼熟，这不是经常在厂门口乞讨的阿三婆和她的儿子吗？这个栩栩如生的塑像作品并没有得到高庄教授的

蒋莶先生噉存
张伯驹之女
张传綵贈
五九四十十二日

獎狀

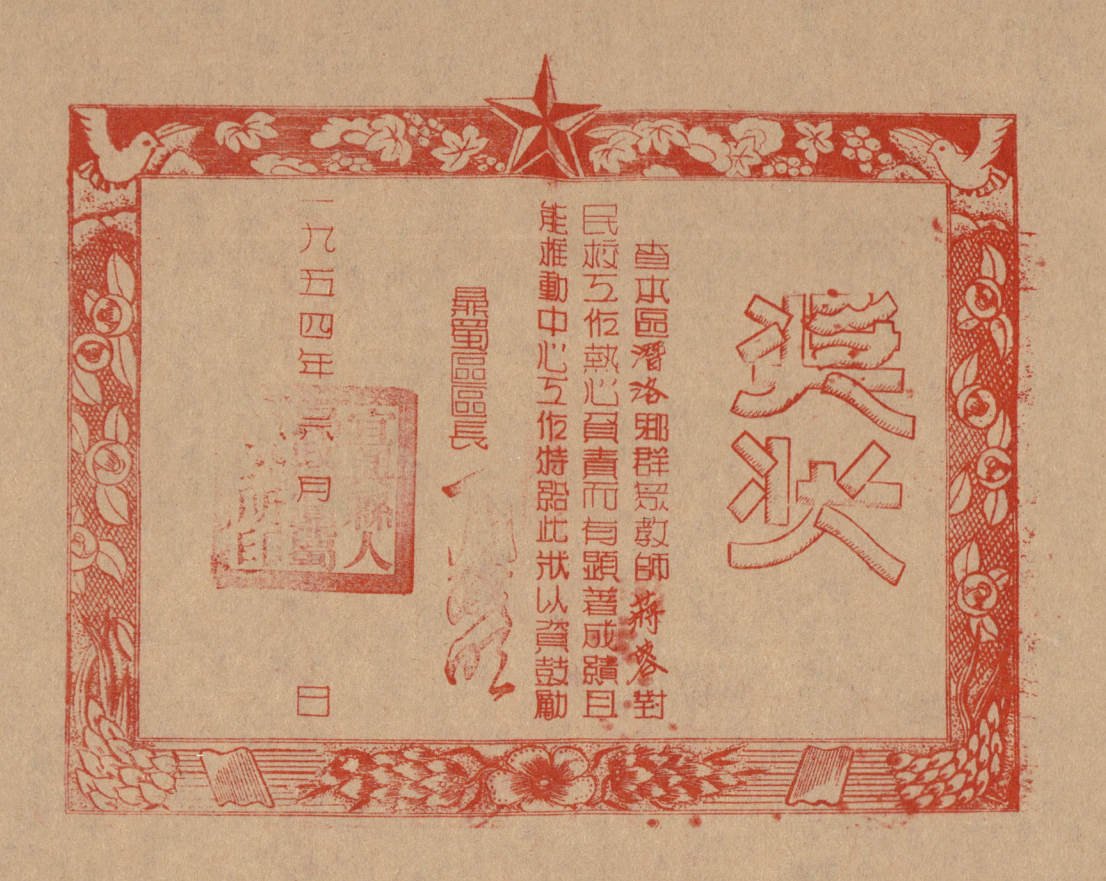

查本區瀆洛鄉群眾教師蔣蓉對民校工作熱心負責而有顯著成績且能推動中心工作特發此狀以資鼓勵

暑蜀區區長 ○○○

一九五四年六月 日

當選證書 第二七號

蔣蓉 當選為宜興縣瀆洛鄉人民代表大會代表

此證

宜興縣瀆洛鄉選舉委員會主席

一九五四年三月七日

邀請書

兹商中國共產黨選舉委員會在本月三日上午八時邀請農會婦聯民兵青年團及各界代表前來參加協商會議務希各位準時出席為荷

此致

蔣蓉 同志

潛洛鄉普選委員會

公元一九五〇年三月二日

當選證書

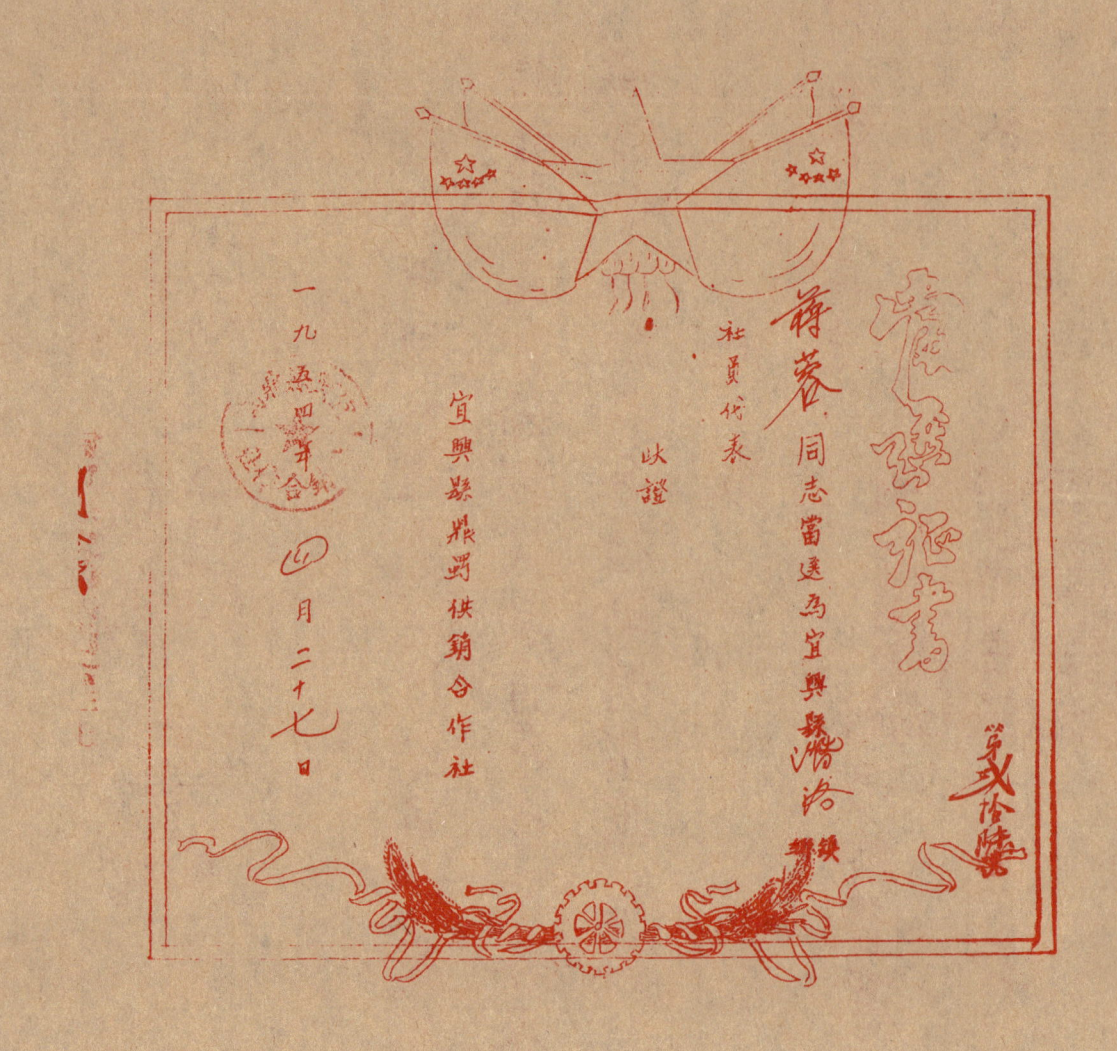

蔣蓉 同志當選為宜興縣潛洛社員代表

以證

宜興縣蜀供銷合作社

一九五四年四月二十七日

表扬，相反，高教授严厉地批评了她。为什么专门寻找新社会的阴暗面来进行创作？为什么不反映劳动人民的幸福生活？高教授是旧社会过来的知识分子，对社会主义的新中国有一份旁人难以理解的热爱。他不允许一个外国人——哪怕是他的学生，对他的祖国有半点不恭。因此，他给了叶雅宁一个不及格的分数，是不难理解的。

大家看到叶雅宁哭了，原来外国人哭起来和中国人是一样的。有人还好奇地凑上去看了看，外国人碧绿的眼睛里流出的泪是不是也有颜色？

叶雅宁和大家格格不入。这是显然的，因为她专门拣那些破旧的东西来欣赏，这不是丢中国人的丑吗？

而蒋蓉却觉得，叶雅宁并不是故意的，可能是她对中国太不了解。有一天下了班，蒋蓉请叶雅宁到自己的住所——三娘娘庙做客。她不会做可口的饭菜，就煮了一小锅汤圆，并且告诉她，中国人的情感表达常常通过比喻和象征，而不像外国人那样直说，比如，这汤圆就是比喻甜甜蜜蜜、团团圆圆的意思。就是再穷再苦的人，逢年过节也要吃汤圆，因为，这里面有一种精神和念想。吃着光滑细腻的汤圆，叶雅宁若有所悟。在这样一个宁静的秋夜里听有阅历的人讲故事真是一种享受。蒋蓉讲的是三娘娘庙的来历：宜兴古称阳羡，相传三国时期吴国的开国皇帝孙权，15岁时曾担任阳羡

蒋蓉与叶雅宁合影

117　　第六章　炎凉随心

长。据传，当时太湖盗匪猖獗，害得沿湖百姓不得安宁。孙权亲自率领役吏前往剿灭，恶战之下终因寡不敌众，孙权的队伍四散奔逃。孙权一人弃马而走，盗匪则紧追不舍。慌乱中的孙权逃到独山（也就是如今的蜀山）之巅，悬崖临河无路可走，恰巧有3个村姑在旁边樵柴，孙权急忙上前求援，说明原委。这3位村姑见孙权相貌不凡，一表人才，便急中生智，把他藏在柴草堆里。当盗匪追至山顶，盘问3村姑可曾见到一个官军模样的年轻人？3位姑娘镇定自若，面不改色，一齐指着西边，说她们刚看见一个人慌慌张张往西山下逃走了。盗匪信以为真，急追下山，孙权因此得以逃生而去。3位姑娘知道，那些上当的盗匪很快就会回来问罪，为了不遭胁迫与侮辱，她们便紧抱在一起，跳崖而死。后来，孙权当了吴国的皇帝，专门派员来寻3位姑娘，当他知道姑娘们早已为了他献出了年轻的生命，流下了悲痛的热泪。他亲自到山上来祭奠，并命人造了一座庙，追封三姑娘为"三夫人"，后人就把"三夫人庙"俗称为三娘娘庙。

叶雅宁被这个美丽哀伤的故事感动得泪水涟涟。她突然对这个陌生的东方国度有了新的理解。虽然她对有关这个民族的情感、信念、生死、贞操等诸多观念她一时还难以理喻，但她终于知道，中国的历史文化非常博大精深，中国人对肝胆英雄、忠义节操，对光明美好，有着自己独特的审美诠释。她塑造的那对乞丐母子，并不能代表一个刚从战争废墟上站起来的伟大民族的精神面貌。相反，那是一种曲解和伤害。为什么她不能像蒋蓉大姐那样去发现平常散淡生活中那些朴素的美呢？

　　蒋蓉告诉她，中国的民间美术为什么有那么深的根基，就是因为它体现着老百姓驱灾避邪、纳福迎祥的愿望。像麒麟送子、花仙上寿、年年有余、三阳开泰、竹报平安，都是通过对动物、植物的描绘和塑造，来表达愿望的。如果你理解了这些，你难道不能发现，生活里到处充满了美吗？

　　过了几天，叶雅宁悄悄地把那个女乞丐的塑像推倒了。蒋蓉知道后惋惜地说："这又是何苦呢，做个作品多不容易，做个纪念也好啊。"

　　叶雅宁恭恭敬敬地说："我想拜您为师。"

　　蒋蓉慌忙说："你是高庄教授的徒弟，又是留学生，怎么可以……"

　　高庄知道了，说："蒋蓉，你是够资格的，叶雅宁有你做老师，她应该感到荣幸。"

　　"我们还是做姐妹吧。"蒋蓉诚恳地说。

　　从此蒋蓉有了一个碧眼金发的波兰妹妹。她们可以在一起坦率地谈论艺术、生活和爱情。叶雅宁对蒋蓉至今不找对象感到不可思议。女人没有了男人的呵护，没有了男人的滋养，那还能叫完整的女人吗？创作的激情从何而来呢？她向蒋蓉坦言：没有爱情她是活不下去的。她的波兰男友每周会给她写一封信，这比她需要牛奶、面包，需要新鲜的空气还重要。

蒋蓉淡淡地说了"缘分"二字。中国人是相信姻缘的，蒋蓉说她不会去刻意寻找。她心目中的婚姻是神圣的，决不可以苟且的，同时她又觉得人的一生要做的事情有许多。创作的时候她会觉得自己是天下最快乐的人，个人的情感就会显得很渺小。人海茫茫，她不知道自己的另一半在哪里。不过，无论如何她也不会降低自己的标准，因为，她不能违背自己的心。

叶雅宁在一个平常的周末收到一封寄自波兰的特大挂号信，拆开一看，竟是两朵鲜艳的金蔷薇，叶雅宁欣喜若狂的神情感染了蒋蓉。她亲眼见证了来自遥远的地中海的爱情如何把一个身在异国他乡的女子燃烧得如同天上的彩霞，她真诚地为叶雅宁祈福，可是爱情不能分享，36岁的她还是孑然一身。虽然她每天沉浸在工作的快乐中，但当万家灯火在蠡河里闪烁成晶莹的一片的时候，她的心里也会升起一缕淡淡的惆怅。

"技术辅导员"的称号是在1956年由江苏省人民政府郑重颁布的。在没有大师明星一说的年代，这已是极高的荣誉了。从今天的角度看，我们没有理由不怀念一个淡化个人名利、尚无炒作包装、大家心平气和而不是普遍浮躁的年代。

得到这份荣誉的7位紫砂老艺人相聚在一起，感慨万千。他们想不出一种合适的方式来表示对人民政府的感谢。顾景舟无疑是这7位艺人中墨水喝得最多的，他慢慢念出一句古诗："曾经沧海难为水，除却巫山不是云。"终于让大家释然。

蒋蓉的名字排在7个老艺人的最后。她的6位大哥各显其能，她却从来不与之争风。性格各异的兄长们有时会有一些牙齿嗑碰舌头的小摩擦，她就在一旁看着好笑，她一笑，大家也觉得好笑，就都笑开了。

她愿意做小妹妹。随着年岁的增长，她的性格变得愈加沉静。她总是不太爱说话，寡言的人，丰富在内心。和她在一起时间久了，你会发现她更多地表露出的是非常纯净的童心。这童心靠岁月滋养而未让世俗污染，最终大家都会明白，她的壶，就是童心开出的花。

"她要么沉稳，要么活跃起来就像个孩子。"朱可心赞赏地说。

和那些淳朴的大孩子在一起，有一种不可替代的开心。蒋蓉说，年轻人身上有一种充沛的无处不在的元气，那是像新鲜的阳光一样的力量。她热切地期盼徒弟们的到来，还因为他们的青春气息可以弥补她生活中的某些缺失。

"她这个人真是一点城府也没有的，非常透明。和我们这些徒弟就像姐妹一样。"

1956年师从蒋蓉的高级紫砂工艺师高丽君回忆说。

无疑，蒋蓉平静的生活因为一群嫩生生的十七八岁的小伙子大姑娘的介入而变得活跃起来。中国的传统工艺历来讲究"师传徒承",那是一种严格的封闭的传授方式。学徒期限一般为3年,长则需五六年,拜师时有一定的仪式,学徒要行磕头礼。若是在旧社会,"徒弟"是从师傅的帮佣做起的,什么杂活都得干。即便是善心的师傅,也不可能把自己毕生积累的技艺毫无保留地教给徒弟,"留一手"是行内心照不宣的潜规则。传统的紫砂艺人干活的泥凳旁都有一只放壶坯的陶缸,它的密封性能好,能保持壶坯的干湿调匀。它还有一个功能就是,外人来了可以马上把壶坯藏起来不露天机。

一个约定俗成的规矩是,你不能打开紫砂艺人泥凳旁那只陶缸的盖子,就像你不能随便打开人家的房门一样,紫砂艺人心中的潘多拉盒子联系着他们的命根。

但是到了蒋蓉这里,一切规矩都被打破了,她的不保守就像她的一对天足,她做壶的时候你想怎么看就怎么看。她也不像个严厉方板的师傅,说话柔声细气,对谁都是永远没有一句重话。

"徒弟做错了什么,她是从来不责怪的,她会一遍一遍地给你示范。如果你还不会,她也不急,让你歇会儿,琢磨琢磨。她还要求我们每天写日记,把工作的感受记下来。"

徒弟范永良回忆说。

先做人,再做壶。蒋蓉端端正正地把这6个字写在小黑板上。她抬起头来的时候，窗外一缕阳光正打在她光洁的脸上，透出几许沧桑。为了这6个字，她已经修行了半生。

"她对紫砂泥色的研究,是无人可以比拟的。"

高丽君取出珍藏了几十年的几块紫砂泥片说。

"因为是做花货，对色彩的要求特别高。蒋蓉总是带着徒弟们去黄龙山找矿石，她做的壶，色彩特别生动，每一种颜色不知要试多少遍，因为每一种泥料的收缩率不一样，搅和在一起，壶就烧破了，或者色彩失真了。试片进窑后她会一直守在那里，看窑火的温度变化，每一种温度她都有记录。有时做一把壶，她要进行100多次试片。"

对于千变万化的紫砂壶来说，每个壶型必然有其特别之处，这个特别之处的制作就必须要有相适应的工具去处理。换句话说，不会做工具的人，是做不好壶的。像顾景舟，毕生最重视的就是工具。
蒋蓉也是如此，她对工具的要求几乎到了苛刻的地步。
做紫砂壶有哪些工具？

打泥条的"搭子"（选焦干的木材，檀木为佳）；

打身筒的"拍子"（红木为佳，枣木亦可）；

用来切、削、钎、挑、铗、挖、刮等的"鳑鲏刀"（紫砂成型中使用最广的工具）；

划圆片子、开口子用的"距车"（竹制品，距车钉为铁钉）；

用于勒光各种装饰线条的"线梗"（材质为牛角，也有其他代制品）；

用牛角片制成的"明针"（牛角片，这是紫砂工具中最重要的）；

勒光口颈、底、足与身筒交接处的"勒只"（黄扬木竹制品亦可）

这些，还只是众多工具中经常使用的一部分。看到这些工具，会使你联想起古代战场上那些眼花缭乱的冷兵器。你只有理解了中国民间艺术的博大精深，你才能理解这些无可替代的紫砂工具奇妙组合的意义。

"她给你做工具，会按照你的习惯手势给你设计，还教你怎么使用。她要求我们把要用的工具在操作前就依次摆放到位，实际操作时，左边的工具左手拿，右边的工具右手拿。用完后仍然依次放回原位，井然有序，这样有利于技艺的提高，良好的习惯也提高了工作效率。她做的工具本身就是一件艺术品，光洁、细腻，手感特别地好。"

上图/1957年，因创新突出成绩优秀，被评为先进生产者。

右图/1958年，蒋蓉向南京博物院捐赠紫砂生产工具的收据。

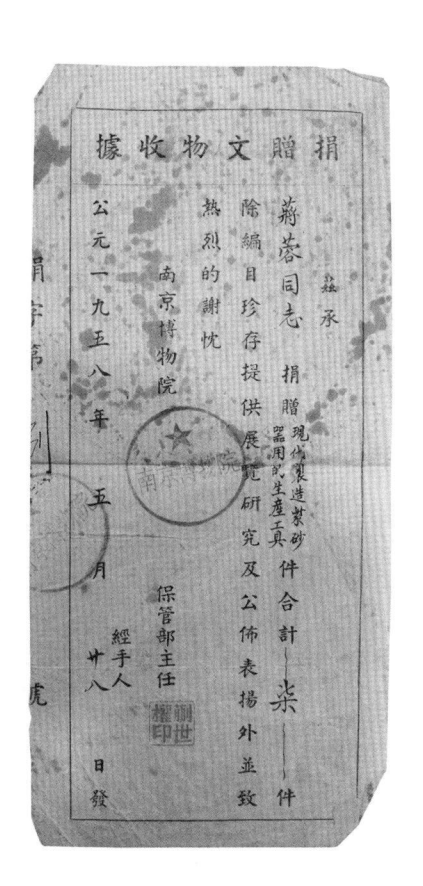

捐贈文物收據

茲承

蔣蓉同志 捐贈現代製造紫砂器用具生產工具 件 合計柒件

除編目珍存提供展覽研究及公佈表揚外並致熱烈的謝忱

南京博物院

保管部主任
經手人
公元一九五八年五月廿八日發

徒弟范永良至今保存着师傅当年给他做的几件工具。说起这些，他如数家珍。

花器之华贵，融镂刻雕塑于一体，所以工具就特别地多。蒋蓉经常在徒弟们面前出其不意地拿起一件工具，问：这是什么？干什么用的？谁能最快答出，她会变戏法似的摸出一颗糖作为奖赏。有时顾景舟从这里走过，见到这样的情景，会半真半假地揶揄一句："又不是幼儿园里哄孩子的阿姨！"

蒋蓉则会半嗔半怒地回敬一句："你是不是眼馋啦！来啊，给你一颗。"

顾景舟照例瞪了她一眼，拂袖而去。

徒弟们看在眼里，大气不敢出，但心里都觉得好笑。

有顾景舟而无蒋蓉，抑或有蒋蓉而无顾景舟，对当代紫砂来说，都将是不完整的。他们的对话，总是用一种独特的语言，有时徒弟们是听不懂的。比如顾景舟正在专心制壶授课，身边围着一些观摩学习的徒弟。这样的时候通常很静，连针掉在地上都能听见，突然顾景舟抬起头来，他一眼就看到了站在徒弟们背后的蒋蓉。

他看了她一眼，冷冷地问：你来干吗？

蒋蓉只回答了两个字：看看。

顾景舟仿佛没有听到，又埋头做壶了。

徒弟们相视一笑。

让徒弟们钦佩的是，他们对紫砂壶的理解，绝非常人可比。

其他几位老艺人，也是和蔼可亲的。任淦庭像一位老爷爷，他虽然耳朵不大好使，但他总是乐于助人。你请教他什么，他即便手头在忙，也会放下来帮你。

裴石民看上去有些清高，其实是个大好人。他任何时候都是正直厚道的，从来不会在别人背后说一句闲话。

吴云根师傅呢，脾气耿直了一些，但他对年轻人是宽容的。平时闷声不响，但凡哪个年轻人受到欺负，他总是会站出来说几句公道话。

朱可心非常忙碌。他除了做壶，带徒弟，还要代表厂里到县里、省里去开会。他的头衔很多，太多的抛头露面，让他少做了很多壶。但他从来不像个干部，一点架子也没有。

王寅春呢，少有的厚道人。待人特别和善。他辈分大，早年与顾景舟是邻居，见到顾景舟，有时居然叫他小景舟，而顾景舟对他很尊敬。

他们的最大特点是，技术精良，都有一手绝活，人品高贵且淳朴。

这6位老艺人加上蒋蓉，就是紫砂工艺厂几十年一以贯之的精气神，也是紫砂工艺厂全盛时期的标配。

一件佳美的紫砂茶具，必须具备哪几个因素呢？蒋蓉是这样告诉徒弟们的：

"如果把壶身比喻成一个人的身体，那么，壶嘴、壶鋬、盖、钮，以及壶脚，就像人的五官四肢。它们之间的和谐与呼应是最重要的。嘴与錾须舒屈自然，壶盖则如人之冠，口盖直而紧、倾斜而无落帽之忧。壶嘴出水通畅有力，壶錾拿握舒适。这样，壶的观赏功能与实用功能就融为一体了。"

在高丽君的记忆里，蒋蓉的花器作品虽然得到高庄教授的称赞和国家的奖状，但在紫砂圈里却地位不高。因为历史上的文人墨客多喜欢光器，认为那才是代表了古朴、简洁的高雅之器；而花器，则被贬为"花里胡哨"的小儿科。徒弟们发现，由于这样一种偏见，下达给蒋蓉的生产任务就特别多，而她是从来不抗争的，不就是起早贪黑多干点活吗？她不怕。可这样一来，徒弟们也跟着受苦了。经常是别人都下班了，只有蒋蓉师徒们还在干活，有时甚至是通宵达旦的。在黎明到来之前，长夜喘着最后的寒气，蒋蓉版的故事却如一团温暖的火光。时光过去了几十年，这团火光还在徒弟们的心里闪烁，温暖着他们生命的历程。

徒弟们发现，不管别人怎么说，他们的蒋辅导还是坚定地做着她的花器。风一样吹过的闲言碎语，她就当它们是纷落的扬花柳絮，在走向既定的审美王国的路途上她一直保持着义无返顾的姿态。那些穿越孤独的忠贞，和曾经痛彻肺腑的涕泪，都在印证着她的一份从容淡定。

根基，还是自信。

蒋蓉的自信从来不体现在表面,她低调做人。她告诉徒弟们,不要和那些做光货的人争论,让他们去说好了,把壶做好,壶会给你说话。

静水深流。蒋蓉最喜欢这四个字。

平常的日子里,一些别人看不上的一些小生命、小植物,譬如螺蛳、地狗蝼蛄、青蛙、甲虫、茨菇、荷花、石榴、米兰、牵牛……占据着她有限的生活空间,使她小小的居所和走廊变成了大自然的一部分。她的每一个清晨和黄昏是何等忙碌,精心饲养、浇灌这些小东西,她的心情是愉快的。

"我的朋友有好多,我和它们息息相关。"

在她眼里,一只小青虫也是美的。她的心能接通那个微小的生命,她能感受到那些气如游丝的叹息与欢愉。在秋风渐起、严霜来临的季节,我们可以想象蒋蓉对那些纷然逝去的小生命的眷恋,她想念它们,在来年的春天,她会再与它们相处,体现在她的壶上,则已经是它们皈依的精魂。

几十年后蒋蓉说起它们,情感是开张的,竟然有一种生死契阔的意味。那种幽幽的语调越过迢递的岁月,透现着一种沧桑的感怀。

1950年代后期师从蒋蓉的徒弟徐孟根,对师傅始终抱有一种对

1958年,蒋蓉与徒弟们论壶

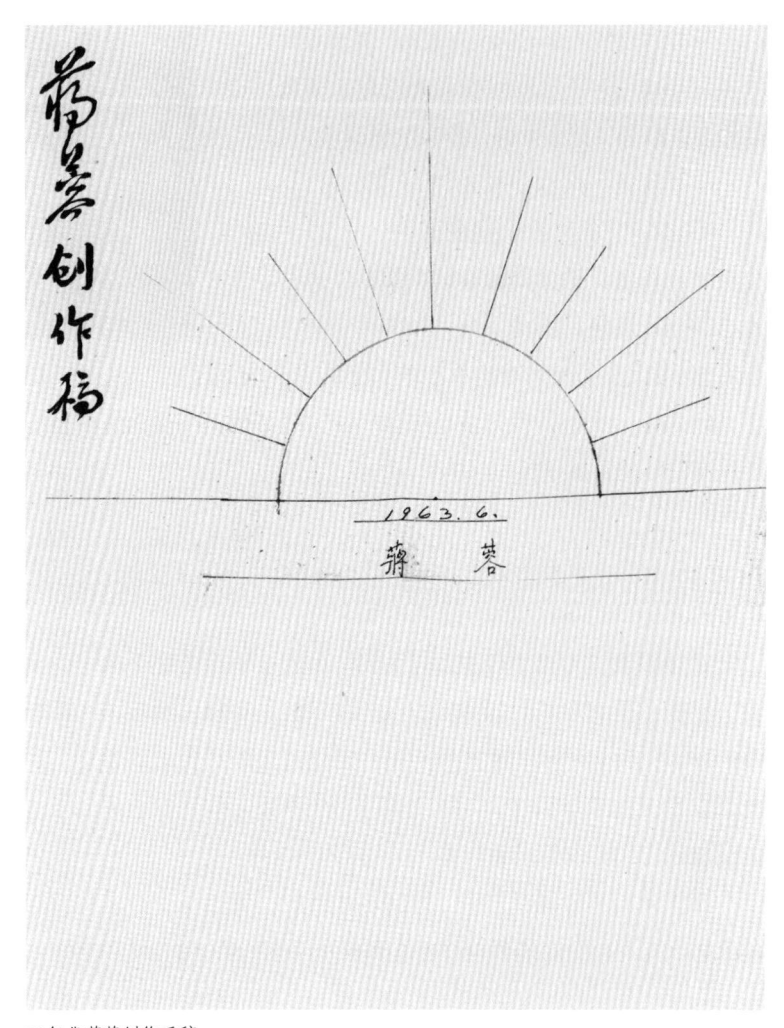

50年代蒋蓉创作手稿

1958年，蒋蓉填写《大跃进以来创造发明调查表》

待母亲般的亲情。在蒋蓉身边学艺的日子，无疑是他人生阅历中最难忘的篇章，他朴素的叙述里依然洋溢着当年的激情：

"……一桶饭，一杯菜，8个人一桌。饭只能吃半饱，菜呢，几筷子就没了。我当时是徒弟当中年龄最小、个子最小的一个。说句难听的，当时我16岁，身体还没有发育。由于大家都吃不饱，粮食又是定量的，所以肚子一天到晚咕咕直叫。蒋辅导吃饭的时候常来看我们，她看到大家吃不饱，心里很着急，但她也没有办法。因为每个人的粮食都是定量的。但她总说自己是女的，吃得少，每一顿都要省下几口来装在一个小碗里，悄悄地给我吃。那时晚上加班没有夜班费，一定要坚持到12点以后，厂里才供应每人2两稀饭，2根萝卜干。饿了半宿终于喝上热腾腾的稀饭了，那个心里头真美啊。蒋辅导端着她的2两粥，倒给他一点，倒给你一点，最后她自己只剩下一点粥汤了。蒋辅导喜欢唱歌，她说，饿的时候唱唱歌，就不饿了。那个时代的人都很单纯，只想学本领，也没有那么多名啊利啊的东西。虽然生活清苦，但精神上很充实。"

徒弟范乃芝、王秀兰是这样回忆她们当年的师傅的：

"虽然日子清苦，但蒋辅导的穿着依然很讲究，她喜欢穿大团花的连衣裙。她对色彩的搭配很别致，往往是别人看到她穿什么

蒋蓉抄写的歌曲手稿

了，就跟着学，但同样的衣裙，别人穿了就是没有她穿得那么得体。她特别爱干净，无论什么时候，她都是清清爽爽的。"

就像蠡河欢愉的喧嚣从来不曾被阻挡过，那长长的河流瓦解着严寒的冰层，拍击河岸的春涛嘲笑着岸上凝固的风景奔涌而去。所有明快或晦暗的故事都会带着昨天的痕迹，轮廓清晰地走向明天。

第七章　风生波起

如此的奇耻大辱,似乎在挑战她的生命承受之重。山崩地裂的轰然巨响之后,鹰还在飞翔。她不是鹰,但她的信念之翅在经受了暴风雨的鞭笞之后仍然没有折断——对于那些好事者、那些等着把口水变成洪水的人来说,她吝啬得一点机会也不给他们。

紫砂老艺人朱可心

各种资料表明，在蒋蓉的艺术生涯里，朱可心是个十分重要的人物。假如朱先生还在世，应该是个100多岁的老寿星了，可惜他已经在1986年驾鹤西行。蒋蓉在回忆上世纪50年代的往事的时候，说的最多的名字是朱可心，她述说的时候会递给我一些老照片，我相信那一幅幅并不怎么生动的画面记录着他们珍贵的友情。在她平静的语调里我再一次走进1958年不平常的春天，先前的蜀山紫砂生产合作社已经扩大更名为宜兴紫砂工艺厂，蒋蓉、朱可心、顾景舟等7位艺人被国家授予"老艺人"的称号。知恩图报的艺人们一方面都在带徒授艺，一方面正在加紧各自手头的创作。蒋蓉作为拥有50名学员的"光明班"的技术辅导，整天忙得不亦乐乎。她正在创作的是一把《牡丹壶》，在她看来，以花入壶已经不是什么新鲜之举，但她希望通过牡丹花的姿色来表现国色天香和雍容大度、热烈奔放的气质风貌，那是既熟悉又陌生的——是记忆深处的某种暗香，是内心的一种感召。它一旦被赋予形而上的含义，就变得不再是花卉意义上的牡丹，而是蒋蓉以特定的紫砂语言袒露的心曲。

高明的画师能够描绘美丽女人的千娇百媚，除了娴熟的技艺，还因为他对女性有着独特而深切的感受。蒋蓉的《牡丹壶》以整个壶身作为花瓣，用壶嘴和壶把作枝叶，有一种先声夺人的惊艳，又有一种欲放未绽的含蓄。花瓣，似少女的裙裾在微风吹拂下飘然摆动，那种青春的质感和情色的光影分明是天下最华丽的凝固的诗行，仿佛把江山美人的前世今生一齐展现在你的心头、你的眼前。

《牡丹壶》的成功还在于它非同凡响的泥色。花蕊的娇黄带着露水般的鲜嫩，花瓣的绛红有一种脱俗的热烈奔放。那莫如说是对俗世生活的赞美，是温馨可人的莹洁。无论如何，着了魔的色彩在蒋蓉手里已经到了信手拈来的地步。

点睛之笔还在于壶盖上的"手"，一只扑闪的彩蝶。这简直是一只令人妒忌的小精灵，你能感觉到它那五彩斑斓的蝶衣上的绒毛，甚至被它调皮的眼睛里那种顾盼生辉的流光所感染。

"前前后后，捉了176只蝴蝶。"

蒋蓉回忆说。

1958年春天的田野欢快地接纳着一个捕捉蝴蝶的紫砂艺人，并且，大自然生生不息的博大胸怀给了她更多创作的激情。她把捉来的蝴蝶放进玻璃缸里，日夜观察，然后放生——她喜欢看着蝴蝶脱离了囹圄飞向自由的刹那间的剪影。其实，最后一只定格在《牡丹壶》上的，已经不是一般意义上的蝴蝶，而是一种美丽生命的图腾。

不能不说一说创作《牡丹壶》的时代背景。1956年，全社会即将进入红红火火的大跃进时期，每天都有英雄的捷报传来，给模范

牡丹壶

人物献花，是一种此起彼伏的时尚。鲜花朵朵赠英豪，更是时代的主旋律。当时的书画家一致认为，牡丹是百花之王，蒋蓉的《牡丹壶》，凝聚了时代最炫目的色彩，最能够引起大家的共鸣。

在创作《牡丹壶》的日日夜夜，朱可心一直给她以父爱般的关怀。他毕生最擅长的正是花器和筋纹器的制作。因此，在泥料的配制、造型的比例等技术问题上，他以一个老师傅的眼光提出了许多让蒋蓉豁然开朗的意见。至于蝴蝶雕塑的传神部分，朱可心则对蒋蓉的不凡工手发出了由衷的赞叹。壶进窑后，他三番两次到窑上去转悠，他放不下心，一会儿从火眼里看看窑火，一会儿叮嘱窑工几句。直到壶顺利出窑了，他才露出一个少见的灿烂的笑容。

作为长辈，他从不轻易流露对别人作品的褒贬，但一个老艺术家的良知告诉他，蒋蓉会长成一棵参天的大树。

关于朱可心，蒋蓉是这样回忆的：

朱辅导和朱师母待我好，真是像待女儿一样。有空，我经常去朱家串门，朱辅导总是让我看他珍藏的老茶壶，给我讲紫砂前辈的故事，有时也谈谈技术革新的事。朱师母知道我喜欢吃面食，就经常给我包馄饨、擀面条。自然，他们最关心的，还是我的婚事。朱师母几次给我介绍对象，还劝我要求不要太高，但他们知道我的个性，从来不勉强我。有一次，朱师母说，蒋蓉啊，可心和我这么喜欢你，你就做我们的干女儿吧。事实上我并没有叫过他们一声干爹干妈，但我确实把他们当成自己的长辈一样来敬重……

如果以长辈的眼光来看，你真的没有理由不喜欢蒋蓉。她永远是那样温柔、纯朴、善良、勤快，像一泓透明的泉水，悄无声息地从你身边流过。当她在全身心投入创作的时候，那种忘我的境界，会让你知道世界上有一种美叫虔诚。朱可心无疑是这样一种美的发现者和保护人，他在各种场合推崇蒋蓉，他不怕别人说朱辅导偏心。世界就是这样，木秀于林，风必摧之，只要有人群的地方，就会有那么一些人，只须摇动口舌就可以搅得天昏地暗、鸡犬不宁。大凡细菌的繁殖需要一定的温度，1958年的"大鸣大放"，就像惊蛰后的一声闷雷，让一些冬眠的小东西纷纷出土。鸣放的势头，则像一场突如其来的飓风，连宜兴紫砂工艺厂这样一个远离政治的地方，一夜之间也贴出了许多大字报。其中有一张漫画，竟然是攻击朱可心和蒋蓉的。画面上涂脂抹粉的蒋蓉正在做壶，朱可心呲着牙，一脸坏笑地站在她的旁边，他的身后竟拖着一条狐狸尾巴。漫画的作者唯恐读者看不懂，还加了一行注解：

名曰技术创新，无非利欲熏心。

朱可心的第一反应是差点晕倒。他脸色发白，手脚冰冷，被几个徒弟搀扶着送回家中，当天夜里他就支撑着和老伴去镇里找到第一书记。经历了一生坎坷，他把名誉看得比自己的生命还重要，他请求书记主持公道，书记则山水不露地要他"冷静对待"。他哪里有什么城府和谋略，朱可心甚至激动得说不清事情的来龙去脉，只能用包了铜皮的拐杖狠狠地敲击地面，以宣泄胸中的愤怒。

7个老艺人中，耿直的王寅春当即拍案而起："太不像话，查出来是谁干的，老子打断他的腿骨！"

王寅春血压高，一激动起来脸涨得通红。他总是习惯地用一把小小的水帚蘸着水，掸自己滚烫的脸庞。

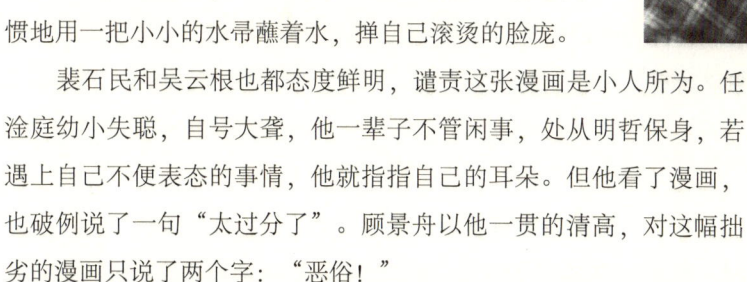

裴石民和吴云根也都态度鲜明，谴责这张漫画是小人所为。任淦庭幼小失聪，自号大聋，他一辈子不管闲事，处从明哲保身，若遇上自己不便表态的事情，他就指指自己的耳朵。但他看了漫画，也破例说了一句"太过分了"。顾景舟以他一贯的清高，对这幅拙劣的漫画只说了两个字："恶俗！"

那么，蒋蓉呢？

按照一般人的看法，清白的女子受到侮辱冤屈后，首先应该大哭大闹，甚至寻死觅活，然后在众人的百般劝阻下才放弃轻生的念头，然后由一个权威人物出来说公道话，像豪雨一样洗却那些不白的冤屈。蒋蓉的表现则让大家感到不可思议，她像一尊雕塑一样端坐在自己的工作椅上，她什么也不说，什么也不听，如此的奇耻大辱，似乎在挑战她的生命承受之重。山崩地裂的轰然巨响之后，鹰还在飞翔。她不是鹰，但她的信念之翅在经受了暴风雨的鞭笞之后仍然没有折断——大家奇怪的是她居然还能干活。对于那些好事者、那些等着把口水变成洪水的人来说，她吝啬得一点机会也不给他们。即便是一个天才的演员，也不可能演绎得如此完美啊。

裴石民说："你们小看她了，她是见过世面的人呢！"

顾景舟显然不愿对这事发表更多的意见，但他有一次在和徒弟们论壶的时候说：

"你们要好好学一学蒋辅导，为什么她无论做什么东西，总是那样清新可人？那是气质在起作用。你们见过她临摹一张荷叶，就用了几个月时间吗？技术和神韵，还不是一个层面，你们自己去琢磨吧。"

这等于是在声援蒋蓉了。在这样的关键时刻，顾景舟能说出这样一番话，实属难能可贵。顾景舟毕竟是顾景舟，他一讲话，一些人就不吱声了。

有人不禁长叹一声：人家还是惺惺相惜啊。

一直到镇委书记亲自来紫砂厂宣布那张漫画属于侮辱性的"毒草"，应予追查严处的那一天，蒋蓉才痛痛快快地哭了一场。徒弟们围着她，给她擦拭眼泪。他们惊讶地发现，他们的蒋辅导哭起来也是这么优雅——无声流淌的泪水在她的面颊上晶莹成一片，你会想起闪着阳光碎片的清澈的溪流。

蒋蓉说你们全都走吧，让我好好地哭一哭，我哭得很开心……

徒弟问她："蒋辅导，为什么当时你不哭呢？"

蒋蓉说："因为我相信自己。"

后来蒋蓉告诉她的朋友，其实她当时就知道这张漫画是谁所为。嫉妒与心怀叵测者就像蝙蝠一样总是等待黑夜的降临，它们选择在黎明前撤退。就像你不能诅咒黑夜一样，你无法让小人在这个世界上彻底消失。黑夜属于小人，阳光属于君子，她盼望着阳光一样的公正破雾而出，并回报以晶莹的泪泉。她感谢泪水，它洗涤着俗世的尘埃，抚慰着伤痛的心灵，无论欢愉还是痛苦，一切都从透明的泪水出发。倾盆的暴雨之后天空湛蓝，会飞的鹰仍然以她的翅膀抒写着未来的章回。

第八章 情归何处

"有时候非常漂亮的壶会在脑子里突然出现,我会被它激动得手足无措。但是,壶走不出来,它在我脑子里直转,我仿佛听到它在呼喊,'让我出来吧,我要出来啊'!我会几天几夜兴奋得不吃不睡,我把壶做出来了,脑子里那个壶不见了,它到了我的手上,像梦一样,它和我脑子里的壶又像又不像。"

时间深处的1959年在一种特定的政治声浪中翩然而至。蠡河的潮涨潮落记录着久远岁月里那些不可磨灭的往事。只有回忆之箭能够洞穿今天和昨天之间的厚障，它让我们获得储存已久的新鲜，连同它的一枝一叶。

蒋蓉和顾景舟在这一年的春天一起去南京参加全省群英大会，无疑这是一份众人钦羡的荣誉。南京距离宜兴300余里，坐班车需要半天之久。这在当时来说，已是出远门了。回来之前他们不约而同地买了一些糖果，准备回去让厂里的同事和徒弟们分享。他们并不知道，两个单身的人一起发糖，竟引起了一番令人尴尬的误解。大家看到他们那样高兴，那样穿戴整齐、满面红光地给大家发放糖果，以为他们终于走到一起了。有的人去准备鞭炮，有的人打算去附近的农民家买一头肥猪回来让大家聚餐庆贺。蒋蓉先从大家的情绪里发现事情的走向偏离得荒唐，她赶紧申明，她发糖和别人没有关系，她只是和大家分享一下去省城开会的快乐而已。本来高高兴兴的顾景舟则一下子变得火气很大，但如果要骂人，大家都是好心，去骂谁呢？他的一把无名火简直无处可发。一连几天，大家看到顾辅导绷着脸一声不吭。如此一来又引发了大家对顾、蒋两位辅导婚姻走向的猜测。结果则是令大家失望的，两位辅导各有自己的生活准则与性情脾气，又都是心高气傲的，把他们往一起撮合，实在太难而且没有必要。

徒弟们私下里也为他们扼腕：要是他们能够结合该多好啊，那不仅是紫砂光货与花货的奇妙组合，也是紫砂界的一大佳话，中国紫砂将在20世纪50年代写下别致而灿烂的一章。

"你们就不要乱点鸳鸯谱了，这是不可能的。"朱可心对大家说。

私下里顾景舟对徒弟李昌鸿说："以后谁要是再说我跟蒋蓉怎么怎么，我要跟他翻脸的！"

多少年后李昌鸿回忆当时的情景，顾辅导的表情非常严肃，口气几近决绝。

不过，数十年后，曾经跟随顾景舟18年的徒弟葛陶中，在谈到这件事时，却提供了另外的细节：

"因为顾辅导和蒋辅导都是单身，所以领导也曾经有意撮合他们。有一次，是厂领导正式找顾辅导谈话了。但是，顾辅导的风格跟年轻时已然不同，对于'组织出面'的东西，他不好一口拒绝，但他绝不会做违心的事。他能做的，就是任别人去说，自己保持坚硬的婉拒与沉默。"

然而，在平时的工作和生活中，顾景舟对蒋蓉还是一如既往地表现出一种老大哥式的关照与关心，他对蒋蓉的为人和作品，还是肯定的。这一点，旁人在一边看得清清楚楚。

顾景舟晚年，儿媳吴菊芬也曾经问过他：

"爸爸，外面的人老是喜欢把你和蒋蓉说在一起，你们到底有没有谈过恋爱啊？"

顾景舟回答：

"你这孩子！这本来就不是一个问题。为什么要把两个根本不可能的人扯在一块呢！"

顾景舟的徒弟张红华回忆：

"有一次，顾辅导和几位紫砂界的老师傅去南京开会，其中有蒋蓉。当晚他们在鼓楼附近的一家旅社住下，吃过晚饭大家在旅社门口溜达，突然顾辅导说：蒋蓉呢？怎么人不见了？当时天色尚早，大家不在意地说，蒋辅导只怕一个人出去散步了。顾辅导却一脸焦急地说：不行，你们快去找，她南京不熟的，万一走丢了怎么办？其实蒋蓉就在附近不到100米的曙光电影院门口溜达。蒋蓉被'找'回来后，顾辅导换了一种山水不露的口气对她说：蒋蓉啊，以后出去要讲一声，免得带队的领导找不到你。"

一种无形的压力有时会左右蒋蓉。39岁了，一个青春的尾巴对于一个未婚的女子来说，会有稍纵即逝的感觉，蒋蓉却还能做到从容自如。婚姻既是神圣的，与事业比又何其渺小。底线的不可退却，情感的不容苟且，让她的坚守平添了一份悲壮的意味。

也有夜阑人静、一灯荧然的时候，纵然生命的另一半与今生无缘，那也无可改变她的人生坐标。

她不寂寞，她还要做很多很多的壶。想起它们，蒋蓉的步履就会变得轻快，心头就会荡漾着创作与劳动的快乐。

假想，若是一个儿女成群的蒋蓉，整天忙于家累，她还能做壶吗？做一个合格的母亲需要一个女人付出毕生的经历，而一个艺术的蒋蓉必将湮没在一堆堆的俗务之中，蒋蓉为自己的清高支付着别人看不到的代价，她愿意，并且无怨无悔。

一个机会在敲蒋蓉的门：北京一个权威学术机构拟举办一个全国性的民间雕塑研究班，厂里研究决定让她去学习，这不仅是一个机遇，也是一份殊荣。蒋蓉得到消息，兴奋得一夜没睡好觉。可是第二天，一个青年艺徒来找她，央求她把机会让他，蒋蓉看他说得虔诚，决心又大，就答应了。那艺徒又说："蒋辅导啊，您在厂长面前帮我说说吧，我自己去说，肯定没门。"

蒋蓉还真的去找厂长替那个艺徒说情。厂长奇怪，说："蒋辅导啊，你知道这个名额有多么宝贵，你自己真不想去吗？"

蒋蓉说："人家那么想去，就成全他吧。谁去还不是一样。"

厂长说："你再考虑考虑吧，不要轻易放弃。"

蒋蓉说："我已经考虑好了。就让他去吧，他也很优秀啊，况且那么年轻。如果处处论资排辈，年轻人什么时候才能出头啊！"

在1957到1959这短短的2年时间里，蒋蓉的创作进入了一个多产高峰期。就像一个心潮激荡的田园诗人，涌动的创作激情，乡间的葳蕤景象，无不在她的壶上得到重生般的体现。

《大水牛》在1957年的盛夏走进蒋蓉的雕塑系列。牛，对于世代耕作的农民来说，简直就是活生生的上帝。从现存的照片上看，蒋蓉的江南水牛体现着奔放简洁、朴实浑厚的意象，她不仅赋予了它天地间最勤劳的忍者形象，同时也包含着她对青天之下、黄土之上辛勤劳作的父老乡亲的深切感情。但她的水牛不是从创作理念出发，而是在长期的观察与高度概括提炼中呼之欲出。就像清初的文人画家八大山人朱耷，一生心怀对明朝覆没之隐痛，常将悲怆慷慨之情发泄于笔墨之中，那种不拘成法、苍劲逸秀、怪诞中流露出的通俗的温馨谐趣，恰恰来自于民间文化的熏陶。学院派的先生们也许应该研究一下这个课题，为什么一个没有学过一天素描的民间艺人，能够空手做出如此逼真的雕塑？生活直接的启蒙与暗示会让他们逾越那些约定的障碍，就像惟妙惟肖的"泥人张"，活灵活现的"杨柳青"，还有那些瓦当、面塑、泥塑、剪纸……它们的根须深深扎在民间文化的沃土里，通体洋溢着一股乡土艺术的充沛元气——民间工艺美术和宫廷、宗教、文人士大夫美术看上去各有出处，但它们并非泾渭分明的河流，它们往往会在行进中交汇，组合成浩瀚的中华民族艺术文化。

大水牛

蒋蓉曾经这样说起她的创作：

"有时候非常漂亮的壶会在脑子里突然出现，我会被它激动得手足无措。但是，壶走不出来，它在我脑子里直转，我仿佛听到它在呼喊，'让我出来吧，我要出来啊'！我会几天几夜兴奋得不吃不睡，我把壶做出来了，脑子里那个壶不见了，它到了我的手上，像梦一样，它和我脑子里的壶又像又不像。"

一种癖？一种无可替代的生活必需？离开了紫砂，蒋蓉就像鱼儿离开了水一样，没有了魂魄的生活将会颠覆寻常岁月的一切意义。蒋蓉的业余生活有烟火味吗？基本没有。她不太会做饭，也不会绣花、打毛线、纳鞋底之类的女红。一沾到紫砂泥，她就把什么都忘了。紫砂就是她的天，她的地，她的一切。

审美记忆里的《荷叶螃蟹盘》《蟾蜍莲蓬壶》《竹春壶》《段泥竹根壶》《松鼠大栗杯》，都是她这段时间里井喷般的作品，而其中的代表作品《蟾蜍莲蓬壶》在创作时又横生了一些枝节。

人们先是看到蒋蓉在精心饲养一只硕大的蟾蜍。有人就说，看啊，蒋辅导在蛤蟆身上打主意了。作为一句笑话这并无恶意，不过日常生活中的蛤蟆往往被人们加上了一个"癞"字，人们在形容不可能得到的事情时，就说癞蛤蟆想吃天鹅肉。

其实蒋蓉是因为被那一折古老的民间传说感动。她特别喜欢那个南海龙王的女儿巧姑，当她趁着父王外出，就变作了一只金色的蟾蜍跃出桃花溪白龙潭，伏在一片翠绿的荷花叶上观赏四周的景色时，蒋蓉的心头便涌动着一幅画面。她要塑造一只美丽的金蟾，栖息在嫩绿的莲蓬上，一个好奇的清朗的世界，全都在它的眨巴的眼睛里闪烁。

一只来自附近水田里的蟾蜍，成为蒋蓉家的新宠。那些螺蛳、蜗牛之类的邻居不情愿地给它腾着地方。蒋蓉喂它吃饭，它不吃。连续几顿不吃，蒋蓉有些急了，她反复地、轻轻地对这只小东西说："我不会为难你的，帮帮忙好吗？等我搞完了创作，我就放你回去。"

蟾蜍瞪着她，下巴一鼓一鼓的，咕噜了一声。

后来是一位老农告诉她蛤蟆吃地狗。地狗非狗，乃是江南水乡一种异常活跃的四条腿带尾巴的蝼蛄，当一些可怜的地狗终于成为蟾蜍的美食的时候，一直在旁观察的蒋蓉发现，这只呆头呆脑的小东西在偷偷地笑。它捕食时那一瞬间凶猛的神态，让蒋蓉得到了某种先前从未有过的启示。她发誓要把这种神态传达到壶上。

癞蛤蟆能否入壶？一个近乎荒唐的课题在7位老艺人之间展开了讨论。花货素饰器高手，有"陈鸣远第二"之称的裴石民沉吟许久，不置可否，他比较唯美，平时喜欢兰花。蛤蟆之类，应该不在他的审美范畴。不过，出于对蒋蓉的尊重，他不好说什么。顾景舟的意见非常鲜明，如此大不雅的东西，简直有碍观瞻。莲蓬何物？

蛤蟆何物？风马牛不相及的东西怎可合入一壶呢？

或许他对翠鸟情有独钟，这一次他又提出要用翠鸟替代蟾蜍。

朱可心说："景舟啊，你怎么老是放不下你那翠鸟呢？"

一句话把大家逗乐了。

王寅春想了想说："只怕这蛤蟆是有出处的吧！"

没容蒋蓉开口，顾景舟就抢着说："出处？不就是刘海戏金蟾吗？谁不知道这个典故啊？无论如何，紫砂壶上爬着一只蛤蟆，看了实在不舒服，不美！"

裴石民平时跟顾景舟走得比较近，他觉得这个时候应该声援一下顾景舟。说："要说美，大千世界，还真轮不到蛤蟆呢！"

蒋蓉最大的本事是不争辩。她总是静静地坐在那里，无论顾景舟如何反对，她心里那只美丽俏皮的金蟾一点也没有逊色。

"两堵墙"似乎又出现了。"三观"的差异，让顾景舟和蒋蓉在一把壶的创作上又产生了分歧。

其实，熟悉顾景舟的人都知道，他只有对自己看重的东西才认真，他越认真就表明他越看重。一般意义上的东西他是不屑一顾的。细心的人会观察到这样的细节，偶尔一次，蒋蓉穿了一双拖鞋上班，被他发现了，就当着她的面说她："都是带徒弟的人了，上班穿双拖鞋，成何体统！"

穿拖鞋上班的人很多，为什么他不说别人，单说蒋蓉呢？

实际上还是一份看重。

还有一次，7位老艺人带着徒弟们外出参观，那天奇热，蒋蓉不住地擦汗。顾景舟突然冒出一句："就你汗多！当着客人的面擦汗，多不雅啊！"

天那么热，谁不在擦汗呢？但顾景舟眼里只关注他看重的人，也许他认为，像蒋蓉这样仪态优雅的人是不应该当众擦汗的。

同样，他反对蒋蓉以蛤蟆入壶，绝对是真心的意见。或许在艺术上他们谁也说服不了谁，但他们仍然论争，以他们特有的方式。他们在乎的不是谁占上风，而是论争本身带来的碰撞、磨擦、砥砺、互见。有时他们的论争其实是一种精神上的深度对话，他们各自的艺术就在这碰撞中提升、完善，精神也在这碰撞中得到一种满足。

正当那只不幸的蟾蜍的命运受到挑战的时候，北京的高庄教授又来了。说也奇怪，高先生总是在关键时刻翩然而至。但这一次，他无意再做判官。而且他对7位老艺人能在一起心平气和地探讨艺术，感到十分欣慰。手工业技艺各自封闭，排他性强，所以艺人相轻，比文人相轻更甚。金蟾与莲蓬还是如愿地扭结到了一起，成为一种民间审美的隐语符号，一种阴阳交感、化生万物的比喻象征。莲蓬壶体上的20颗摇动自如的莲心则表明着高洁与操守，当贞洁由生命的图腾逐渐蜕变成世俗的约定，从活生生的生命形态中剥离出来，成为一个民族可以接受的寓言，细心的人会发现，这些看似平常的物件里，有着中国人美好情感的寄托。

壶做好了。一张卷起的荷叶做壶嘴，一枝毛茸茸的荷梗带着花苞做壶把，壶底置起一支藕梢和两个荸荠托起莲蓬，显得生趣盎然。而那只金蟾，毕竟是大家闺秀，她栖息在莲蓬上的仪态是优雅的，她在等待谁呢？樵夫刘海，那个令她一见钟情、又把她从凶恶的大蟒口中救下的平民英雄。蒋蓉的这把壶包含着一个多么深沉又多么缠绵曲折的故事！

后来在紫砂坊间有这么一个传说，说是蒋蓉为了拒绝顾景舟，特意做了一把蛤蟆壶，意思是讽刺他癞蛤蟆想吃天鹅肉，顾景舟一怒之下，做了一把《僧帽壶》，表明自己宁愿做和尚，也绝不要她这样狂妄的女子。

这个牵强附会的说法不仅粗俗，而且太缺乏依据。

顾景舟的《僧帽壶》制作于1980年，与蒋蓉的《蟾蜍莲蓬壶》整整相隔了23年。

最关键的是，顾、蒋之间从来就不是世俗意义上的那种关系。他们的为人干干净净，或如清风，亦如明月。

《蟾蜍莲蓬壶》的尾声部分又发生了不愉快的事。上世纪50年代末期曾经师从蒋蓉的江苏省工艺美术大师谢曼伦，曾经讲过这样一个插曲：

"蒋辅导做《蟾蜍莲蓬壶》，用了整整一个多月时间。壶做好后，送到窑上去烧，开窑后蒋辅导带我们去看，可是那把壶不见了！窑上的人都说没看见。蒋辅导就坐在那里流泪，她不会像别人那样骂人，也不到处去查找。后来她说，算了，就算是被我自己摔破了，我重做一把。她就是这样的一个人，从来不抗争。什么都是自己默默承受。"

紫砂圈里，也就那么些人，手指扳扳一算，也能知晓个一二。后来，蒋蓉知道了是谁拿走这把壶的，但是她从来不提。因为她知道，她又没有当场逮到他。虽然有旁证，但也不可能到他家里去搜。白白得罪一个人，还惹自己生气，还不如自己养养气，重新做一把更好的。

这个故事的最后一个细节是，一个月白风清的夜晚，蒋蓉把那只瘦了一圈的蟾蜍轻轻地放进了水田里，蟾蜍并没有马上游进水田的深处，它朝蒋蓉咕噜了好一阵，恋恋不舍地趴在那里目送蒋蓉离开，如水般宁静的月华下，蒋蓉的眼睛里有闪烁的泪光。

20世纪60年代，特定领域的一些数字往往比任何形容词更揪人肺腑。如果我们缓缓打开这段紫砂历史的卷帙，同样会发现一些令人扼腕的记录。"政治台风"的持久影响对千百年的紫砂手工工艺发出了荒唐的挑战。在一些发烫的政治口号鼓舞下，竟以石膏模档坯代替了全手工成型，以至大批用模型"克隆"的紫砂产品滞销压库。步履维艰的中国紫砂在重新焕发青春之后不到几年，又落到一个山穷水尽的低谷境地。

独步千秋的紫砂成型，完全得益于独特的全手工制作。紫砂艺人的才情绝技，只有通过只可意会、不可言传的手工工艺，才能传达出紫砂壶的万般神韵。大量无个性的模型复制，无疑大大消解了紫砂语言的丰富性，而沦为一般意义上的饮水器皿。从今天的角度看，顾景舟、蒋蓉等紫砂老艺人能在当时政治口号的喧嚣声浪中保持了一份清醒与坚守，实属难能可贵。

一种多劳多得的"计件制"在紫砂工艺厂推行。它在一定程度上助推了许多艺人偷工减料以获取更多的报酬。创新已经没有了立锥之地，拼命挣钱瓦解着人们起码的创作激情。体制内的蒋蓉的白天必须挣满所要达到的工分，而创新就像一只不讨好的蝙蝠，它只能选择在蒋蓉的夜晚里降临，温柔乡里的红袖应该有男人的呵护，这里的一灯荧荧却只在昏暗的墙上留下一个头发蓬松的投影。黎明的薄雾里它又扑闪着翅膀飞离而去。青丝是如何熬成白发的，那些呕心沥血的夜晚会告诉你。有记录的28件（套）创新作品在《蒋蓉年表》1959年—1964年的近2000个日夜里向未来的岁月闪烁着它熠熠的光彩。从数量看，它们也许尚不算多，但这些都是在为"稻粱谋"以外的夜晚完成的。读一读它，你会为这些并无感情色彩的文字感动。

1959年

创新作品有：《紫砂乌龟》《陶塑樵夫》《浮雕》《桃花烟

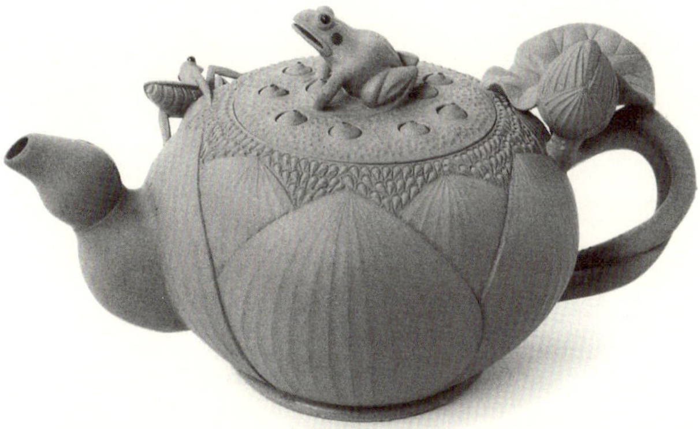

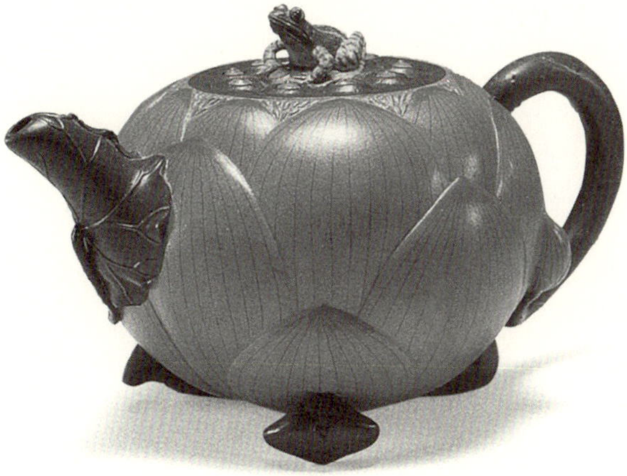

缸》《三角烟缸》等。（作者注解：这些壶外功夫，其实还是为了更好地做壶。）

1961年

调至紫砂厂二一班辅导青工。创作《枇杷小鸟挂盘》《紫砂陶汤勺》《圆角腰带壶》《菱形茶壶》。

1962年

调至紫砂厂一三班培训徒工，从事注浆成型，以拼制各种像真泥色。创作《双色金黄瓜壶》《长方型壶》《圆角线印泥盒》等。

1963年

设计《茨花千筒花盆》《荷花烟缸》《竹段烟缸》《三友三用文具》《角竹笔筒》《竹根花盆》《喇叭腰线盆》《南瓜烟缸》《五星烟缸》《四方烟缸》《鼓形盆》《松竹梅烟缸》等。

1965年

新作有《莲藕笔架》《十一头白藕酒具》。

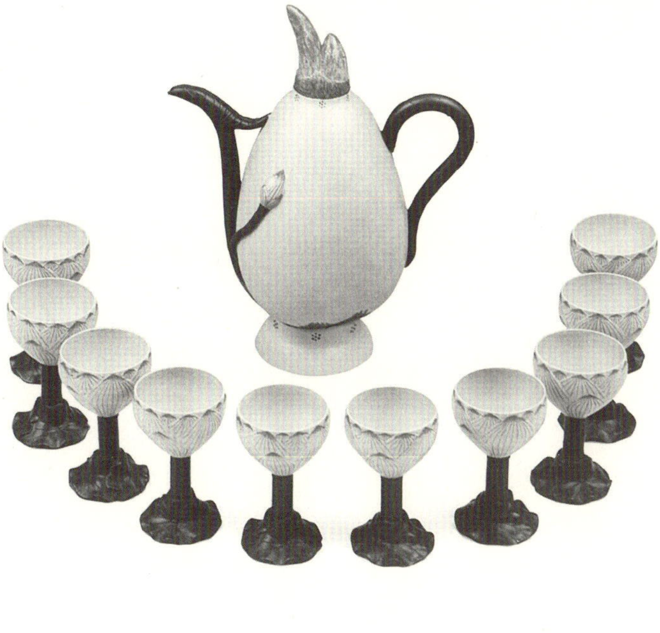

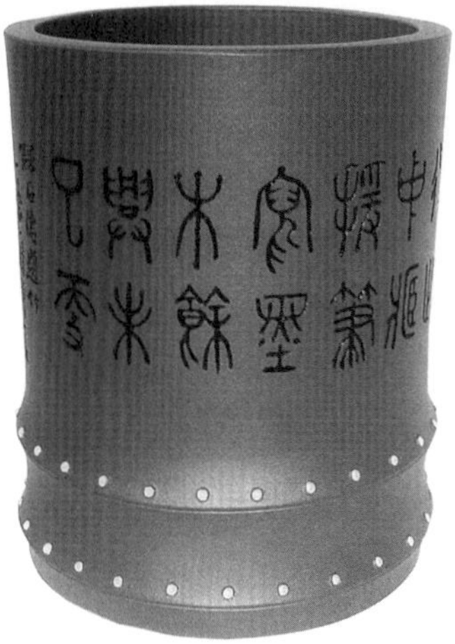

时光消逝了，彩虹还在。试想，把一份炽烈的感情平均分配给一生中每一个平凡的日子，让平凡决不跌向平庸，让平淡决不趋于黯淡，那需要多少定力？在蒋蓉漫长的一生中，中年也许是最为平淡的章回。如果我们单单用一系列原创紫砂作品来概括她，如果我们单单用沉静和恬淡来形容她，会显得过于狭窄和理想化，而缺乏一种真实的人间烟火气息。从表面上看，她的生活除了住处从三娘娘庙先后搬到"丁家"和"八家口"的紫砂艺人聚居的生活区，并没有太大的变化。如果我只写她还是像春蚕吐丝那样不断地创新做壶，而忽略了她的心路历程，那显然是片面的。这么说吧，我不想把她写成一个为了事业甘愿牺牲一切，包括爱情、家庭等等天伦之乐的女强人，在将近3个月采访蒋蓉的日子里我常常想，如果删去了紫砂，一个单身的女人是靠什么来维持心灵的恒温呢？

　　结果是我做不到。就像我无法把交融的水乳分开，紫砂几乎与蒋蓉的一切有关。但我仍然不愿放弃。即便是她自己不带感情色彩的叙述，还是各种有限的几乎不提及她个人情感的回忆资料，都不足以表明一个创造了那么丰富绚丽的紫砂世界的女性，她中年时代的情感天地会是晦涩的、干巴巴的。

　　遥远岁月的1960年代蒋蓉居住的那间小屋及其邻居，曾经是我企盼寻访的目标，也许，残存的旧址多少会记录一些主人当年在这里的痕迹。但由于年代久远，在丁蜀镇北郊"八家口"几经拆迁的居民区里，蒋蓉的旧居已经荡然无存。只有她的同事和徒弟们，还能给我准确而形象地描述她在上世纪60年代的一些故事。

中国工艺美术大师、顾景舟的徒弟李昌鸿说了一个关于"蒋蓉鬼迷"的故事：

有一年大年夜，到了下午四五点钟，职工们都回家过年了。厂保卫科的人在给各个车间封门、准备放鞭炮的时候，发现蒋蓉还在作坊里入神地干活。在大家的再三催促下蒋蓉终于放下手头没有做完的壶，这时天色已晚，而蒋蓉还要赶到十几里地以外的潜洛村老家去过年。她脑子里一直想着那把没有做完的壶，以致到了村口，却找不到进村的路，一直围着村子转悠。老母亲和几个兄弟姐妹一直等到很晚，还不见她的踪影。大家有点急了，打着电筒到村口的大路上去等，弟弟眼尖，发现蒋蓉姐姐正坐在一个土墩上喘气呢。这是怎么回事呢？蒋蓉说，我真的被鬼迷住了，我发现我那把没有做完的壶，怎么到了一个鬼的手里去了呢？

大家问她：那个鬼长什么样子？

蒋蓉说：蛮漂亮的啊，手里拿着的那把壶，我还没有收工，怎么到了她的手里，就变得那么漂亮，我正要拜她为师呢，她一闪却不见了。

老母亲责备她说：林凤啊，你脑子里除了壶，还有啥啊？

生活上的呆与窘。起初，徒弟们谁也不忍心把这几个字与他们敬爱的师傅——一个紫砂花器大师联系起来。但生活的细节是会说话的。在江苏省工艺美术大师谢曼伦的记忆里,蒋蓉中年时代的个人生活简朴得难以想象,常年吃的菜,是一碗黄豆熬酱巴,早、晚饭总是把冷饭用开水泡一泡。她吃几口泡饭,才舍得咬半颗黄豆,另外的半颗还要重新放进酱巴里,几颗酱黄豆就能对付一顿泡饭。紫砂厂有公共食堂,但她嫌食堂的米饭里砂子太多,菜呢,忽咸忽淡。于是她坚持自己做饭,尽管她真的笨手笨脚。她烧饭用的锅特别小,仅够她一个人吃,如果哪个熟人来了想在她这里蹭饭,锅盖一掀就吓跑了。她的那只火力老是不旺的煤球炉又不肯换季,炒一碗青菜,没有半个小时下不来。徒弟们常常在吃完饭后到蒋辅导家串门,一看,快12点钟了,蒋辅导的米还没有下锅。当蒋辅导自豪地说她淘洗的米里,绝对没有一粒砂子的时候,徒弟们提醒她,还有半小时就要上班了。最后,蒋蓉只能把刚煮熟的米饭放进饭煲里,带到厂里去吃。

  过年的时候徒弟们来拜年,她请他们吃瓜子,每人只发三颗,这等于把人的胃口吊起来却又不给好好消受。厉害的徒弟们会巧妙地把她支走,然后熟门熟路地从她的床下找出一只放瓜子花生的陶瓮,众口齐开风卷残云一举全歼。然后把瓜子花生的壳儿全部放进陶瓮里,物归原位。到了第二次,蒋辅导又开启她金贵的陶瓮招待她那些可爱的徒弟们的时候,小赤佬们一个个憋不住笑得前仰后合。蒋辅导感叹说,我这里的老鼠真厉害。最后蒋辅导憋不住也笑了，她告诉大家，其实这陶瓮里所有好吃的东西都是留给你们的，但你们的嘴太馋，那么贪吃，这一瓮头的好东西，应该吃半年呢！

"吝啬"简直像她的影子一样，与她步步不离。看电影她从来只买边座或后座的票，银幕那么大，坐哪儿不是看，省下5分1毛，岂不可以多看几场电影？！其实她收入不低，每月79.8元，在紫砂厂是最高的工资了。按照当时一般的生活标准，可以养活10个人。但她好像总是没有多少积蓄。人们往往忽略了她的潜洛乡村背景，年迈体弱的老母亲依然要她供养，还有几个弟弟妹妹以及蒋家的三亲六戚，还常常需要得到她的接济。对亲友她总是慷慨出手，不计回报。因为她自小在苦日子里浸过，她的心灵承受不了他们生活上的多重窘迫。

蒋蓉生活上的简朴，其实还与她不会"料理"有关。她炒的菜不是太淡就是太咸，烧的鱼一股腥味，没人敢吃。花了钱来作践自己，这又何苦呢？于是干脆一切从简。谢曼伦老师曾经描绘过这样一件有趣的事：

"有一次，蒋辅导的一位苏州朋友来看她，她决定请她吃饭，并且要隆重地杀一只鸡。可怜她好不容易终于抓住了鸡的颈子，可是她怎么也杀不死它，那只受伤的鸡血淋淋地满地乱跑。蒋辅导急得哭出声来，只能叫来我们几个徒弟。这时候已经是中午12点多钟了，丁山人是10点半的肚皮，这时都已经吃过饭了。我们一看，煤炉还没点着，米还没下锅。几个人一顿忙乎，一直到下午近2点，这顿饭才算弄好。蒋辅导的朋友开玩笑说，蒋蓉啊，我饿得眼睛都发绿了！"

她的心思情感全部给了紫砂。就像你不可能同时享受春晖与秋籁，她在紫砂壶上的每一个成功都必须在生活中受到尴尬的惩罚。如果我们硬要把她性格中的活跃部分放大，那也只是童年乐趣的继续，而与感情的发酵没有太大关系。

"你不知道她的力气有多大，掰手腕，我们几个徒弟都不是她的对手。搬泥坯比赛，一块泥坯60多斤，她轻轻搬起来沿着车间一路小跑，谁输了谁请客。蒋辅导从来没请过，因为她总是冠军。她还会像蜻蜓那样倒立，40多岁的人，灵巧得像小孩一样。"

头发斑白的俞梅仙在描绘她当年师傅的行状时表情真切，让人忍俊不禁。

爱干净，几乎像洁癖一样的干净。有时，徒弟们会不约而同地在星期天到师傅家帮干点家务活。蒋蓉在哪个河埠上汰被子、在哪个河埠上洗马桶，是有讲究的。她对一般人特别迁就，但对自己人则要求得顶真。她有时会怀疑徒弟的活儿偷工减料，明明徒弟是按她的要求在哪个河埠上汰的衣服，可她总觉得那衣服上有股河泥味儿，不行，她还是要亲自动手，结果，重新汰过的衣服反而真的不干净了，因为那个河埠头的水已经浑了。

紫砂老艺人程辉的夫人朱金华当时也是紫砂厂的女工，她回忆说：

"蒋辅导这个人特别爱干净，她在厂里的女工澡堂洗澡，别人是不能碰她的。谁要是无意中碰到了她的身体，哪怕她已经洗完擦干了，她也要回到浴池里重洗。时间长了，大家都知道了她的特点，有的姐妹就故意在她擦干身体后故意去碰她一下，她总是哎呀一声，嘴里小声叨叨着，颤颤巍巍地返回浴池，这时大家就偷着乐。有一回，大家跟她闹着玩，蒋辅导的一把澡，洗了好几个小时，差点晕汤了。"

1964年，50虚岁的顾景舟终于结束了长期的单身生涯，与一位小他11岁的徐义宝女士结婚。关于顾景舟的婚姻、感情生活，按理并不是本书应该涉及的内容。但是，在本书的采访过程中，无论蒋蓉还是其他的被采访者，说着说着就提到了顾景舟。或许，那是因为，在当年的紫砂界，顾与蒋是两位公认的领军人物，作为紫砂老前辈，他们在生活和事业上，在艺术观点上，总是有交汇、碰撞、默契的时候，有时候就变成了我中有你、你中有我。有一个"水仙花与洋葱头"的故事，足以证明顾景舟择偶，跟他做壶是一样认真的。

紫砂老艺人、江苏省工艺美术大师张红华回忆道：

"有一次顾辅导身边来了一个中年女人,看上去皮肤白白的,相貌也不错,顾辅导对她蛮客气。我们几个学徒悄悄问他,顾辅导,这位阿姨是不是未来的师母啊?顾辅导不置可否地笑笑,说,慢慢了解再说。可是,第二天这个阿姨就不见了。在我们的追问下,顾辅导说,这个女人没什么文化,一点生活情趣都不懂,看到我种在水盂里的水仙花,居然说是洋葱头,简直恶俗!"

好在,顾景舟终于找到了他的另一半。结婚后不久,徒弟们私下说,顾辅导胖了。

7个老艺人中,现在只剩下蒋蓉还是单身一人。6位兄长猛然发现,这个大家心目中的小妹妹,也已经46岁了。一个人如果在情感上长期没有归宿,会一直是大家放不下的话题,尤其是蒋蓉这样有分量的老艺人。

上世纪60年代中国社会意识形态的最大特点是,人的所有一切都不是由自己决定的,许多战斗英雄的老婆,都是由组织分配的。把一切献给党,是当时每个人挂在嘴边的口号。组织几乎可以包办一切,据说一位厂领导甚至在党内民主生活会上痛心疾首地说:

"丁蜀镇这么大,难道十几万人里还挑不出一个好同志来给她做丈夫?我们有那么多出身好、觉悟高的贫下中农子弟,难道就没一个适合蒋蓉?如果丁蜀镇找不出,就在宜兴县里找,100万人口里，总能找得到的吧，这么点事还能难倒共产党不成？"

  这位热心的从部队转业的厂领导把衣袖一捋，好像要打一场攻坚战役。但他也许忽略了这样一个基本事实：蒋蓉把自己的情感看得极其私人化，她绝对不要组织来插手。年龄比她小的男人她不会考虑，模样长得丑陋的男人免谈，离过婚的男人她不要，衣着邋遢没有良好生活习惯的男人她不能容忍。总之，她会让热心的说媒者没有施展本领的机会。还有一个在不断地给婚姻本身增加难度的事实是：蒋蓉毕竟已经46岁，哪里会有坚贞如铁的半百之身的老处男在岁月的深处苦苦等着她上轿呢？

  生活中无缘遭遇爱情的蒋蓉特别爱看爱情电影。每周起码看两场电影在她来看是必不可少的。她看每一场电影都有详尽的笔录，她喜欢在第二天上班后和女徒弟们讨论昨晚电影里的爱情，那种美好的像新鲜空气一样的绵绵情感，在她眼里是那么既真实又虚幻而且遥不可及。

  比如《野火春风斗古城》，银环与杨晓东的爱情，蛮有味道的；《李双双》里的夫妻俩，虽然俗了点，也很有趣；《我们村里的年轻人》，提供了她不可能企及的一个遥远的山村的生活，那里的青年男女热热辣辣的爱情真好，既纯真且干净，男主角不美，但忠厚、淳朴，是可以让人放心的男人。据徒弟高建芳回忆，蒋蓉比较喜欢看《早春二月》《护士日记》这样的比较纯美一些的爱情片，她不喜欢太残酷的爱情，和很多女人一样，她喜欢看大团圆的结局，如果是悲剧，她赔掉的眼泪一定比别人多。日常生活里的男人总是不够完美，无论长相还是品格。为什么现实生活里没有像赵丹、孙道临、王心刚……那样英俊潇洒的男人呢？

慈父一样的朱可心老人曾经这样开导她：

"蒋蓉啊，看男人不能像看壶那样，男人就是男人，壶就是壶。茶壶可以做到十全十美，可世上哪有十全十美的男人呢？"

事实是，过于理想化的爱情观和过于懦弱的性格使得她无法让爱情的种子在现实的土壤里生根开花，只能借助电影等方式在别人的爱情故事中获得情感的满足。从根本上讲，她的爱情观是唯美的，是一种超功利的精神索求，它与柴米油盐、与男女私情，甚至与性无关。

我们来设想一个向现实生活妥协的蒋蓉吧。她在某一天早晨接受了一个中年男人的求爱，然后与这个男人在一起生活。按蒋蓉的标准这个男人长得有点丑，而且他不懂紫砂，但他很懂得怎么疼她、呵护她。中年蒋蓉可能不敢要孩子了，男人就说，有没有孩子无所谓，你那些茶壶就是咱们的孩子。他对她真是无微不至，以至让蒋蓉在汹涌的爱河里找不到自己了，得到了这样的爱情她觉得其他的东西不那么重要了，包括紫砂壶。其实，有那么多的人在做壶，多一个少一个真的无所谓。于是蒋蓉慢慢地变成一个享受型的女人，一个甜俗的跟在男人后面挽着他一条胳膊的太太。她高兴起来当然还会做许多壶，但再也没有了原先的一份灵气。

另一个蒋蓉的版本则可能是这样的：她嫁了一个外表高大潇洒的男人，他让她满足了全部的虚荣心。可日子一久她发现这个男人内心非常阴暗，他自私狭隘，女人只是他随身的一件衣服而已。他是上帝，而她是上帝赐予他的奴仆。虚荣心的暂时满足，让她付出的竟是一生的代价。壶的梦，梦的壶，全部被生活的重锤击碎。这个男人就像一个巨大的陷阱，她跌入其中，再也不可能重见天日，连同她心爱的紫砂壶。

我突然发现，这些假设的核心竟然是蒋蓉不应该有男人，她必须在男人与紫砂壶之间做出抉择，这个残酷的推论自然对蒋蓉极不公平。她平淡的中年波澜不惊，所有的故事都从紫砂出发而没有情感的温度。一贯的理想化让她不能在平凡的男人身上发现不凡的光辉，不能在现实和理想之间搭建一座平易的栈桥。没有被男人照亮的生命，仅靠着紫砂的辉光一路前行。

岁月作证，数十年后的一场公案会印证上面这个近乎荒唐的假设。

(3) 写生变化变形

简化法，加减，模仿法，

简化

級數　　　等比 1等差

2
1

1
2
3

一
二
三

8.4
2

6
1.4
─────
8 4

1 1.4

8.4
1.4
─────
  6
  4
─────
2 3 6

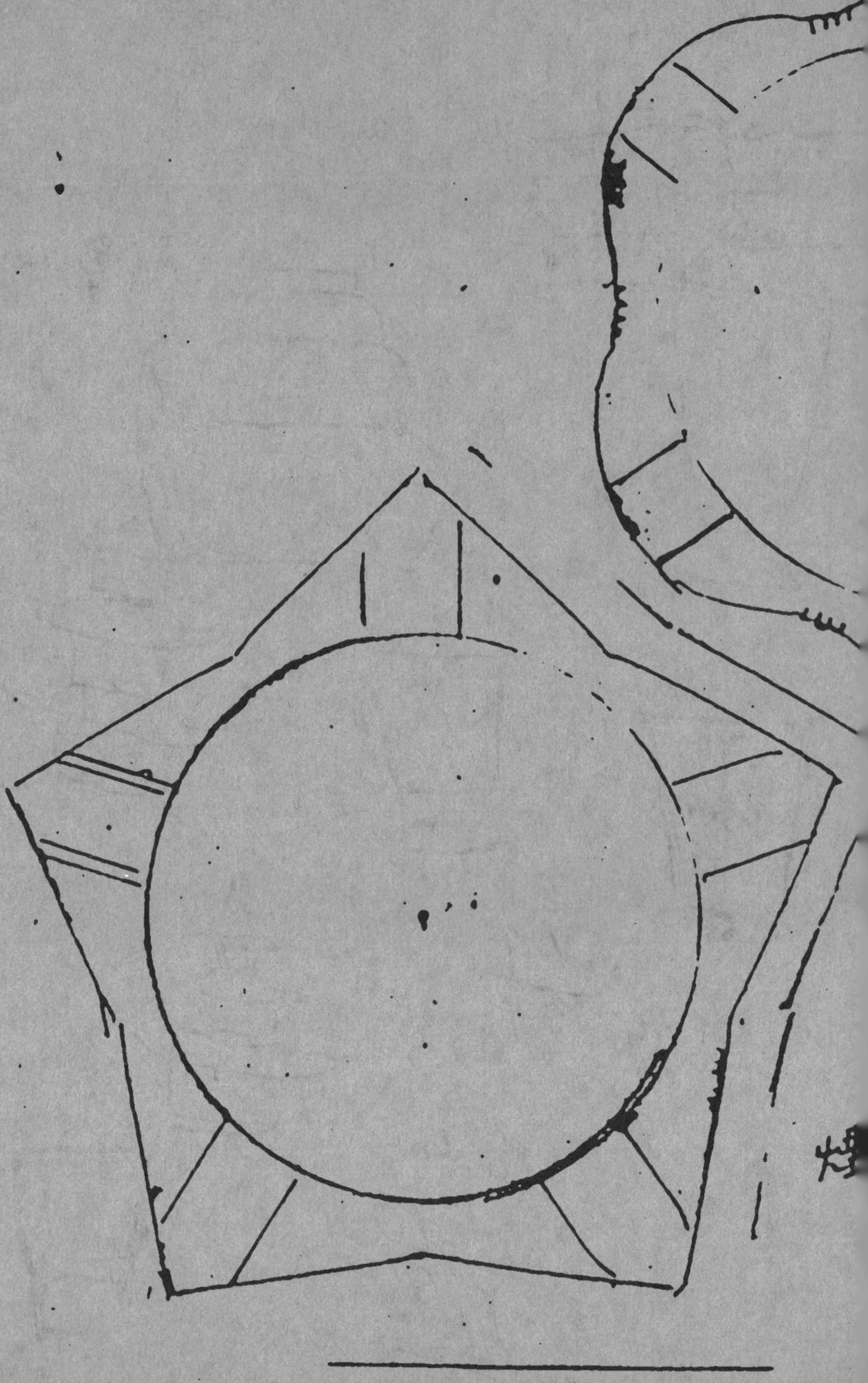

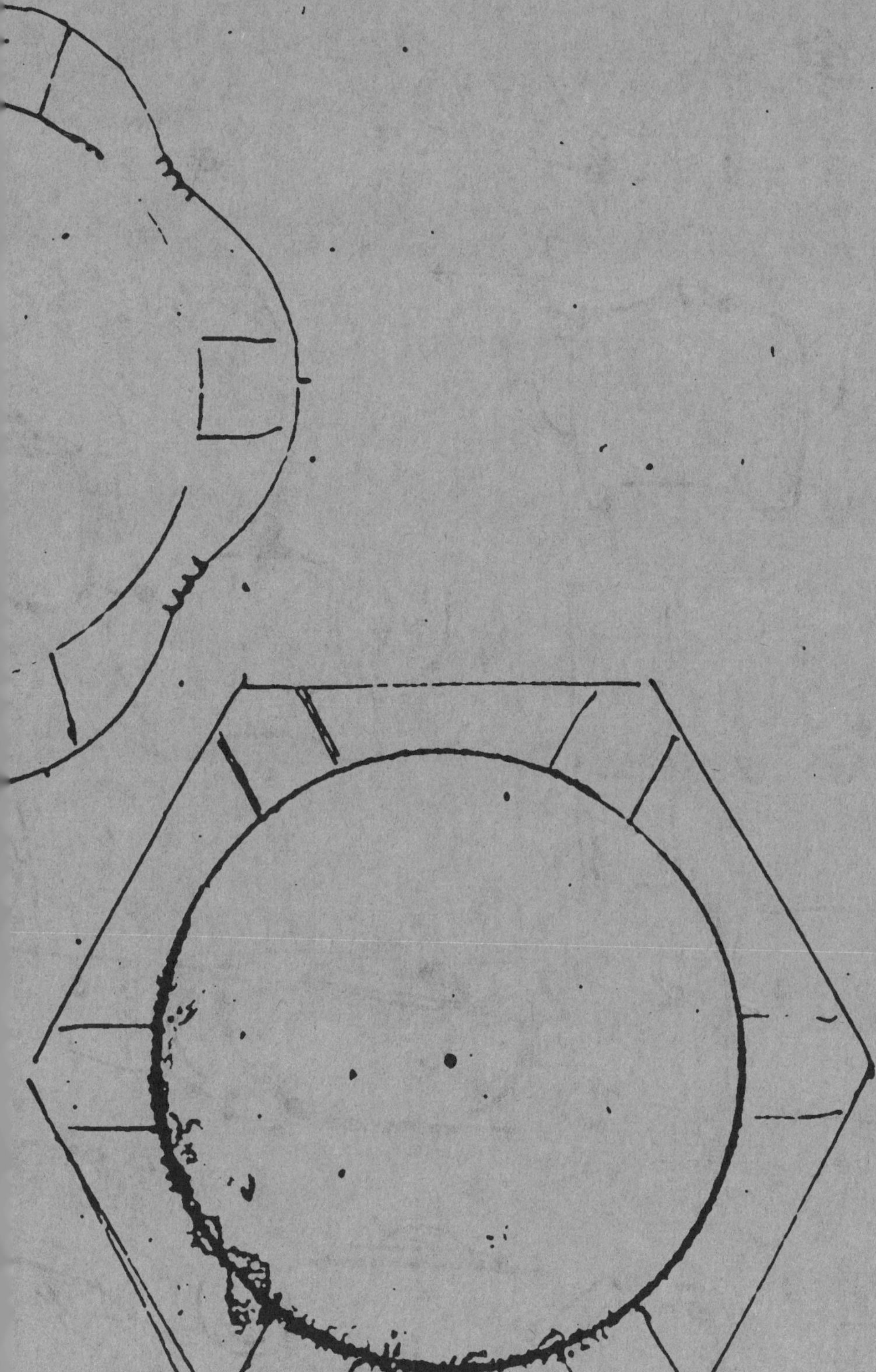

黄金率

长：短 = 2程：断 1.3 : 1
1.3 : 1.0
1.4
1:618
1:5

节奏

长六形
短形

1.4
1.4
5 6
4

√2 √3

√4

2

生产三死则

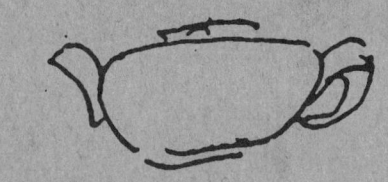

1、使用适合，2、使用方便，3、使用安全，4、使用悦意。

材料间 容量价，然形结构价
流水畅，大量向高方展，
撞挺，侵化/清洁卫生
引起饮食之感。

美观 均齐平衡，统一调和，变化

壶嘴

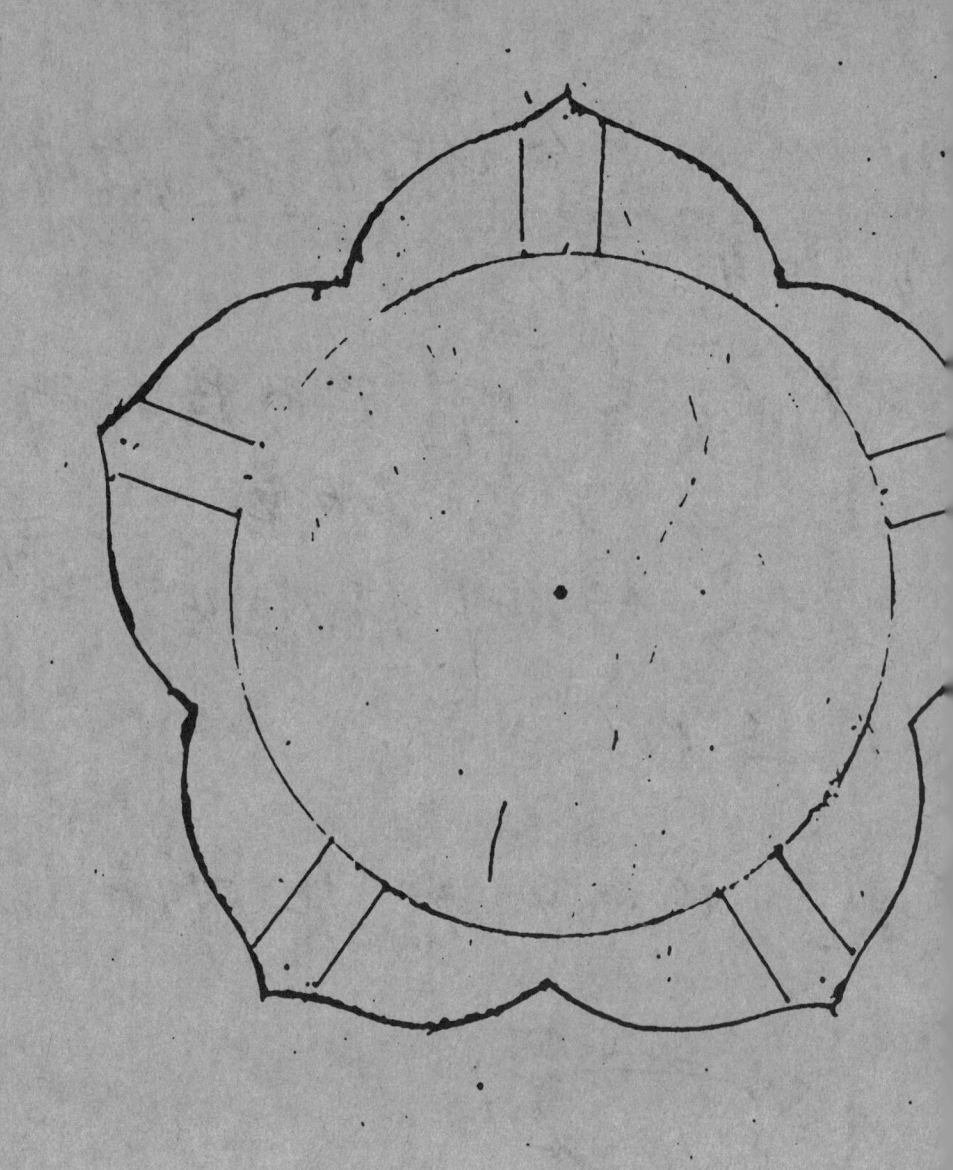

桃花

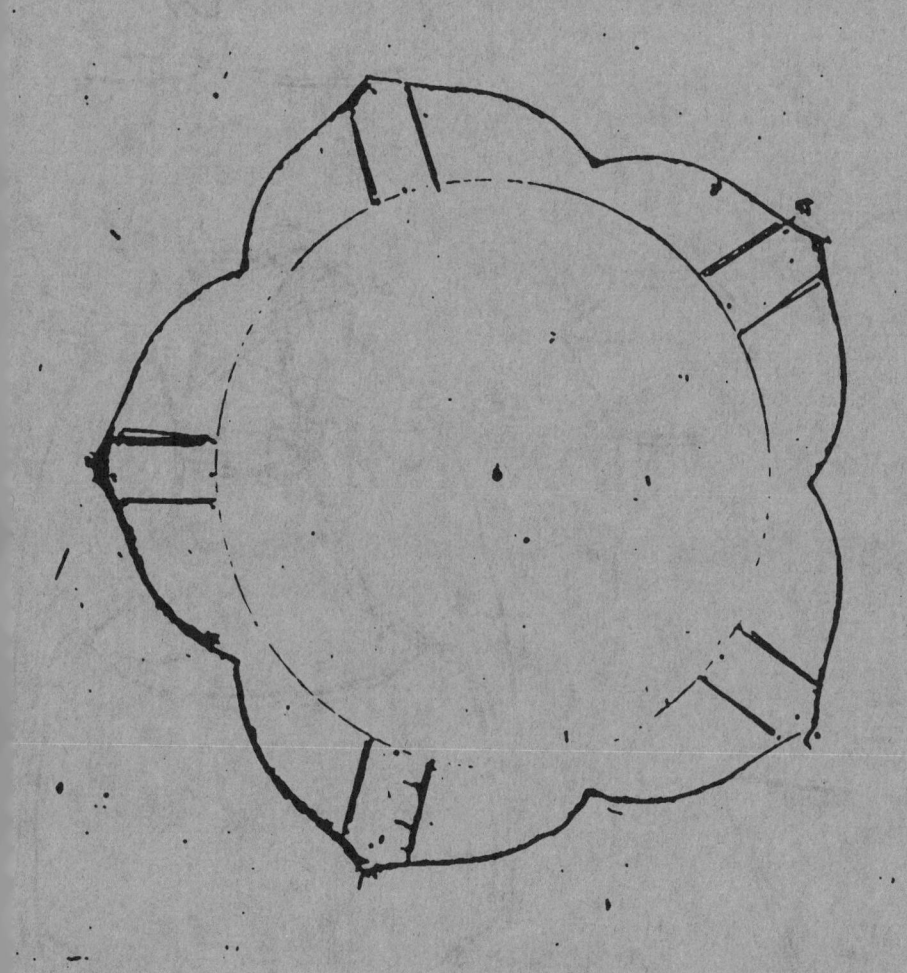

煙缸

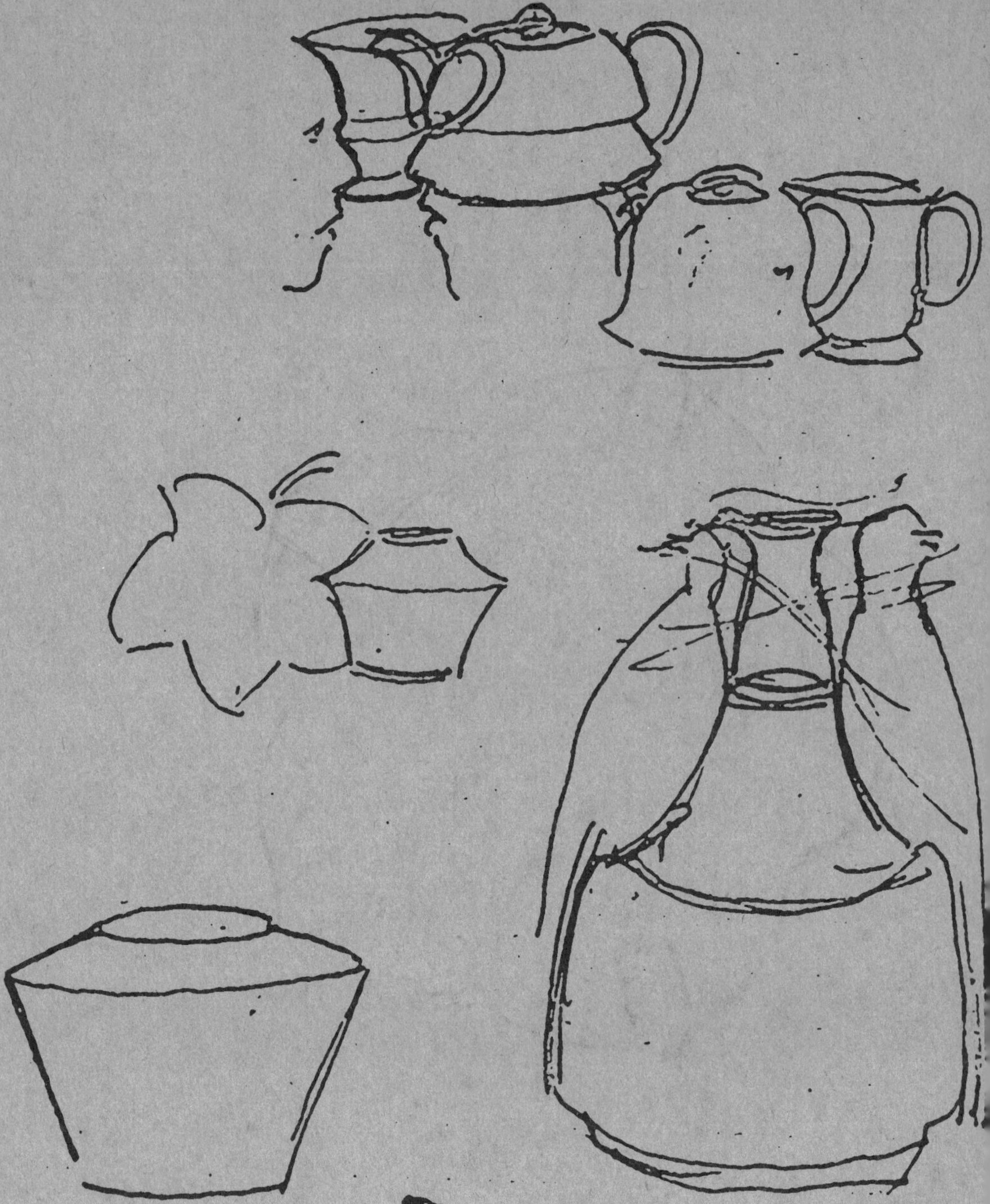

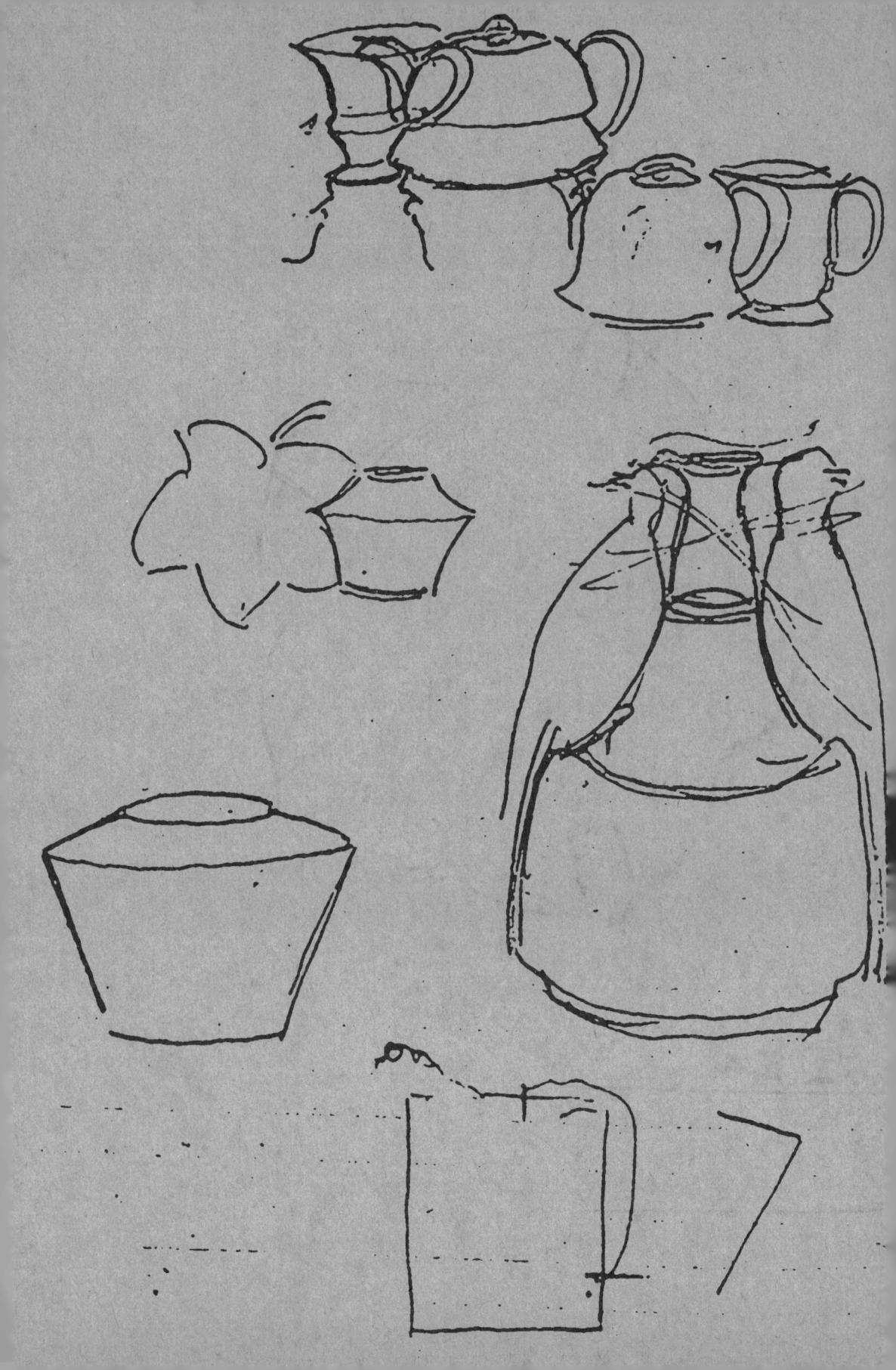

抛物缐

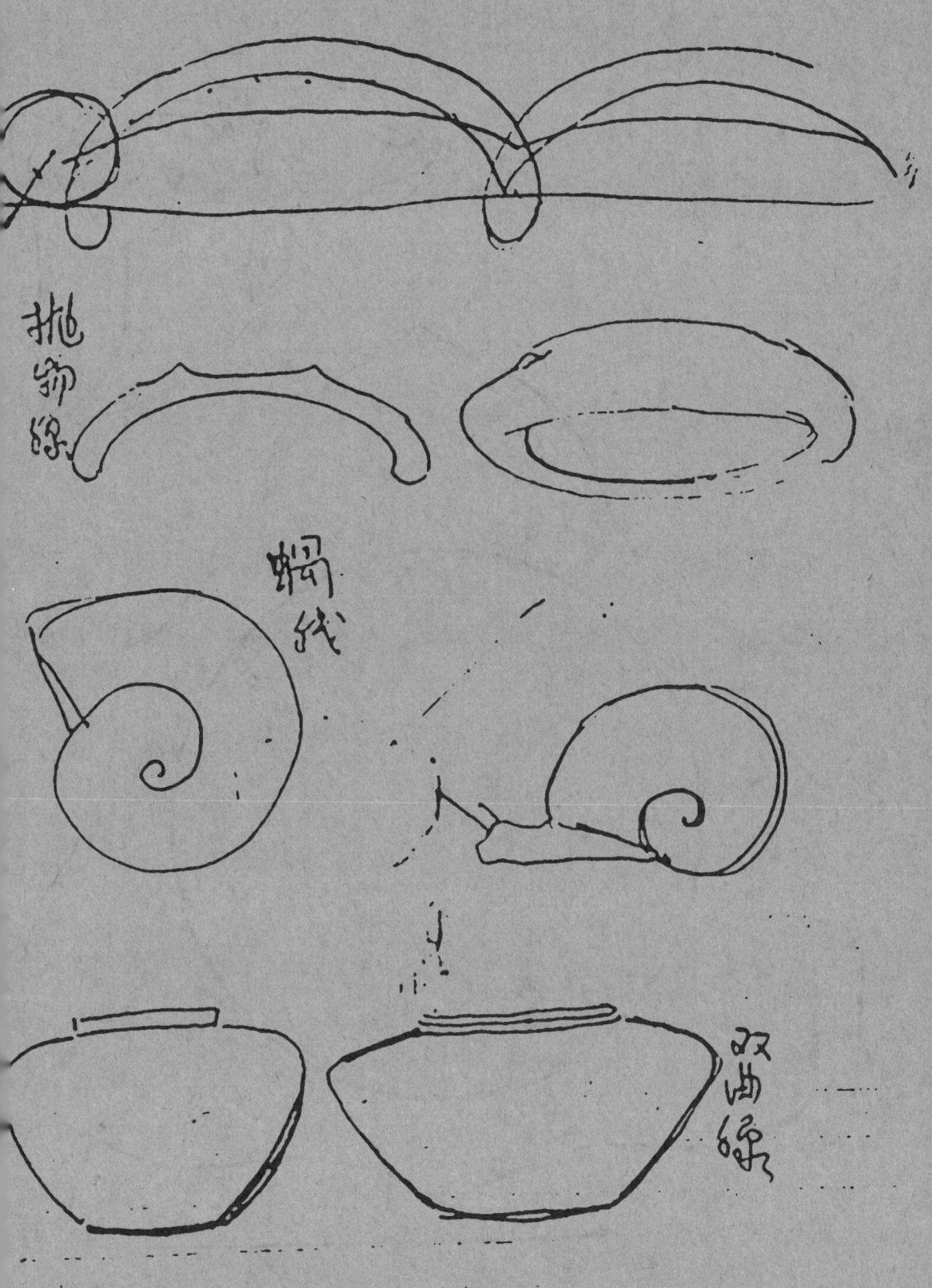

蜗代

双曲缐

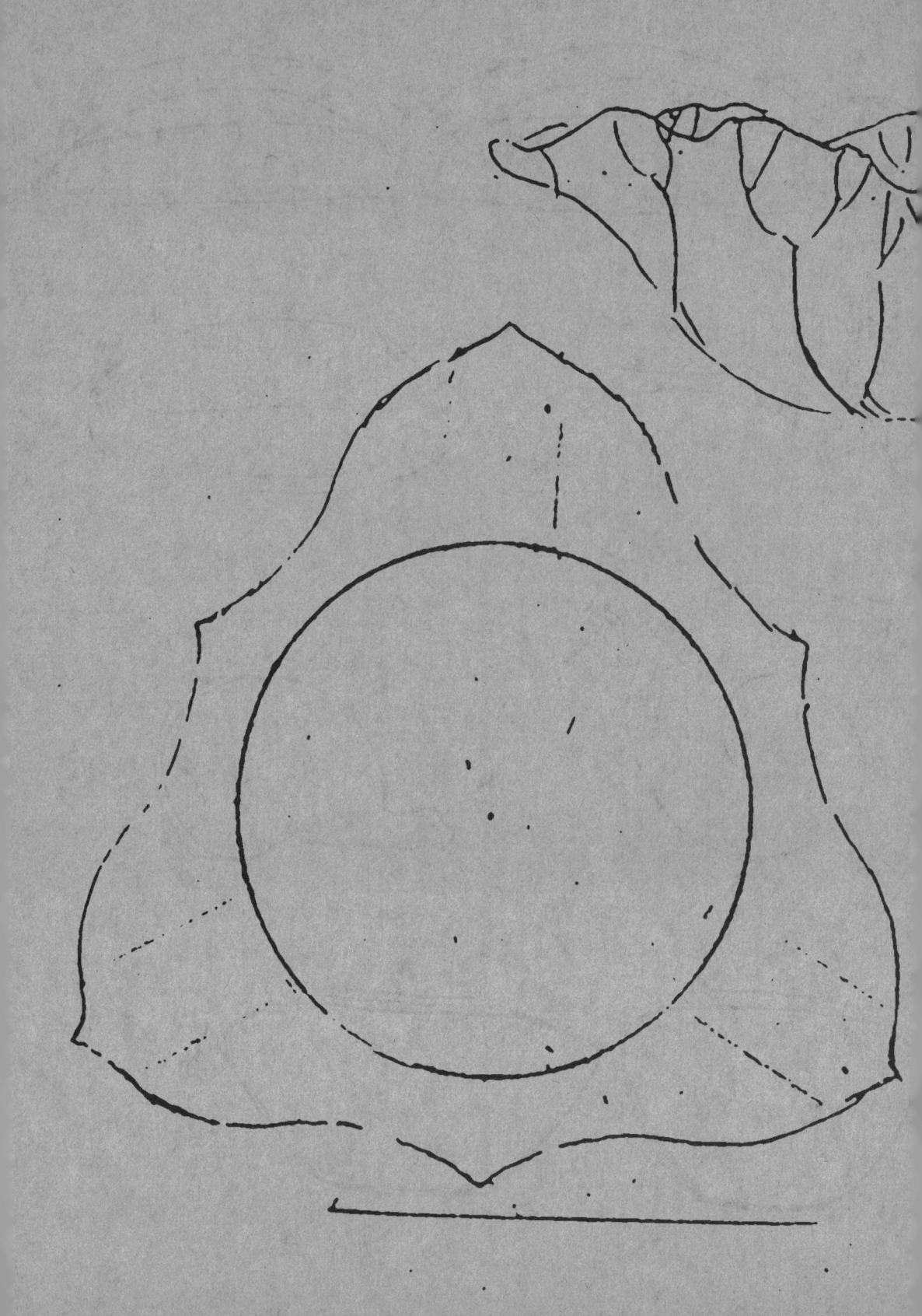

烟缸

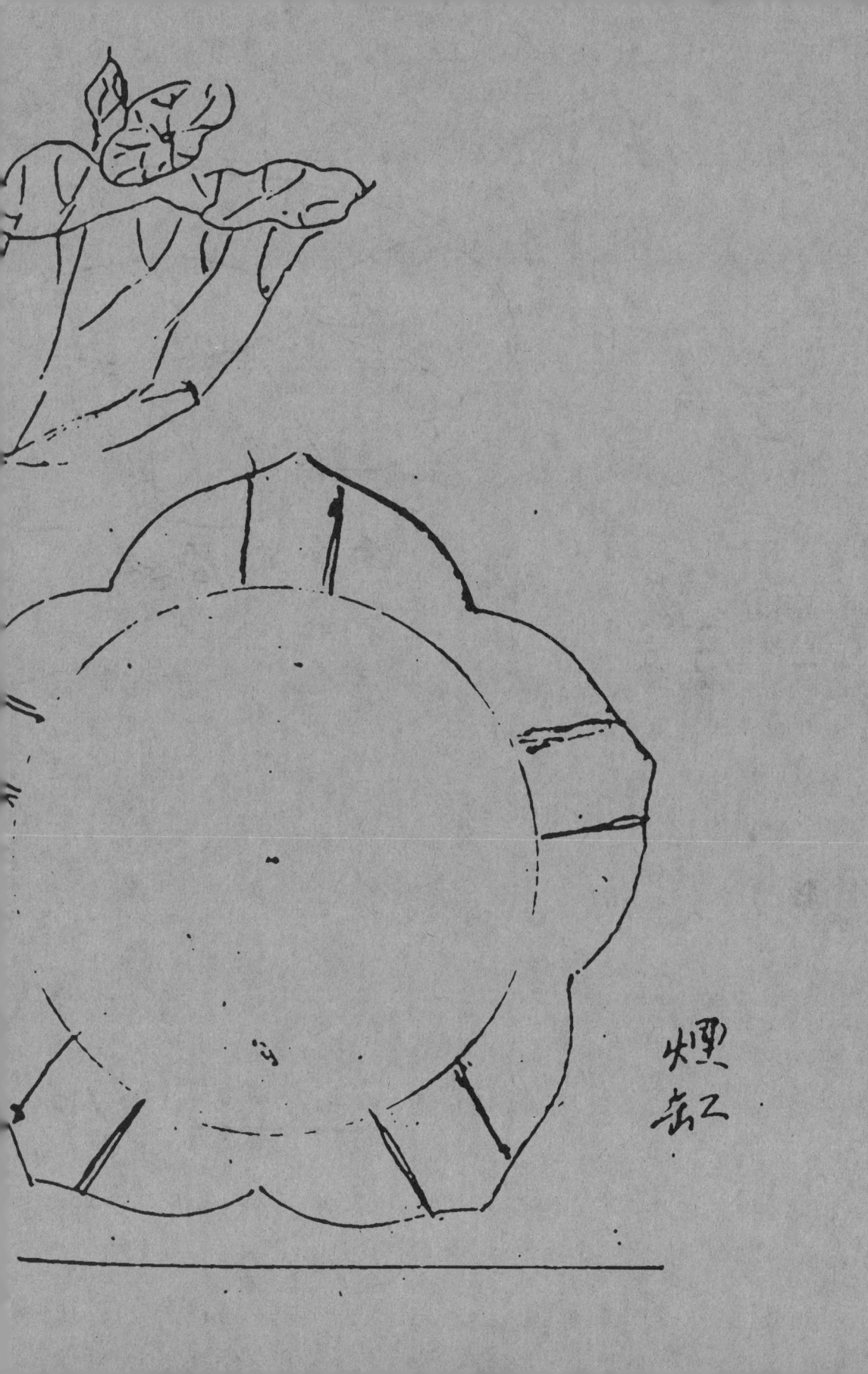

南瓜形煙缸

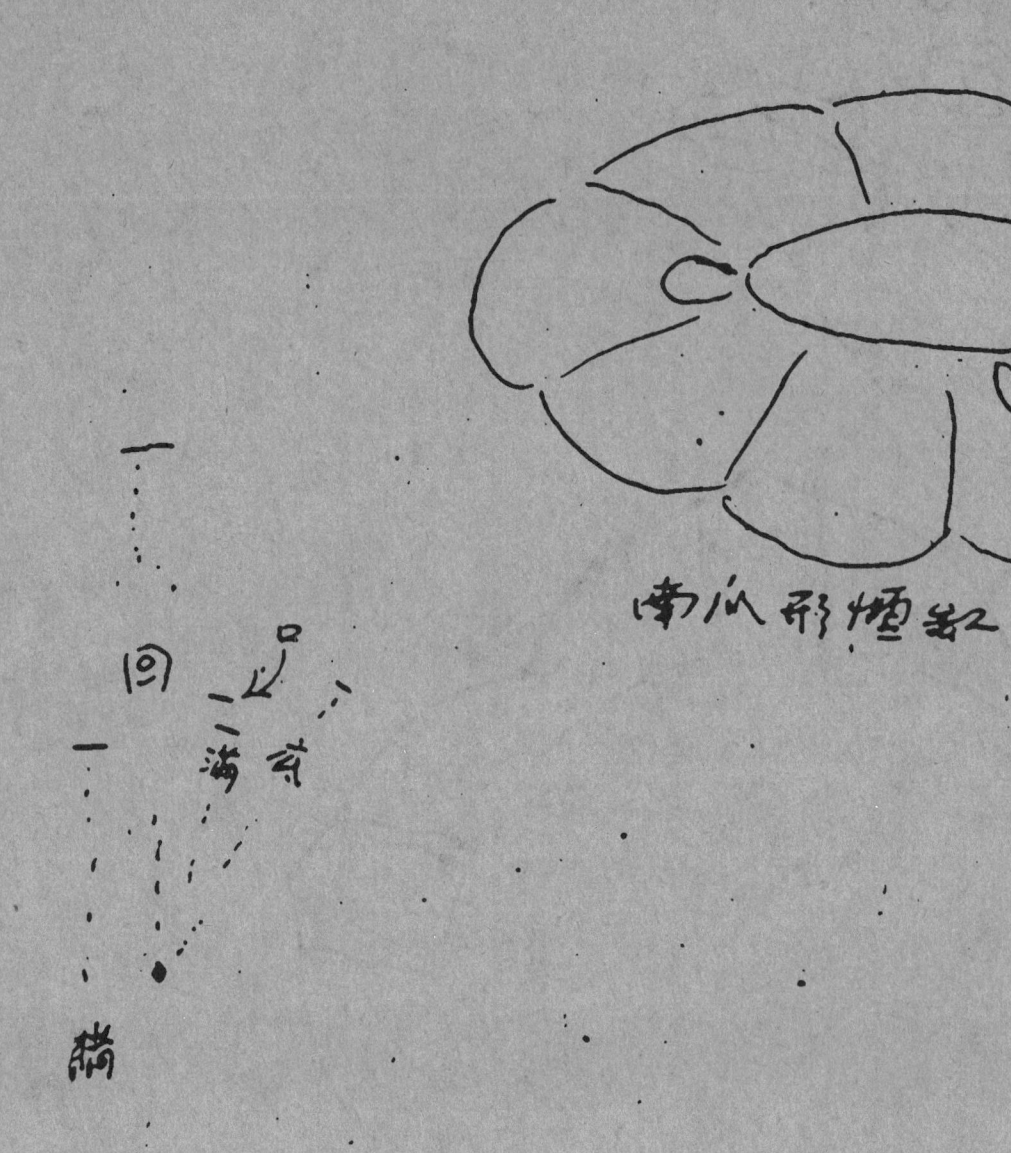

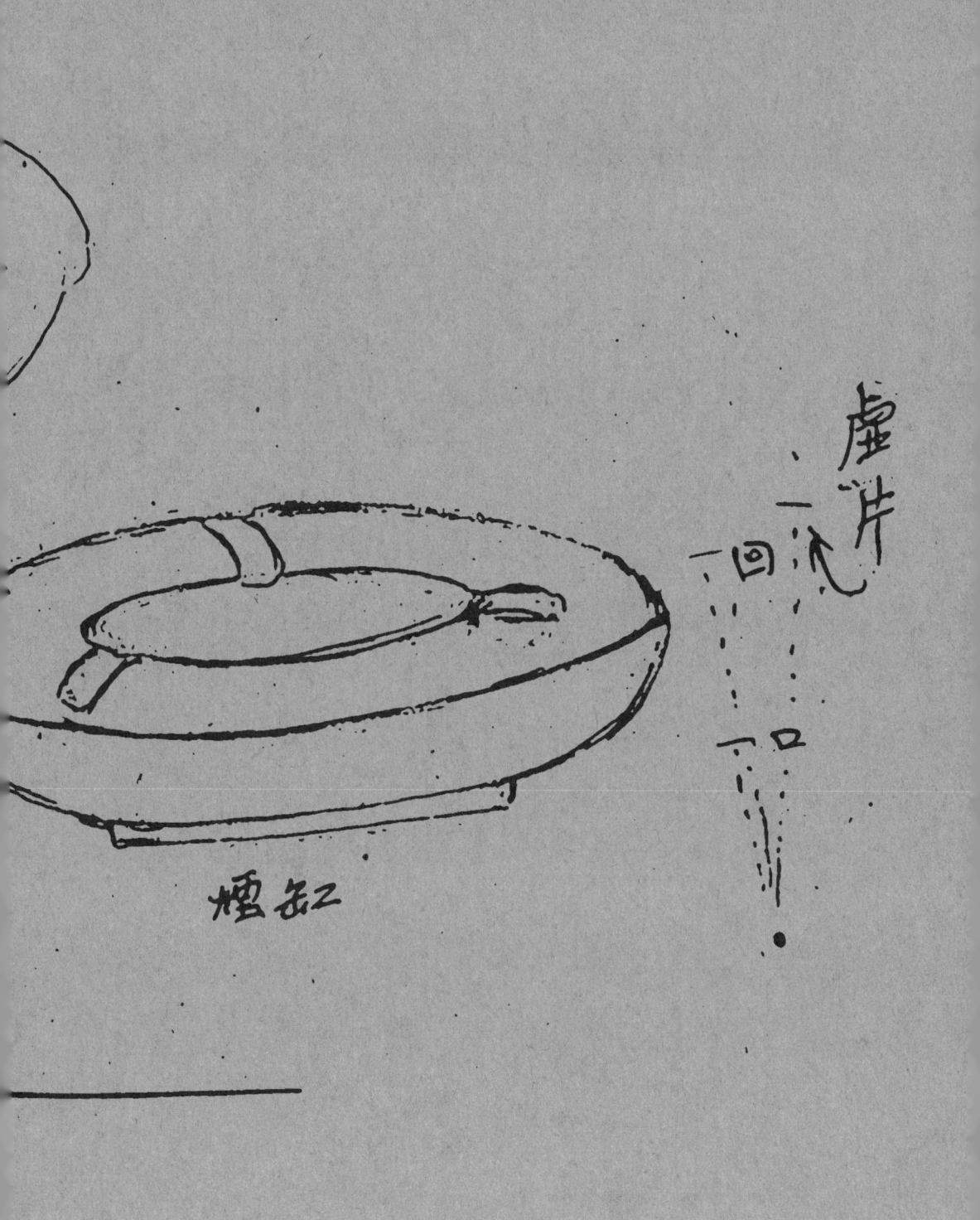

煙缸

虛片
↑
回
口

第九章　烟笼寒水

自己尚未"过关"的顾景舟劝慰蒋蓉，要相信自己，相信组织，保重身体。蒋蓉为这句话感动，毕竟是风雨故人，惺惺相惜。她百感交集，往事的某些章节像默片一样在眼前叠影，委屈与感动的眼泪像连绵梅雨汩汩流淌。

中国的一个特定历史时期来临了,时在1960年代中期。但最早的秋风黑云并不是出现在蒋蓉脸上的,但蒋蓉被动地参加了几次会议,跟在大家的后面参加了几次游行,喊了一些大家都在喊的口号。老艺人们一直是跟党走的,一种朴素的感情驱使下,他们觉得不能"掉队",而应该走在运动的前列。一份最新获得的珍贵历史资料表明,1966年的12月,蒋蓉和朱可心、顾景舟、裴石民、吴云根、王寅春、陈福渊等老艺人带头成立了一个"红色千钧棒"战斗队,其宗旨除了"紧跟伟大领袖、积极参与运动",还有"自己教育自己、自己解放自己"等多项内容。并且,他们还呼吁更多的人加盟,报名的地点是厂部中心实验室,这表明该阶段的工厂生产已经不太正常。

为什么一向散淡的老艺人们会成立这样一个政治意味颇浓的"战斗队"呢?这是当时的历史环境使然。全国都在"发烧",老艺人们想要"自我解放",必须主动出击。从这份名单看,老艺人们还是很齐心的,给人一种抱团取暖的感觉。一些徒弟学生紧随其后,体现着众星拱月的意味。但唯独不见任淦庭,他是1968年去世的,这个时候他应该退休在家,而且身体不好。据他的徒弟们回忆,老先生一生拥护共产党,是个老党员。同时他也有些世故,对于自己吃不准的事情,从不肯轻易表态。他耳朵不太好,凡是要他表明态度的事,他就指指自己的耳朵,蘸一下口水,在桌子上写个大大的"聋"字。所以他缺席这份名单,并不奇怪。

好景不长。这个取自"金猴奋起千钧棒"典故的"战斗队",很快就被瓦解了。原因是,掌握了话语权的"造反派"不承认他们,并且指出他们当中的某些人有"历史问题"。还有一个原因是,老艺人们发现,这个运动来势汹涌,根本就不是他们可以招架的。而且,情况越来越复杂,没有一个舵手可以驾驭这条脆弱的"千钧棒"号小船不被洪水吞噬。

有一天,一个"造反派"头头来叫蒋蓉写厂长的揭发材料,被她拒绝了。厂长是个兢兢业业的好人,为什么要打倒他?一个老艺人的直觉让她感到这场轰轰烈烈的运动里,有许多荒唐的成分。尤其是她最喜爱的花虫鸟草都被打上了"剥削阶级"的烙印,使她在一夜之间失去了许多相依为命的朋友。

空气里有一些令人不安的气味。一些会议和活动突然不通知蒋蓉参加了,被冷落的还有顾景舟,有人揭发他在旧社会当过伪保长,这在"文革"初期,简直是一个十恶不赦的罪名。老艺人当中,吴云根的处境也不妙。蒋蓉的情况则糟糕得多,据说"造反派"掌握着一份她与当年为日本人效劳的女特务吴碧云关系密切的举报材料。如果罪名成立,她将遭受无情惩罚。

一些平素点头哈腰的人突然摇身一变成了当权的新贵,借助政治运动以泄私愤以报私仇成了一些人的专利,人性中的邪恶部分被无限释放出来,且被冠以堂皇的名义。所谓的"造反派"往往是这样一些阶层的人组成的:原先厂里的"刺儿头",即被大家鄙视而又不愿与之沾边的人；文化较低头脑简单不明真相的年轻人；平时深藏不露心怀叵测的人，这种人城府往往不浅。"造反"，也许是他们猥琐平淡失意的一生中唯一的出头机会。1966年10月的某一天，"伪保长"3个大字被"造反派"写到了顾景舟工作室的门上，但忠诚的徒弟们都在合力保他过关。真实的历史是，当时的敌伪乡村政权确实推举过顾景舟担任保长一职，但顾景舟从未上任，那个虚位以待的职务，实际跟他没有半点关系。"造反派"们有些泄气，最后这事只好不了了之。顾景舟虽然心情郁闷，但还不至于受到太大的难堪，因为他的徒弟们都在合力保护他。蒋蓉的处境却比顾景舟尴尬，她生性柔弱、不善言辞，虽然是七老艺人之一，长期以来却没有营构自己的班底和圈子，她的徒弟们大都是疏离政治的女性，在家里带孩子还腾不出手，那些显赫的"造反派"组织里不可能有她们的半席之地。她这样一个单身女人，一般男人都要避嫌，没有谁会在这种时候站出来给她讲话——蒋蓉的处境一下子变得十分被动，事实上她成了一只突然被抛弃的惊弓之鸟。

  工人们都在忙着"造反"。丁蜀镇几十家陶瓷企业都在成立各种"造反"组织，势力最大的"丁联总"和"陶联筹"已经打过几仗。往昔忙碌的工厂车间变得冷冷清清。有时，工作室里只剩下蒋蓉和顾景舟两人，他们相对枯坐，想着各自的心事，恍惚觉得，过去的几十年时光，一晃就过来了，而现在的一分钟却在被无限地拉长。自己尚未"过关"的顾景舟劝慰蒋蓉，要相信自己，相信组织，保重身体。蒋蓉为这句话感动，毕竟是风雨故人，惺惺相惜。她百感交集，往事的某些章节像默片一样在眼前叠影，委屈与感动的眼泪像连绵梅雨汩汩流淌。顾景舟却不愿在这"黄梅雨"里久待，他选择了一个面壁的姿势，做着他自己想做的事情。他不希望出出进进的人们看见他的表情，而他微驼的后背则倔强地表明着他对时局的疑惑和质问。

蒋蓉在一个薄雾弥漫的早晨被告知，她没有资格再去原先的工作室上班了，在得知这个决定之前她参加了一次以她为斗争对象的批判大会。蒋蓉的徒弟俞梅仙作为现场的目击者，清晰地记述了当时的情景：

"那天晚上厂里开群众大会，我紧挨着蒋辅导坐在下面。一个'造反派'人员在台上大声叫道：有问题的人自己上来交代。会场鸦雀无声。'造反派'又喝道：蒋蓉上来！蒋辅导身体颤抖了一下，我悄悄对她说，不要理他，当他狗叫。可是两个'造反派'人员一左一右把她架上台去了，他们说是她是国民党三青团的，要她交代和吴碧云的关系，蒋辅导不承认，也不肯低头，一个'造反派'一怒之下，一掌把蒋辅导推出好远，差点摔到台下去！蒋辅导流着眼泪一声不吭。后来他们要她在一份承认有历史问题的材料上签字，她坚决不肯，说，你们有本事就打死我吧！"

像这样大大小小的批判与斗争，蒋蓉在最初的一个月里经历了好多次。通常，审问是这样开始的：

问："吴碧云是什么时候介绍你参加三青团的？"
答："我没有参加三青团。"
问："那你和她是什么关系？"
答："没有任何关系。"
问："你总是认识她的吧？"
答："难道我认识坏人，我也变成了坏人？"

冗长的没有结果的审问，总是以审问者的恼羞成怒而告终，蒋蓉内心的疑问却找不到答案，"造反派"到底代表谁？为什么他们敢于在一夜之间六亲不认，甚至不惜放弃起码的道德底线？这个她一直信赖的社会，为什么一切都被颠倒了？

一次，厂里一个义愤填膺的共青团员，涨着红红的小脸跳出来证明蒋蓉确实是参加过三青团的。蒋蓉看着她，心疼地说："丫头，你才几岁？"

坊间还有一种更为恶劣而离奇的说法，说蒋蓉曾经给日本人做过壶，并且还到日本人的炮楼里做过客，甚至还有谣言说她跟一个日本人的翻译官谈过恋爱，等等。

荒诞不经的岁月里，每个人的私生活不再受到保护。相反，所谓的"造反派"们可以肆意地渲染一个人的一切，或者将一个人置于放大镜甚至哈哈镜前，来扭曲原本的真相。

永远无法说清的，还有她的上海仿古岁月。在"革命群众"们看来，一个在旧社会十里洋场待过几年的人，尤其是女人，不可能没有一点问题。

无处申冤的日子里，蒋蓉不再被某些人尊称为蒋辅导。好在她的基本盘没有丢失，跟她亲近的人还是原来的样子。虽然有的人见到她可以用一种蔑视的声调叫她的名字，但是，就紫砂工艺厂而言，还是老实人多。

20世纪60年代末期的宜兴紫砂工艺厂史上，不应该遗漏这样一些细节，当年的老艺人们在"文革"中均受到了不同程度的冲击：

吴云根因不堪承受侮辱自缢而亡。

裴石民与"红卫兵"多番冲突而不改其志。精神压抑导致"中风"，让他躲过一劫，但在家中依然捏制假山文玩、养兰花和鹦鹉，以逍遥的姿态抵制时下的严酷。他的行动表明，革命风暴再怎么厉害，也摧毁不了日常生活和传统。

王寅春因年长，平时也不关心政治，所以没有进入被"斗争"的行列。但是，吴云根的遭遇让他很难过。他难得地出来说了几句话，认为吴云根的紫砂"竹器"作品，在当今是独绝的，是能够传世的。他还为顾景舟说话，说："我家住在顾景舟家隔壁，我从来没有见过他去上任当什么'伪保长'。"

"伪保长"3个粗暴醒目的大字贴到了顾景舟的工作室门上，虽然当天就被徒弟们愤怒地撕下了，但顾景舟脸色很难看。他一言不发，整天保持沉默。

蒋蓉在经历了多次批斗后终于得到了一份新的"工作"：冲洗全厂所有的公共厕所，并清除厂区大道两旁的杂草。据说"造反派"们研究了多次才做出这样一个决定，既然大家说蒋蓉爱干净，那么，把全厂臭哄哄脏兮兮的厕所交给她管理，应该也是人尽其才吧。

让"造反派"们感到惊讶的是，蒋蓉在接受这份工作时并没有做出什么激烈的反应。她甚至没有争辩、没有哭，一句话也不说就去干活了。公众场合的蒋蓉真的是雨过天晴、一尘不染、平静如水，她选择了一些结实的扫帚与拖把，自己还去买了一双靴子。最初她挽起袖子淘洗厕所还闹了一些操作上的笑话，以致成为"造反派"们乐不可支的笑料。但她在每一道工序上的尽心尽责，又让工人们在钦佩的同时暗暗不平。徒弟们暗中来看她，把加了冰糖的绿豆汤悄悄放进她的饭盒里。太老实的蒋蓉喝了绿豆汤很是开心，别人待她好，她不能不说。她赶紧告诉别人，是谁谁谁送来给她喝的，真好喝；还有谁谁谁，平时倒看不出，关键辰光对她也是蛮好的。蒋蓉就是这样，别人给她一点点，她会反复念叨。结果被"造反派"知道了，蒋蓉连同那些徒弟一起被传去又是一顿训斥。有一次俞梅仙烧了一条鱼，模仿当年地下党接头的方式，终于把蒋蓉请到自己家中。蒋蓉已经很久没有吃过如此美味的鱼了，在氤氲的香气里她的眼泪流成了两条小河。当生活已经变成越来越难以承受的缁重，这条可口的鱼竟让她重新感到生命里还有值得留恋的东西。俞梅仙坚持叫她蒋辅导，还说，只要你喜欢，我隔三岔五给你烧鱼吃。蒋蓉长长地叹出一口气说："我还能活多久？只有天晓得！"俞梅仙慌了，从来都是那样热爱生活的蒋辅导竟然冒出这样一句悲凉决绝的话来。俞自以为是一个嘴笨的人，要她讲出一番道理，肯定比烧出一条美味的鱼要困难得多。她只能安慰她可怜的师傅，千万要坚强地活下去。

将近30年后，晚年蒋蓉是这样回忆她当时的心态的：

"难受的倒不是那些惩罚性的劳动，而是不能再做壶了。我11岁跟父母学习壶艺，几十年从来没有离开过紫砂。为了紫砂，我不知放弃了多少。'文革'把我内心一直追求的艺术全部否定了。美的变成了丑的，这个世界突然没有美好的东西了，我实在无法接受。痛苦，失眠，想不通，觉得这样活下去已经没有意义。"

1968年至1970年的蒋蓉确实几次想到过自杀。但没有证据表明她有过周全的自杀计划。有一次她对俞梅仙说："我真想吊死在车间里，让他们吓死！"又有一次，她在吃饭的时候自言自语："他们既然想要把我逼死，那我还活着干吗？"

晚年的蒋蓉谈起这些，脸上有舒展的笑意。她说：

"当时我并不真想死，我想我还没有活够。但是，有时被他们逼急了，真的想到过一死了之。我知道，我是想把死用来做武器的。但是，我怕自己的死相太难看，这样反而侮辱了自己。我想不到一种体体面面的死法，所以，我还是选择了活着。"

这个说法十分重要。蒋蓉不是一个天生的厌世者，她热爱生活，性情平和，路边的一棵小草都可以成为她的朋友。她的性格中柔性的成分居多，从来是一个逆来顺受的人，但真正把她逼急了，她有可能选择用一死来捍卫自己最后的尊严。因为死不仅是一种解脱，更是一种圣洁的就义，只有心理的睿智才能选择一次凛然的死，这样的死莫如一种轰天绝响般的抗争。

蒋蓉所说的"他们"自然是指那些必欲置她于死地的"造反派"。他们特制了一块牌子挂在她的胸前，上面写着"三青团"，蒋蓉在被迫戴上它时曾经愤怒地反抗："我不是三青团！"

一个暴风雨之夜，劈雷在她的窗户外发出了一声轰然巨响，以致电灯泡也震碎了，顿时屋子里一片漆黑，惊魂未定的蒋蓉心里一阵悲凉。难道真的到了世界末日？突然，黑暗的深处亮起了一只萤火虫，它那微弱的光亮一点点地接近她，像一只温柔的手，把心如死灰的蒋蓉从生命的悬崖边拉了回来。

次日，蒋蓉悄悄地告诉俞梅仙："昨天晚上我差点死掉了，可最后还是不想死，我想我要是真死了，就吃不到你烧的鱼了。"

1969年仲春的一个星期日，蒋蓉悄悄回到潜洛老家看望病中的母亲。关于个人的际遇，她自己始终只字不提。其实，村上早就流传着她在紫砂厂受到批判的种种消息。在当时黑白不辨的混乱局面下，乡亲们暂时只能选择沉默。但无论如何他们相信蒋蓉，相信潜洛的乡土与山水哺育出的这位紫砂娇女，会一直是他们心目中的骄傲。

　　老家永远是宽容、温暖的。久病的老母亲絮絮的唠叨像纺车上长长的棉线，春天里苏醒蓬勃的万物抚慰着一颗受伤的心灵，老龙窑还在不紧不慢地喷吐着浓浓的长烟。这里没有大字报，没有武斗的硝烟，没有大批判喧嚣的声浪，乡亲邻居一声随意的问候都让她感到特别亲切。蒋家这一边，除了大弟淦方、小弟淦勤（后为浙江省工艺美术大师）早年跟随王寅春学艺，尚有二妹定凤和淦春两个弟妹各自在家做壶。这个真正的紫砂世家无论在艰危或平安的年代都没有被瓦解，蒋家的作坊依然灯火明亮，这也是1969年的蒋蓉唯一的安慰。也就是在这样的时候，一个闪电般的念头冒了出来：既然紫砂厂已经不让她做壶，她何不回到自己的血地摇篮潜洛村来呢？只要还让她做壶，她什么都可以不在乎。

　　结果却是遭到所有亲友的一致反对。

　　首先，一个比金子还贵重的城镇居民户口和每月近80元的工资是这个家族绝不能放弃的。蒋蓉虽然被"造反派"缠着不放，但并没有权威机构的任何结论，户口和工资还很坚挺。其次，蒋家的紫砂团队需要一个灵魂人物，这个角色非蒋蓉莫属，而紫砂工艺厂一直以来是紫砂的权威标配，也是关键人物云集的福地。不管来什么"运动"，这个地位不会改变。蒋蓉作为紫砂花器的领军人物，怎么可以从这个桥头堡撤退呢？

"可是，"蒋蓉说，"他们不让我做壶了！"守口如瓶的蒋蓉终于憋不住说，"不让我做壶，我还待在那里干吗？"

"不可能永远这样下去！"二妹定凤劝她，"姐，相信我的话，你一个清白人，总会有还你清白的一天。"

就在蒋蓉从潜洛村返回厂里的第二天，县里和陶瓷公司的两个头面人物突然到紫砂厂来下达一项紧急的外事礼品任务：一位国家领导人要出访欧洲，需订几件紫砂工艺礼品。县里的领导是位军管干部，说话十分严肃，他说，如果耽误了中央首长出访，是要那个的！他虽是夸大其词，仍利索地做了一个砍头动作。而陶瓷公司的那位头儿则问起了蒋蓉的情况，在听了一番汇报后，此公做出一项模棱两可的指示：如果别人做不出蒋蓉那样的活儿，那蒋蓉让她闲着干吗？如果别人做出的东西比蒋蓉还好，那蒋蓉还用她干吗？这两句不须担负任何责任、放诸四海而皆准的屁话一直保存到今天，早已成为紫砂界的历史经典段子之一。事实是，那个特定时期的紫砂一度被大破"四旧"的飓风刮得失去了本真，优秀的传统工艺被打入了冷宫，7个老艺人已被活活拆散，用以装饰壶体的梅兰竹菊成了资产阶级的"毒草"。一轮红日或喷薄于云山，或跃出于大海，成为当时最经典的陶瓷装饰。唐诗宋词已被扫地出门，

"不到长城非好汉""要斗私批修"以及"为人民服务"之类的诗词、语录、格言则成为紫砂壶、花盆的主要装饰。还有把著名的"老三篇"刻在枝繁叶茂的3朵向阳花上的，体现着一种中世纪式的狂热与虔诚。甚至还有把"养猪是个宝、庄稼见肥笑"的打油句子刻在精美的紫砂花瓶上的，简直是逼着人去联想"一朵鲜花插在牛粪上"的典故。紫砂在那个时期的另一个特点是取消了个人印章，一律打上"中国宜兴"的字样。这样，金字塔尖的大师就和一般玩泥巴的小混混一律"平等"了。尽管那个特定时期的紫砂产品在40多年后的今天已经成为热门收藏中的一个品种，而且价格不菲，但作为一种荒诞的记忆，它无法给人释放出温馨和怀念的气息。

　　如此重大的外事任务，等于让紫砂工艺厂的新领导们接了一个烫手山芋。他们知道，"老三篇"和"不到长城非好汉"以及"养猪是个宝"之类作为国礼送给外国元首可能并不太合适。无论如何，只有蒋蓉出来担纲，他们才能把心放在肚子里。

　　于是蒋蓉被紧急召见。蒋蓉突然梦一般的回到了她已经被隔离了几年的工作室。一切都没有过渡，没有解释，更没有"自己人"式的嘘寒问暖，只是那些被批"臭"批"烂"并且被踩上一只脚的传统工艺，像落魄的游魂一样被临时性地招了回来。蒋蓉的白昼与黑夜重新开始忙碌，以她一个老实人的心思，她一时还吃不准新贵们是不是吃错了药，或者她的所谓问题终于有了一个公正的结论，一切的一切还是显得那么迷雾重重。最终,她还是从他们乌云密布的脸上捕捉到一个确切的信息:他们跟她还没完!

这时蒋蓉动手做那些象征着中国民间吉庆谐趣的紫砂果品如乌菱、白藕、核桃、花生、板栗等的心情,无论如何也回不到以前了。至少,她一点也不快乐。有月亮的夜里,她会推开窗子,久久凝望着那一轮忽明忽暗的月华。她心里依然有太多太多的诘问。她不知道什么时候能够还她做人的起码尊严,这样的伤害其实要说有多深就有多深。一个人的起码的尊严都不能还给她,那么还谈得上什么别的?

蒋蓉已经记不清在长达10年的"特定时期"中,有多少次被"上边"突然召见,然后不分青红皂白地交给她一堆任务的经历。她总是在事后很久才知道,这一次又是给一位大人物出访做的礼品,那一回则是摆平了一位客户对产品不满意的退货。她有时就像一个专门给闯了祸的孩子擦屁股的阿姨,有时是救火,有时是点石成金——但绝对没有成就感。因为她不属于"革命群众"之列,她是被推翻的偶像,是缺少人维护、赞美的过了气的维纳斯,是孤独,是离群,是大家可以不屑一顾的不清不爽的"问题人"。

唯一让她安慰的是,她有时可以接触一下紫砂泥了,她会偷偷地带回家一块,偷偷地做一点小东西,笔筒、砚台、水盂、花生等等,又托人偷偷地拿到窑上去烧,然后偷偷地分送给那些在暗中帮助她的朋友。

有关蒋蓉在那个特定时期中的资料确实不多——甚至，没有一页正式的书面材料表明她所遭受的磨难。有一些不切实的道听途说，是被蒋蓉后来一一否定的。比如，她在百般无奈中皈依佛教，熟读《金刚经》之类；再比如，她大练书法，把王羲之、米芾写得出神入化。蒋蓉说，我没有那么洒脱也没有那么优秀，我是喜欢书法，早年也练过童子功，但一直没有花大力气钻研，所以一笔丑字难以见人（其实蒋蓉的书法颇有大气稚拙之风）。至于宗教，我没有条件去研究经文，也没有烧香念佛，我只相信善有善报。那10年里，没有一个恶人后来是有好报的。

整整10年，无聊的长长的时光是怎样打发的？蒋蓉曾经痛切地说："脑子里有很多壶，就是不让做，一直不做，壶也生气了，跑了，再也不回来了。"徒弟们曾经劝她学打毛线、纳鞋底、裁剪衣服，甚至学一手烹调技术，把自己的胃口伺候好再说，把一个女人做得更纯粹一些再说。蒋蓉没有从命，她不喜欢这些琐碎的、会把人变得馋兮兮懒洋洋的事情。她看书，到处托人买书，还偷偷看朋友和徒弟千方百计从"破四旧"的战利品中弄来的书，一份不完整的书单抄录如下：

《毛泽东选集》（蒋蓉能熟练地背诵其中的若干篇章）
《欧阳海之歌》（长篇小说，金敬迈著）
《十万个为什么》

《唐诗三百首》

《康熙字典》（残缺不全，版本难考）

《三家巷》（长篇小说，欧阳山著。这是蒋蓉"文革"中读过的唯一一部有较多爱情描写的长篇小说，据回忆，她只用了一个通宵就把书读完，第二天一早书就被人拿走）

《艳阳天》（长篇小说，浩然著，"文革"时唯一的畅销书）

《中国民间故事》（封面残缺。蒋蓉从朋友处借来后爱不释手，还将其中喜爱的篇目用恭楷抄录）

《赤脚医生手册》（一部当时发行量很大的医学普及书，蒋蓉从未研究过医道，但此书通俗易懂，让她在百无聊赖的消遣中获得了不少医学知识）

《浪花归国》（一部残缺不全的手抄本，即后来风靡一时的《第二次握手》）

《砚边点滴》（绘画理论，钱松嵒著。这本薄薄的仅售0.29元的小册子的作者也是宜兴人，后来成为一代画坛大家。该书一度成为蒋蓉最爱读的枕边书）

以当时的各种条件来看，相对闭塞的丁蜀古镇不可能为囹圄中的蒋蓉提供更多的读书便利。蒋蓉思想的翅膀只能在一个狭窄的天地里低徊，她只能是蒋蓉，而不可能是时代的弄潮儿。读书在她，只是寻找一个精神上的蜗牛壳躲避片刻，因为她度过的每一天都困蕭條庭院有斜風細雨重門須閉寵柳嬌花寒食近種～惱人天氣險韻詩成扶頭酒醒別是閒滋味征鴻過盡萬千心事難寄 樓上幾日春寒簾垂四面玉闌干慵倚被冷香消新夢覺不許愁人不起清露晨流新桐初引多少游春意日高煙斂更看今日晴未

湘春夜月　　　　黃孝邁

近清明翠禽枝上消魂可惜一片清歌都付與黃

尉遲杯　　周邦彥

隋堤路漸日晚密靄生煙樹陰々淡月籠沙還宿河橋深處無情畫舸都不管煙波隔前浦等行人

樂欲共柳花低訴怕柳花輕薄不解傷春念楚鄉旅宿柔情別緒誰與溫存 空尊夜泣青山不語殘照當門惟是有一波湘水搖蕩湘雲天長夢短問甚時重見桃根者次第算人間沒箇并刀剪斷心上愁痕

难重重。一位不愿意披露姓名的紫砂界资深人士这样描述"文革"中的蒋蓉：

"……运动把她的胆子弄得很小，她几乎不跟什么人交往，对任何事情都不表态。在一个群体里你甚至感觉不到她的存在。比如她是一个特别爱干净的人，过去要是谁把她的衣服弄脏了，她会惊叫起来：哎呀，我的衣服没有用了！可是在'文革'中，你就是踩她一脚，她也就顶多朝你看一眼，自己走到一边，把灰尘拍掉。有一次，同事L的儿子扔她的工具，还把她一把心爱的工具折断了，甚至把她的一个摆件也摔坏了，她也不敢吱声。她越是这样，有的人就越是欺负她。"

在对晚年蒋蓉的多次采访中，她坚持不愿提到那些在"文革"中曾经伤害过她的人的具体姓名，总是摇摇头，说，忘记了。而对于暗中关心、爱护她的人，哪怕一个眼神、一声问候，她都默记在心。一个个名字脱口而出，如徐孟根、范淑君、俞梅仙、谢曼伦等。她能把他们给予的一丝一缕的关爱铭刻在凄风苦雨的生命里。

蒋蓉并不知道，她的命运在1975年姗姗来迟的春天里会有一个较大的转机。蒋蓉也已不用再打扫厕所，她被分到成型车间制作大路货的紫砂笔筒。以每天3只的产量和其他工人一起被记录在车间的大黑板上，以体现一种表面的平等。

这一年的年初，蒋蓉的徒弟俞梅仙得到了一个借调到陶瓷陈列馆工作的机会。有一天，俞梅仙兴冲冲地跑来说，县里分管落实政策的某书记来馆里参观，她把蒋蓉的事情跟他说了，某书记说："一个老艺人，会有多大问题？该落实的政策，还是应该落实嘛！"

某书记的一句话让蒋蓉激动了好几天，而有指望的日子好像过得特别慢，半个月过去了，没有任何动静。蒋蓉找来俞梅仙问询，俞说某书记再也没有来过，她又不知道如何去找他。可是那话，千真万确是他亲口说的呀。

终于，此后不久的一个早晨，蒋蓉在一次有全厂职工参加的大会上被正式平反，所有不实之辞一律推倒。当厂领导宣读完有关文件后问蒋蓉还有什么意见时，也许是蒋蓉太激动了，嘴张了半天却一个字也说不出来。

人们估计她会激动得当场晕倒，或者——至少涕泪横流，但是什么都没有发生，这让少数心态复杂的人比较失望。看上去蒋蓉的身体有些颤抖，但自始至终没有说出一句话。

这一天的下午，正巧蒋蓉的外甥女——二妹定凤的女儿小勤来看她。蒋蓉本来要留她住几天，但这一次却要她立即赶回潜洛村去。"你回去告诉大家，就说我解——放——了！"

定格在小勤记忆里的，是一个欣喜若狂甚至手舞足蹈的蒋蓉，倾盆式的泪雨在蒋蓉的脸颊上痛快地流成一片一片。当禁锢的生命终于被释放，当污浊终于被洗涤的暴雨还原为清白，当被砸开的枷锁已经成为人们耻笑的话柄，那么，谁还能阻挡得了她日后春江放舟一泻千里般的创作能量呢？

第十章 又见彩虹

一个紫砂艺人能走多远,全然取决于他能否对生活和大自然进行认真观察和高度提炼,取决于能否把它们用巧夺天工的手法加以表现。这种表现肯定不是匠气的,因为再圆熟的工匠怎么走也走不到这一步,就像艺术的境界只能属于艺术一样。

《荷花螺丝花器》是蒋蓉"复出"后的第一件作品。圆锥盆体，荷花纹，如一支盈盈的迎风招展的荷花，不饰娇艳，却有磊落自如的风度，3只小田螺将花器轻轻托起，又见闲散的田园谐趣。虽然当时还没有恢复作者在作品上打上自己印章的规定，而一律用"中国宜兴"的方型印章，但那活脱脱的清新风格，让前来取货的苏州友人一见面就惊叹：啊，蒋蓉回来了！

复出的第一件作品为什么选用荷花入壶？那是向世人表明，世上唯有莲荷才能出污泥而不染。她想以此来表明一种脱俗的品性与高洁。

十年磨难，一朝天日。蒋蓉曾经坦率地告诉一位朋友，这双手不如以前灵巧了，眼睛也有些老花了。她的心里非常着急，为此她专程去宜兴城里配了一副老花眼镜。当她戴上它，在镜子里端详着明晰的自己时，她发现镜子里的那个人头发已经花白，细密的皱纹爬满了整个脸庞。她已经56岁了！在江南民间，这已经是一个外婆级的年龄。而蒋蓉的心何曾老过呢？即便是长期被搁浅的岁月，她也一直是枕戈待旦的心态。她轻轻吁出一口气，自言自语："我没有老，我还会做出很多很多壶！"

料峭的春寒过后，浩荡的春水消融着严冬的坚冰。一个日见宽松的社会环境正在形成，山重水复的中国紫砂又一次迎来它难得的繁荣机遇。

现在的蒋蓉可以说是真正地扬眉吐气了。

荷花螺丝花器

一种时间上的紧迫感驱使着她每天在自己的工作室里忙到很晚很晚，这是必然的。她有太多的创作、设计方案需要整理，而且最关键的是，曲不离口、拳不离手，做茶壶心到手不到是没用的。她要把自己那双魔幻般的手找回来。

　　到1977年为止，50年代评定的七大艺人只剩下了3个。吴云根和任淦庭、裴石民、王寅春都已相继离开了人世。朱可心倒还老当益壮。顾景舟正如日中天，一面潜心创作，一面还在著书立说。蒋蓉则还是他们心目中的小妹。有时，他们之间的对话别人会听不明白，特别是顾景舟和蒋蓉经常会为了创作观念上的差异争执、碰撞，在别人看来，会以为他们有什么未了结的恩怨。其实，经历了几十年的风风雨雨，顾、蒋对彼此之间的一切都心知肚明，有时，他们会用一种特殊的说话方式来表达自己的某一理念，有时是光货和花货在一争伯仲，有时是创新与传统在相互砥砺，而在别人听来，他们又在"吵架"了。一般人只看到表面，实际上他们是艺术上的知音；吵，总是必须的；有一天如果他们不吵了，相敬如宾了，他们的关系也就完了。

　　《七件菜品》是蒋蓉出山的热身之作。两片连在一起的白菜叶被设计成"菜盘"，青白相宜的梗叶让人好生喜爱；鲜嫩的青椒、大红的萝卜、青紫的扁豆、青黄的葫芦、毛茸茸的青豆、紫黝黝的茄子……组合成一摞活泼泼、水灵灵的田园农家小令。

　　此时蒋蓉的心境，可以从这《七件菜品》中窥测端倪。这些年她与闹闹哄哄的时局，与一些彼此不喜欢的"特定人群"，真的是有些隔绝了，但是大自然没有轻慢她，而是展开其博大的胸怀接纳她。在大自然恩养的怀抱里，她心灵自由，故而氧分充足、灵气氤氲、自信满满。一颗纯净的心一直在感恩，落实到她的作品上，那种欢乐的、安贫乐道的情怀非常真切。

在经历了一番热身练手之后，进入新时期的蒋蓉开始创作一系列真正的出彩之作，而推出的第一把壶，是沧桑淡定的《老南瓜壶》。

以经了霜的扁南瓜为壶身，表现一种长者气度，一种筋骨遒劲、老益弥坚的风骨，这或许是她自己的心灵写照。蒋蓉在泥料的选配上颇费心思，她决心自己再上黄龙山亲自选矿。

紫砂泥号称"五色土"，有紫泥、红泥、青泥、红棕泥、本山绿泥5种主要矿土，还可以将这5种泥色拼制成多种泥色，但没有任何一种文献记载有天然的墨绿色紫砂泥，因此，所谓的"五色土"并不是说共有5种泥料，而是一个泛指色彩丰富的形容词。黄龙山作为紫砂泥的大本营，蕴藏着丰富的紫砂矿石。有作家把它形容为一位言行不一的巫师，它始终以漠然的表情掩盖着内心深处的疯狂和欢乐。它有时又像一个母亲，一面以庄重的表情约束着它的孩子，一面又在背后为孩子们准备好了丰盛的礼物。

在紫泥中，自古至今尤以"天青泥"为最佳。想象一下吧，雨过天青，该是多么纯净的颜色。古人便将青中泛蓝之色定为天青，

老南瓜壶

瓷器类中的天青色即是如此。而紫砂泥中的天青却与瓷器迥异。明代周高起所作的《阳羡茗壶系》一文中这样写道："天青泥出蠡墅，陶之黯肝色。"意思是说，此泥经过焙烧之后像深猪肝色。

蒋蓉寻找的就是这样一种矿石。就其价值而言，远非黄金可比。她要通过天青泥来表现南瓜老黄偏红的色泽，以显其壮硕、老成的气度。而周高起所说的"蠡墅"则不在黄龙山上，而在丁蜀镇郊一隅。这里原是古人开采紫砂泥的宕口，后因挖通地下水脉而被淹没，俗称大水潭，有水则有人居，后来这里逐渐成为一个陶工聚居的生活小区。

其实天青泥在上世纪70年代中后期几乎已经绝迹，这是后来的一些老艺人的说法，所以蒋蓉在黄龙山几经周折并没有找到她所需要的泥料。但蒋蓉并不死心，她将几种原料配在一起，试验出一种"拼紫"泥，使得《老南瓜壶》的色泽保持了一种艳而不嫣、深沉圆润的肌理效果。

《老南瓜壶》在结构上属筋囊器，若无制作光器的实力，实不敢为之。整个造型端庄沉稳，如老禅打坐，千年万载白云悠悠尽收壶内。壶盖为南瓜扭柄，壶把则是一段南瓜老藤，壶嘴如同一张南瓜叶卷起的呼哨，昂扬向上有牧童风情，洋溢着清新的田园农家气息。

她做此壶，是要表达一种心境。经霜的老南瓜，其实就是大自然派到人间的一个友爱特使，它是容纳万物的，是恩养人间的；它也是不倨傲的，是淡定的，是有仁慈之心的，是相逢一笑泯恩仇的。

之前种种不爽不快，在《老南瓜壶》里，全部归零吧。

此壶一出，紫砂界无不震动。南瓜入壶虽非蒋蓉首创，但此前较多实践者大多属于依葫芦画瓢式的模仿，偏于写实而缺少神韵与灵动气息。蒋蓉的老南瓜壶有禅味，无火气，仿佛一路风尘、沧桑入怀，需要用阅历来品读。朱可心见了《老南瓜壶》，不禁说道："就像是见到了我一个失散多年的老友，你把心里想的东西都表现出来了！"顾景舟端详了半天，也破例说：

"其实你的光货基础是蛮好的。"

他的潜台词是：

"有的花器艺人，连一个茶壶身筒都不会打，而你为什么不多做些光货呢？"

蒋蓉照例一笑置之。

后来的事实表明，蒋蓉在这个问题上对顾景舟有误读。她一直以为顾景舟看不起花器，其实顾景舟不是。他对真正高手制作的紫砂花器是敬重的，但是，他不太看得起由于做不好光器就去做花器的艺人，这样就容易给人一种错觉。

时隔多年之后，顾景舟的儿媳吴菊芬有这样一段回忆：

"有一次下班回家，家里来了两位南京客人，和老先生在一起看壶。后来，客人走了，老先生叫我，菊芬啊，你过来看看，这就是我当年做的花器。我过去一看，真的是一把仿陈鸣远的花器老壶。做功非常精妙，我都看呆了。我脱口说，爸爸，既然你花器做得这么好，为什么不多做一些呢？老先生轻声说，我要留口饭给别人吃。"

此时顾景舟的语气一点也不自负，甚至有些无奈。一个偌大的紫砂江湖，有谁可以刀枪不入？不做花器甚至让人觉得他不会做花器，何尝不是一种自我保护呢。

进入创作高峰期的蒋蓉已经停不下，她仿佛装了风火轮的脚步，就像蠡河的春水日夜在涨，无法不澎湃着激荡的豪情。《茨菇花壶》《小南瓜壶》《荷叶瓣杯》《树蛙荷叶烟缸》……纯净与阅历的沧桑，远远超脱于技术的层面，成为独特的蒋蓉艺术之魂。

从创作题材来看，蒋蓉的情感还沉湎在田园风土里，这表明她的心还在大自然里徜徉。出处与归路，决定了一个草根艺人的走向。若非重大变故，一生都停不下来。还有一个原因是，经受过时势沧桑的人，内心都希望跟现实保持一点距离，感恩大自然，总归是不会错的。

1978年，是国家的一个好年份，也给蒋蓉带来了一份沉甸甸的圆满。这一年，她和朱可心、顾景舟等人一起被江苏省政府任命为工艺师，这是紫砂历史上首次由政府任命的工艺师职称。拿到职称证书的那天，蒋蓉和朱可心、顾景舟聚在一起，许多话语一时无从说起，一个拨乱反正的好时代让他们赶上了，他们由衷地怀念那几位已经驾鹤西去的同道，并且相信他们会在另一个世界为他们高兴。

夏天，她被邀请参加江苏省艺人代表大会，稍后又去上海参加"全国工业学大庆"代表大会，接着是县里的活动、市里的邀请。原来是一个闲人，突然变得很忙，俨然一个社会名流，频繁的社会活动让蒋蓉腾不出手来创作她心爱的壶。虽然她的内心也需要鲜花与掌声，需要老友新朋的聚会，需要社会的广泛认可与传播，但静下心来的时候，她感到那些扑面而来的东西都是虚幻，飞离而去的却是实实在在的日子，是实实在在的壶。她开始婉拒那些其实与她无关的会议、活动，她要静下来，她不能让好多好多美好的壶从她的脑子里跑掉。

这一年的秋天，蒋蓉被调到厂里的紫砂研究所专门研究模具和新品设计开发，顾景舟则是这个研究所的副所长。从此，蒋蓉不必再为每天的生产指标耗费精力，可以心无旁骛地在她的紫砂艺术王国里纵

春牛壺

果圓壺

横驰骋了。别人眼里的蒋蓉总是笑容满面、步履轻盈,大家都说蒋辅导变得年轻了。

1978年师从蒋蓉的高级紫砂工艺师高建芳是这样回忆师傅的:

"她是一个性格特别开朗的人。我跟她学徒那年,她已经近60岁了,可是她一点也不服老,常常跟我们年轻人掰手腕,有时还和我们比赛搬泥坯,两块泥坯加在一起,足足90斤,我们费尽吃奶力气只能沿着车间转一圈,她却能转两圈,而且脸不红、气不喘。她当了冠军我们就叫她请客。她呢,高兴起来就买花生给我们吃。我听说师傅年轻时还会在地打连叉,有一次工余休息的时候,我就说师傅啊,如果您会在地上打3个连叉,我就在地上爬3圈。师傅被我一激,真的走出人群,深吸了一口气,举起两只膀子往空中一伸猛地朝地上按去,刷刷刷,连着3个倒立的大叉,在人们面前一晃而过。围观的人一时还没有反应过来,她已经稳当当地站在地上了,说高建芳啊,怎么样,你快在地上爬3圈吧。"

这几乎是蒋蓉最舒心的岁月了。创作于她,其实就是从心灵自然流淌出来的美的旋律,在紫砂泥里找到了一个最合适、最和谐的载体,她眼里的一花一草都在伸展着各自美妙灵动的容颜,然后以最灿烂的一瞬定格于紫砂,成为亘古不变的妙器。

一个平常的雨后的下午,她路过厂里的一棵枇杷树,有微风拂过,一片叶子轻轻地、婀娜地飘落在地上。刹那间蒋蓉的心里一动,仿佛有清冽的泉流从心头淌过,一种对生与死的彻悟油然而生。她感受到的,不仅是一种生命悄然离去的洒脱,更有一种无声胜有声的境界。她轻轻地把那片枇杷叶捡起来,放在自己的工作桌上久久端详。大千世界,芸芸众生,寿长者百年,命短者一瞬。无论红花绿叶,大树寸草,只要它在自己的生命里努力绽放了自己,那它同样值得为之歌吟赞美。《枇杷笔架》就是这样诞生的,一片锯痕尚在的薄薄的树段截面作为果盘,她要给那片落叶一个美好的归宿,让两枚肥硕饱满的枇杷果陪伴着它,让反哺与归真在一种完美的创意下实现它最佳的组合。而逼真象形的设计与色彩以及枇杷果上那毛茸茸的质感,则会让几乎所有见到它的人发出由衷的一咏三叹。这件被誉为国宝的艺术品迅速走红,被北京中南海紫光阁收藏陈列。

这段时期蒋蓉还在感恩,无论是她急就章式的七件菜品,还是老而弥坚的老南瓜,无论是献寿式的茨菇花壶,还是时鲜蔬果类的茄子水盂与枇杷笔架,一直在反反复复地体现草根艺人对恩养他们的苍天与大地的一种供奉心态。

不可忽略的是,蒋蓉在1978年还创作了一件容量并不大的大器之作:《蛤蟆捕虫水盂》。

曾经有评论家对蒋蓉钟情于"蛤蟆"题材做过这样的解释:她从小生在田园,熟谙那里的一切飞禽走兽、鱼虫鸟草,即便是癞蛤蟆这样不入流的小动物,她也会善待它们,把它们提升到艺术的高

枇杷笔架

度,并借助紫砂这一独特的载体,化腐朽为神奇,使之成为高雅的艺术品。

　　让我们换一个角度分析,纵观蒋蓉几十年的心路历程,我们就会发现,她能在紫砂艺术的路上一直走到今天,最重要的一点,是她的一颗始终没有受到污染的纯净之心、仁爱之心。一切都从这里出发,也许它从来就不是飞流直下的瀑布,而只是涓涓不断的细流。有时它会表现出童稚般的天真好奇,有时它会折射出对大自然的深深挚爱,有时它会激发出对劳动与生命的赞美怜悯,有时它会体现出对苍天大地的莫大敬畏。就"癞蛤蟆"这样的小动物而言,它在蒋蓉的心目中从来就不是"丑"的,她细心观察过蛤蟆的生活习性和捕食方式,虽然它从不拥有绚丽的色彩而像泥土一样质朴,但它善于捕虫,貌似臃肿却能准确而敏捷地擒住目标,是农民在田园庄稼地里忠实的义务杀虫先锋。即使不把它和一个古老的招财进宝的民间传说联系在一起,它也不应受到歧视,成为一种形容懒汉的专用名词。

　　一节老松树桩,有着久远的年轮,栖息其间的一只蛤蟆正蓄势待发、屏息欲擒,在它的不远处,一只蝼蛄闻声欲逃却不知去处。蛤蟆的稚拙与勇敢全在它那一眨不眨的眼神之中,它在刹那间虎视眈眈的进攻状态,被蒋蓉准确地抓住,并且传神地表达出来。相生相克可以演绎出令天地动容的故事,这哪里还是一只水盂?分明是一个活生生的童话。

蛤蟆捕虫水盂

以我们今天的眼光看，一个紫砂艺人能走多远，全然取决于他能否对生活和大自然进行认真观察和高度提炼，取决于能否把它们用巧夺天工的手法加以表现。这种表现肯定不是匠气的，因为再圆熟的工匠怎么走也走不到这一步，就像艺术的境界只能属于艺术一样。到上世纪70年代底，蒋蓉已经完成了一个紫砂艺术大家所必须具备的全部条件，她的艺术造诣正日臻完美，她肯定还能走下去，前面的路上肯定还有更多更美好的风景在等待着她，这一点已经没有人怀疑了。

20世纪80年代说来就来了。按照作家查建英的观点，这是"当代中国史上一个短暂、脆弱却颇具特质、令人心动的年代。中国人的生活在这10年里一直处于令人晕眩的急速变化之中"。然而，一路走来的中国紫砂在进入80年代的时候，它的步履却还带着某种观望、拘束的迟缓。这里，我们不该忘记一位当时对紫砂走出国门起了相当作用的有识之士：罗桂祥。

罗桂祥是香港实业家，时任全国政协委员。此公是个名士，不喜欢灯红酒绿，爱紫砂却是成了癖的。他平生只喜品壶、养壶、藏壶。为了收藏紫砂，他可以不惜荡尽家产。所谓筚路蓝缕、精诚所至，紫砂竟然如命根子而不离须臾。1979年秋天，罗桂祥悄悄来到宜兴紫砂工艺厂，颇像一个探宝寻宝的侠士。他找了许多名手交谈，这里的人们还没有从那个梦魇般的特定时期的余悸里走出，说话都像温吞开水不冷不热，让这个热心的香港人一时进退维谷。他听说人们喜欢用开会来解决问题，于是请求厂方召集20余名包括顾景舟、蒋蓉在内的制壶高手来开一个"神仙会"。罗先生在会上拿出了一叠明、清时期紫砂名家的作品照片，其中有时大彬、陈鸣远、陈曼生等。他请求在场的制壶名手能仿制这些作品，有人就说，我们做了谁来买啊？因为当时紫砂的海外市场还没有开放，谁也不知道紫砂壶后来能比金子还火。罗桂祥大声说我来收啊，只要作品做得好，我出高价收购。他还要求制作者一定落上自己的款印，说这才是艺术品。就这样，罗桂祥作为改革开放后第一位推动并且订制紫砂高档产品的大客商、大收藏家而被写进了紫砂历史。在此之前，紫砂器均以品种来定价格，罗桂祥则开创了以制作艺人之名来定价格。这对推广紫砂，将其提升到与金玉比价的高级工艺品地位，有着不可估量的巨大作用。

  在晚年蒋蓉的记忆里，当时她和罗桂祥的合作也是愉快的。罗桂祥第一次上她的门来拜访，信手拿出一把陈鸣远的调砂《虚扁壶》请她鉴定，这是陈鸣远最具光货造型特点并显示非凡功力的作品之一。壶型极扁，适合冲饮绿茶。器型线面屈曲和谐，泥质用粗砂调制，配比恰当，肌理质感与形制十分和谐，目视有粗感，手抚则细腻，浑朴之中有峭拔之势。蒋蓉一见它就觉得眼熟，仔细一看不禁有些激动起来，原来这壶竟出自她——40余年前上海亭子间的林凤姑娘之手。当时虽然不能在仿制名人的壶上打自己的印章，但她在每一把壶的壶把下端做了一个别人不易察觉的小小记印。——

蒋蓉款印

生命如电如露，一切瞬间成空，这一把壶让蒋蓉感慨万端。世界就这么小，人生就这么巧合，全让一把壶收进去了。罗桂祥也兴奋不已，他执意要把这壶送还它真正的主人，而蒋蓉则坚持不肯接受已经属于别人的心爱之物。最后是蒋蓉以自己的一把小佛手壶与之交换，成为紫砂收藏界的一段佳话。

　　罗桂祥的出现同样也让蒋蓉受益匪浅。在他的大力推介下，她的作品开始受到台湾、香港壶友的青睐。其时国门正渐趋开放之势，与大陆骨肉相连的台湾同胞陆续开始登岸，而紫砂壶则是同胞相会最好的媒介和礼物之一。台湾地区雨水充足，盛产高山茗茶而茶道兴盛。既有茶，岂可无壶？而盛茶之器，当推紫砂为上。尤其是台湾出的乌龙茶，还就是要用紫砂壶来泡，茶香才纯正。茶客与壶迷也由此应运而生。蒋蓉的名字则越来越多地出现在台湾和香港、澳门的一些主流媒体上。人们把她看作是横空出世的紫砂女艺人，她的田园式的清新风格对久居嘈杂都市的人简直是一种精神上的自然回归。人们相信她日后将是不可限量的泰斗式人物，因此，收藏她的壶，会比收藏玉器字画古董还更有升值空间。一些台港澳地区的壶商已经悄悄开进丁蜀古镇，他们会找个小旅馆住下，一次次地上门拜访意中的紫砂艺人，先付下数目可观的定金，然后壶家会按照他们提供的壶样制作茗壶，这些壶商把壶带到台港澳地区出售，价格将是大陆的十几倍。上世纪80年代，中国大陆最好的紫砂壶就是这样通过港澳台流向海外的，因为改革开放之初，大陆还没

段砂佛手壺

有出现真正的富裕阶层，普遍的消费层次较低，好东西只能流向港澳台和海外。一些穷了一辈子的制壶名家则在这个时期迅速发达，在几年之内就完成了他们一生的资本积累。蒋蓉却一直不敢造次，她觉得自己拿着公家的工资，却在家里卖自己的茶壶，是一件说不过去的事。她老实了一辈子，她也不缺钱花。那些紧盯着不放的壶商便觉得这个老太太简直不可理喻，以致有人假冒她的壶在出售，她才如梦初醒。时代就像一个魔术师，它总是在变幻着老实人搞不懂的魔术。从80年代开始，紫砂茶壶渐渐变得不仅仅是茶壶，它和字画、古董一样，潮涨潮落，可以把人生推向天堂，也可以把人生打入地狱。

在紫砂老艺人、江苏省工艺美术大师凌锡苟的记忆里，曾经有这么一件事：

"上世纪80年代，紫砂厂来了一个台湾茶道代表团，其中有位唐女士，是蒋蓉作品的崇拜者，那天厂里没有让蒋蓉参加接待，但那位唐女士坚持要见蒋蓉。当她终于见到了蒋蓉后，执意要送一根金项链和一副金耳环给她作为纪念。蒋蓉推辞不了，但她内心很不安。当时她找到我说：怎么好意思收人家这么贵重的东西啊！想来想去，她想起家里还有一个自己做的紫砂茄子，原打算自己收藏的，还是把这个紫砂茄子送给那位唐女士吧。可是当时她正上班，而台湾朋友却马上要走了。那时也没有汽车，我就骑着自行车，让蒋蓉坐在后座上，赶到她当时住的八家口，慌慌张张地回家找到了那个紫砂茄子。那个唐女士却不肯收，说：您这个茄子是价值连城的艺术品，跟我送您的一点小意思相比，悬殊太大了！可是蒋蓉很认真，说，您要是不收，别怪我把礼品退给您！后来那个唐女士欢天喜地拿了那个紫砂茄子走了。可是，蒋蓉心里还是不踏实，过了几天他告诉我：小凌啊，我还是把那天唐女士送的礼物上交给厂领导了，不交上去，我夜里睡觉也不安稳呢。"

蒋蓉的1980年还有一件大事值得记述。这一年蒋蓉已经61岁，她身边一直无人，年纪一天天大了，确实需要有个人作伴，同时也可以照顾她的起居生活。小勤是妹妹定凤的孩子，以前经常来看她。有一次说到孩子的事，姐妹俩一拍即合，把小勤过继给蒋蓉当女儿。小勤是个在农村长大的孩子，端庄、淳朴、勤快，这一年才16岁，但也出落成一个亭亭玉立的大姑娘了。一年后，她中学毕业，厂里为了照顾蒋蓉，答应让她来厂里上班。从此，蒋蓉的生活里就有了一个贴心的女儿兼徒弟。小勤第一次跟着她的蒋蓉妈妈到厂里来和大家见面的时候，所有的人都为蒋蓉高兴，有人提议，既然做了蒋辅导的女儿，那就应该改个名字。叫什么呢？中国工艺美术大师吕尧臣先生灵机一动说："就叫艺华吧，你可要好好地把你妈妈的艺术才华学到手啊！"在旁的徐汉棠、汪寅仙大师都说这个名字起得好，勉励她早日成为一枝紫砂艺术之花。

艺华的到来确实给蒋蓉的单身生活增添了许多乐趣，而且，做母亲的感觉让蒋蓉在日后的创作中不知不觉地平添了更多的儿女情长。艺华一边跟她学艺，一边照顾她的生活，空闲时母女俩出去散散步，一起学唱流行的新歌，艺华能够把一棵咸菜也烧得有滋有味，好开心的日子原本就这么简单。时间久了，她在向外地来的客商介绍艺华时，总是骄傲地说："这是我女儿。"这时她就感到自己更像一个女人。

据蒋艺华回忆，她刚进厂的时候，老艺人们都待她非常好。朱可心说，艺华，你不要叫我朱辅导，要叫外公！一脸的慈祥可亲。王寅春太太也蛮喜欢她，一见她，笑起来像弥陀佛一样，就像待自己的小孙女。顾景舟虽然平时严肃，但对她，那种慈和的目光永远都是温煦的。有一次他悄声对她说，艺华啊，要好好学你妈妈的本事。然后，突然像老顽童那样一笑，说，不要学你妈的洁癖！

1983年春天，中央工艺美术学院来宜兴主办陶瓷造型培训班，蒋蓉以65岁高龄成为该班年龄最大的学员。这个不脱产的培训班每天晚上上课，张守智教授清晰地记得，开班第一天晚上，蒋蓉第一个早早来到教室，她安静地坐在自己的座位上，就像一个虔诚的小学生。张守智很敬重她，说：蒋蓉老师啊，您是老前辈了，应该您给大家上几课才是。"蒋蓉说："别客气了张教授，我是真心来学习的。"

是的，黑板和粉笔字以及朗朗的读书声，一直储藏在她记忆的最亲切部分。女儿蒋艺华是这样回忆的：

"她每天晚上把功课带回家，在灯下看书做笔记到半夜还不睡。她说人老了，课堂上讲的东西记不住，传统的老艺人只有实践，缺乏理论，眼界不免狭窄，怎么能创新呢？这些课程安排得真好，学和不学，真是不一样的。"

理论培训虽然只有3个月时间，但对蒋蓉的创作，却有着较大的启发。她在多种场合说过，这3个月胜过3年呢。

综观蒋蓉80年代的壶艺创作，大致可分以下几个类别：

以瓜果植物入壶入器

花货肖形作品，大抵以神态见长，能否毕肖显神、工而不俗，当是工匠与艺术家的根本区别。蒋蓉分别以荸荠入壶，以百果入壶，以石榴入壶，以荷藕入壶，以寿桃入壶，以松果入壶，以西瓜入壶，以芒果入壶，以佛手入壶……无不体现出她的一片天真烂漫的情趣。壶外的蒋蓉大气素手，引一方天籁，点绛唇、藏温婉，锦绣深处更传淡泊。壶中的蒋蓉则如一个稚气未脱的小女孩，她用一只稚嫩的小手牵引你，领向她梦境一般的田园，飘香的是瓜果，纷飞的是蝴蝶，高歌的是牧童，奔流的是清泉。你在这里找一找吧，那些曾经失落的童贞，忧伤的初恋，羞涩的少年梦……会重新叩访你的心灵。

以动物入壶入器

玉兔、春牛、乌龟、青蛙、蛤蟆、飞蛾、蝼蛄、螳螂……蒋蓉的壶艺创作，已经到了信手拈来、点石成金的地步。首先，这些动物在她眼里，都是失散多年的亲人。它们被一个时代所驱离和放逐，现在又被一个时代请回来了。它们在她灵性的呼唤下，一个个又回到了她的身边。其二，从功力的角度说，到她这个份上，一切自然界的生命，一旦被她看中，即可幻化今生，纵身一跃而成为小小精灵，被永远定格在紫砂艺术的天地之中。她还给这些可爱的动物起了很多绰号，比如，飞马阿兔、精怪老龟、酒窝蛤蟆、马屁螳螂等等。她仿佛给它们托生，培育它们成长，她还给一只翅膀上带花斑的飞蛾起名叫"文成公主"。

鼻烟瓶系列作品

鼻烟壶是中西文化融合的结晶。明末清初，鼻烟传入中国，鼻烟壶应运而生，它集书画、雕刻、镶嵌、琢磨等技艺于一身，不仅是盛装鼻烟的实用容器，更是供人玩赏和显示身份地位的艺术佳品。蒋蓉自上世纪80年代起，共创作紫砂鼻烟瓶、壶系列品种多件。其中，10件套葫芦形紫砂鼻烟瓶精巧华美，形象逼肖。紫砂陶刻名家谭泉海见之甚喜，应蒋蓉之邀，在每个鼻烟瓶上刻下明秀的山水、遒劲的书法、吉祥的动物，以及古朴的瓦当纹样，成为紫砂袖珍艺术中不可多得的佳作。其他如荸荠、菱角、苹果、竹节鼻烟壶则玲珑小巧、实用耐看，令人爱不释手。

蒋蓉的这一组作品，是暂别花虫鸟草的一次转折。这个时期她接触的南来北往的宾客非常多，不断地外出参观，也开阔了她的创作视野。她创作的紫砂鼻烟壶带有一股玲珑剔透的玉器感，除了尽显紫砂材质的肌理特点，更显示了她的手上功夫。"做出爷儿们的味道"，这是她对鼻烟壶创作的定位。为此她还特地看了王世襄先生的一些收藏鉴赏文字，去北京博物馆专门琢磨鼻烟壶的特点。然后在题材上，她巧妙融入江南味道，如菱角、荸荠、竹节等，活脱脱的"南腔北调"，南北交融，而将它们排列在一起的时候，则显示出一种协调的雅奏。

陶塑系列作品

蒋蓉的陶塑造型功力在同辈艺人中堪称一绝。其中莲藕笔架为文房雅玩，自是妙思若神、形色俱佳；陶土假山则有黄宾虹笔意，透迤苍劲；水牛、狮子、老虎等动物陶塑，着力表现生命的伸展张扬之美与动物的神态动感之美，以民间美术的鲜活意趣一扫学院派的拘谨陈规。最具深意的是一件名为《邯郸梦》的冬瓜陶枕，色泽青碧，瓜之两头，一为花蒂、一为瓜蔓，微微翘起，中间稍凹。陶枕乃我国传统工艺中的珍品，宋代定窑孩儿枕尤为出众。蒋蓉创作的冬瓜枕自然舒展，无矫饰之态。著名画家程十发为之题名《邯郸梦》，取唐代传奇《枕中记》中"一枕梦黄粱"之意，以冬瓜之清丽素朴醒人于俗世。陶刻名家谭泉海在枕上欣然命笔："静坐书斋读文章，卧寝竹窗听秋岚。"

蒋蓉80年代创作的可圈可点的作品枚不胜数，如果让它们集合起来，简直是一个庞大的紫砂兵团。就像一部被打开的书，我们已经读到了它最精彩的章节。如果让蒋蓉自己来选择，在那么多爱不释手的作品里选出几件她最满意的，那也许是一件十分棘手的事。但她最终还是会肯定地告诉你，《荸荠壶》和《西瓜壶》，还有《秋叶树蛙》《月色蛙莲壶》都是和她十指连心，与她的生命等量齐观的不可割舍的经典之作。

《荸荠壶》创作于1981年。一直到87岁的晚年，蒋蓉在叙述创作该壶的过程的时候，脸上还掩饰不了孩子一般的得意。

"说穿了吧，我这把壶就是做给那些看不起花器的人看的。"

上世纪80年代的顾景舟已经是当代紫砂的领军人物。人们认为，他平时的言谈举止，总是会不自觉地流露对紫砂花货作品的轻视，而顾景舟从来不屑于去向人们做什么解释。蒋蓉的脾气也一样，从来都是用作品来说话的。《荸荠壶》的壶身，是一件典型的光素器作品，而它的装饰却具有花器与陶塑兼工的特点。壶嘴与壶把的线条，如凌波仙子凭空一跃，有意想不到的洒脱与干练，而壶身的装饰，决不是一般意义上的点缀。它已经逾越了像与不像的底线，那种草根而不卑贱、雍容而不显贵的气度，是需要一份气质来支撑的，一般的紫砂艺人怎可比拟呢？《莩荠壶》要告诉别人的正是这样的一种理念，光素器与花器之间决不是天敌，就像艺术不应有贵贱之分，而只有优劣之别。好东西不怕兼容，好朋友应该共存。没有花器，就没有光器，就像没有女人何来男人，两者是相依相生的。

《莩荠壶》最后被英国人永久收藏于维多利亚艾伯特博物馆，它代表中国，代表一个遥远的东方民族的工艺秘笈。

《秋叶树蛙盘》创作于1983年。秋天是容易让人感怀的季节，古人说一叶知秋，蒋蓉正是从一张卷曲的树叶造型入手，她设计了一只小青蛙，趴在树叶的一端，睨视着一只可怜的小小飞蛾。它们本是一对天敌，但青蛙发现，在深秋萧索的天气里，这只小小飞蛾就要呜呼哀哉了，小青蛙会怜悯它吗？它是否也感受到了一种生命易逝的悲哀？蒋蓉把所有的故事安排在一张树叶的时空里，接下去小青蛙和小小飞蛾之间还会发生什么故事呢？那肯定是一个美丽的童话了。飞蛾的命运牵动着蒋蓉的心，她爱这个弱小的即将离去的生命，她要赋予它以美丽，哪怕是短暂的一瞬。前前后后，她一共捉了100多只飞蛾，放在小瓶子里观察临摹，她熟悉它们的每一根筋纹，她甚至能感受到它们的呼吸。最后的一只小小飞蛾就这样定格在树叶的底部，它是一只吟唱的蛾，周围蛙声如鼓，像十面埋伏。天已崩，地欲裂，它依然吟唱，永远吟唱。当它终于不再是活生生的飞蛾而已经是艺术品的时候，一位记者和它发生了一个小小的误会，在一个陶艺展览会上，记者用手去拍打它，以为它是偷偷跑进这艺术殿堂来的不速之客。它偷偷地乐不可支，"别怪我，是蒋蓉奶奶让我这般真假难辨的呀。"

《西瓜壶》创作于1985年。又是一件光器式的浑圆佳构。许多媒体在报道此壶时，着重强调了蒋蓉一连多日冒着烈日酷暑，不顾严重的腿疾和女儿艺华赶了几十里地去西瓜地里写生的情景。但在蒋蓉晚年的回忆里，写生的经历只是一带而过，她说得最多的，是西瓜壶的表现手法。西瓜之圆，是圆润饱满之圆；西瓜之脆，乃清脆新鲜之脆。蒋蓉在泥料的配置上做了几十次试验，终于找到了最适合表现西瓜的色彩语言。一次，我在采访蒋蓉的时候忍不住提过一个问题：紫砂真有秘笈吗？蒋蓉的回答是坦然的：如果说紫砂真的有秘笈的话，那就是在紫砂艺人心中只可意会不可言传的对工艺的一种把握，那不是固定的方程或分子式，更不是江湖上的咒语或解药，而是因壶而异的工艺理念，是不可复制的心得天机，你只能在具体的作品里寻找答案。蒋蓉的一番话使我想起了文学创作，你有一个好故事，可是你没有好语言、好手法，那么一个好故事就活活被你糟蹋了。可见，把好东西用最好的方式表达出来，是所有的艺术家毕生追求的目标。蒋蓉的《西瓜壶》花纹清晰可爱，瓜藤、瓜蒂塑成壶嘴壶把，从壶身与壶把的连接处斜出一张墨绿的瓜叶，两朵嫩黄的小花，呼应出一片鲜活灵动的气息。它永远像一首田园诗，在被千万次朗读后依然脆绿如生。此壶现藏于宜兴陶瓷博物馆。

《月色蛙莲壶》创作于1989年。这是一件段泥作品,以写实手法把自然界的莲荷、青蛙、昆虫集于一壶。紫砂文化专家时顺华先生是这样评介这件佳作的:

她巧妙地利用藕节组成壶嘴,荷叶梗与花梗绞缠钮为壶把,莲蓬为壶盖,上栖一青蛙为壶钮,壶身为盛开之荷花,花脉清晰、自然灵动。童心和天趣是蒋蓉创作的主题,她具有捕捉美的瞬间的天赋才华,又有一手微型雕塑的过硬本领,善于把大自然中的美丽和生活中的情趣融入壶中,开创了独具风格的"蒋氏陶艺"。

第十一章 白发姻缘

满地的碎片剜着蒋蓉的心,她一个人走到门外默默流泪,长久的悲哀化作一阵尖锐的疼痛遍彻全身。这个婚姻已经是一面有了裂缝的镜子,它每一天都在提醒屋顶下的两个男女主人,你们的结合其实是一个误会。

亲近蒋蓉的人知道，她从来没有别人找她找不到的时候。她要么在家里，要么在厂里，要么在去厂里的路上。除了出差，她永远都在工作室的泥凳旁干活，无论寒冬酷暑，她能一坐十几个小时。天长日久，蜷曲在泥凳下的一双腿饱受风寒侵蚀，导致血脉不畅，腿疾便一日日地严重起来。1984年冬天，蒋蓉在赶制一把赴香港展览的《百寿壶》的时候，连续一天一夜没有离开工作泥凳，女儿艺华给她送来饭菜，她也顾不上吃。做壶就是这样，在特定的"气场"里，是怎么也放不下手的。时值滴水成冰的隆冬季节，当蒋蓉终于做完那把送展的壶，却怎么也站不起来了。整个膝盖红肿，吱吱嘎嘎像一副生了锈的铰链。艺华搀着她，让她慢慢站起来。可是迈出一步，都是刀剁斧剁般的疼痛。当即，她被送到医院治疗并且住院一周。

蒋蓉因连续多天抱病做壶而住院的消息迅速被媒体获知，省城的新华日报以及当地的宜兴报都派出了记者前往采访，她的名字越来越频繁地出现在各种报纸、刊物上。实际上她早已是社会名人，又处在紫砂发热的时代，壶的身价因了人的名望还在直线上升。所谓千金易得，一壶难求，这个时候谁要是能有一把蒋蓉的壶，已是莫大的荣耀了。一些媒体的记者发现，这位年逾花甲的紫砂名人一直独身，喜欢刨根问底的文人总想在其中挖掘一些故事，以吸引读者的眼球。接近蒋蓉的朋友则还在帮她物色合意的老伴——按照中国人的习惯，年轻人择偶叫找对象，上了岁数的人就只能叫找个老伴了。蒋蓉起先的态度一直是排斥的，她说我已经有了一个相依为命的女儿，我一点也不寂寞，生活上也有人照顾，大家的美意我领情，但是，就不要再折腾找什么老伴了。但是，到了1986年，她的态度却有了某种松动，那是因为有一个名叫程政的男人走进了她的生活。

认识程政，也是一位朋友的介绍。她见到他的第一印象是比较好的，个子高高大大，相貌也还端正，据说是个退休教师，言语举止流露出一份知识分子的文气与儒雅。"老实，也有才气。"她认为。可是，对方比她小13岁，蒋蓉在这悬殊的年龄面前又却步了。中国人的婚姻习俗，总是男人比女人大几岁，哪有女人比男人大十几岁的？

可是那位做介绍的朋友给她传话：对方不嫌她年龄大，愿意和她继续接触。于是蒋蓉和程政又见了第二面。

其实，越是接近晚年，蒋蓉就越是一个完美主义者，她往往把追求壶的完美和追求人的完美叠加起来，人与壶往往错位，壶与人常常混淆。如果说程政的外表让蒋蓉从内心感到少有地满意的话，那么，程政曲折的身世又让她充满了怜惜之情。程政也是宜兴人，早年毕业于上海第一师范学校，毕业后留在上海青东中学任教，1958年被错划右派，此后被发配回宜兴韶巷村老家务农，整整20年后才得以平反。那时刚平反的老右派非常抢手，就像是从地下刚挖出的文物，宝贝疙瘩一样值钱。跌宕的人生曲折让程政的气质里有一种历尽沧桑的风格,他即使是采用一种平缓的语气叙说那些辛酸的往事,也会让蒋蓉听得入迷而平添一份崇拜之情,那些挫折与艰辛,那些闻所未闻的故事,就像一部电影,她呢,就像面对一个风尘壮士、一个江湖剑侠,于是程政就有了充足的理由成为蒋蓉家的常客。

　　和程政认识到结婚,这期间有一年多的时间。蒋蓉的耳边不断有人来提醒,说程政这人脾气不好,还有一大堆这样不好那样不是的疙瘩毛病,但蒋蓉实际上已经在心里接受程政了。一个比她小13岁的男人不嫌她老,愿意和她相伴终生,单是这一点就已经让她感动。而程政相貌堂堂,文化素养较高,也是重要原因。实际上,已经年逾花甲的她正在不知不觉放低自己的标准,她恍然觉得一个女人如果真的一辈子不结婚,她的一生就不是完整的。一天晚上,程政又到蒋蓉家来,不巧大雨滂沱,竟夜不停。程政提出在这里借宿,蒋蓉则坚决不肯。程政说我就在楼下打个地铺宿一夜还不行吗?蒋蓉却依然不肯松口,在她看来,虽然家里还有一个女儿艺华,但是留一个男人在家过夜,无论如何是不妥的。尽管最后程政在瓢泼似的雨幕里离去的背影让蒋蓉感到歉疚不安,但在过了多年之后她用一种沉静的口气回忆此事时,仍然感到当时的做法并没有错。

　　然而程政当时却是被激怒了,他选择了撤退——我们无法准确判断他当时的心态,只是根据他所采取的行动来做猜测。他突然决定去新疆某地支教，而且走得很快。行前他给蒋蓉写了一封短信，这位原中学语文教师使用了一些感情强烈的成语和排比句惊叹号。这让慢性子的蒋蓉感到，那天夜里她委屈了一个全世界最委屈、最伤心的男人。于是蒋蓉再次受到感动，在她看来，程政是为了她才"出走"边陲的，她没有去过新疆，只知道与江南宜兴隔着千山万水，光是地图上看看就吓煞人。在没有手机短信和电子邮件的年代，靠鸿雁传书是多么的缓慢。蒋蓉再三向他解释，那天没有留他宿夜并非出于别的，而是怕影响不好，她希望他千万不要误会。而程政的回信里总是有意无意地透露一些他在那里水土不服身体不适的信息，让蒋蓉接信后一连几天心神不宁。她向徒弟们讨教主意，没想到徒弟们没有一个是喜欢程政的，他们竟然怀疑他是一个有心计的人，正在对她用"欲擒故纵"的方法，他们还提醒她，千万不要被他的花言巧语所迷惑。这让蒋蓉很不高兴，她不相信程政是那样的人，毕竟他一生饱受坎坷，她更愿意相信他是一个有文化、有知识，同时又有些倔脾气的好人。

　　就这样，蒋蓉服从了内心的决定。坚守了几十年的底线和难以企及的择偶标准在一夜之间全部瓦解，全部变幻成热切的期待和对未来的向往。不久程政便从新疆凯旋，他的以退为进战术非常奏效，大获全胜。1987年元旦，68岁的蒋蓉和55岁的程政终于结婚。当时这是紫砂界的一桩传奇式的新闻，按蒋蓉的辈分，她已经是师奶级的人物，壶艺上的成就已经名满海外，所以，宜兴陶瓷公司和紫砂厂的领导以及新闻媒体十分重视蒋蓉的婚礼。据蒋蓉和徒弟们回忆，那天的场面很隆重，地方上的许多人物都到场祝贺，紫砂界更是倾巢出动，可谓大会师、大团圆式的大庆典。在欢庆的人群里没有顾景舟的身影，据说他患了重感冒在家休息，同时他也不喜欢这样嘈杂的场面，之前他见过程政，只是点点头，没有流露过任何好恶。晚年顾景舟说话一言九鼎，什么事情都只是看在眼里而很少表态。有人看到他把蒋蓉的喜糖搁在工作室里好几天，后来让哪个职工的孩子们去分享了之。

关于蒋蓉婚后的生活，起先还算和睦。厂里为了照顾她，同意程政来厂教育科上班，这样夫妻俩同出同进可以有个照顾。蒋蓉对程政的儿子媳妇视如己出，总想着要相帮他们离开韶巷农村，到丁蜀镇来定居，还让程政的儿子进了紫砂厂，实际上蒋蓉从一开始就在履行一个做母亲的职责。在户口和住房等具体问题上，她都花钱出力。程政能写一手工整清秀的蝇头小楷，又有一定的文字功底，蒋蓉的几乎每一件新作都配有程政撰写的小品文式的简介，文字写得极其认真，一个原中学语文教师的才情与解数倾囊而出。篇尾则是蒋蓉与程政两人的签名加印章，这样别开生面的证书，对收藏蒋蓉作品的客人不啻是个莫大惊喜。后来程政还和一位名叫章左声的无锡作家联合编著了一本小册子《紫砂女泰斗蒋蓉》，说她是"女泰斗"，蒋蓉并不十分高兴，在她看来，既是泰斗，就不应有男女之别。她知道那些说她是女泰斗的人是碍于顾景舟，她觉得泰斗不泰斗，应该在一个人的身后去评说，而她自己真的还不够。程政在这方面跟她有分歧，觉得有女泰斗的桂冠已经不错了，总比没有泰斗做强吧。说到底，泰斗的身价连着壶价呢。平心而论，无论是这本小册子，还是在此后蒋蓉壶艺的宣传上，他确实是尽了一分心力的。以蒋蓉80年代后期的壶价而论，那已经是一个令人惊喜的数字，蒋蓉负担着全家的一切开支，她已经完全有能力让全家过上小康人家的生活了。但是许多慢慢暴露出来的矛盾，却不是单用钱可以解决的。

　　蒋蓉和程政有着完全不同的生活经历，性格上也存在着较大的差异。首先是在卫生习惯上，像蒋蓉这样极爱干净的人，几乎无法忍受程政在生活上的邋遢与不拘小节。其次是脾气，蒋蓉是慢性子，程政则是急性子，一慢一快，难以和谐。譬如走路，蒋蓉因为腿有疾病，走路慢慢吞吞，她多么希望程政能够扶着她，和她一起慢慢走。可是程政偏偏做不到，他嫌累赘，他是个大大咧咧的人，从来没有服侍人的习惯。程政到紫砂厂教育科上班没多久，就和同事们吵起来，搞得蒋蓉很难堪。回到家里她埋怨程政说："我在厂里几十年，从来没和别人红过脸，你怎么上班没几天就和人家吵呢？"程政不买账地说："老子看不惯的事，就是要管！"他的确是个心直口快的人，在人际交往中缺乏起码的融通能力，之后又连着跟厂里人吵了几次，蒋蓉实在看不下去，就再也不让程政去上班了。

日子久了，彼此之间的矛盾竟像滚雪球一样越滚越多，就连为了一盘菜的咸淡以及菜汤的处理，为了几个黑木耳没洗干净，为了一盆水不小心泼在了地上……都有可能爆发一场争吵。蒋蓉性格中的柔弱部分是需要别人呵护的，而程政偏偏是个炮仗脾气，一个需要抚慰，一个亟待发泄。也许是过去的遭遇让程政受了太多的压抑，他口无遮拦、敏感易怒，心理上的某种残缺可以让他的脾气不分时间地点场合一触即发。实在没有什么好说或者说了等于没说，他就摔东西。有一次，蒋蓉新做的一把壶不见了，程政见她满脸狐疑的样子，一把无名火油然而起，话不投机，竟然举起蒋蓉的另一件刚出窑的紫砂白藕酒具猛地朝地上摔去。这一摔真把蒋蓉摔懵了。她活了大半辈子，什么人什么事都见过，就是当年受批斗，造反派那么疯狂，也没有摔她的作品啊。这件白藕酒具，是应邀为一位新加坡壶迷定制的，她日夜赶制了近一个月，明天客人就要来取货了。满地的碎片剜着蒋蓉的心，她一个人走到门外默默流泪，长久的悲哀化作一阵尖锐的疼痛遍彻全身。这个婚姻已经是一面有了裂缝的镜子，它每一天都在提醒屋顶下的两个男女主人，你们的结合其实是一个误会。

如此经常性的吵吵闹闹，牵动着住在隔壁的一位老人的心，他就是顾景舟。他70岁丧偶，虽然其时已名满天下，但在感情的天地里唯其一人向隅而泣，一份悲天悯人之情常在笔底与口中流露。根据蒋蓉女儿蒋艺华的回忆，每当这边又在吵起来的时候，那边的老人就挂着一根拐杖站在屋檐下凝神闭口、一言不发，许久，把拐杖往地上用力一戳，沉沉地说出一句：

"选来选去，就选了这么个东西！"

据当时住在顾景舟家隔壁的紫砂老艺人程辉回忆，有一次程政和蒋蓉又吵起来了，程政骂人的声音特别响，两隔壁听得清清楚楚。后来，大家听到蒋蓉在哭。平时众人只看到蒋蓉笑眯眯的样子，从来没有见过她痛哭嚎啕，所以大家都慌了，不知怎么才好。这时，只见顾景舟不声不响走到院子里，用比平时大几倍的声音骂道：

"还算做过先生呢，我看像个畜生！"

隔壁突然寂静下来。

蒋艺华回忆说，那天顾辅导的声音真响，从来没见他发这么大火。

在大家心目中，顾景舟是一位威严而慈祥的长老。他说什么，就是什么，不会多说一句话。

时隔多年之后，顾景舟的徒弟葛陶中在谈到这件事时，曾经这样回忆道：

"因为住在隔壁，顾辅导对程政此人印象很坏。他认为这个人的出现，耽误了蒋蓉一生中最后的好时光。如果不是他的因素，蒋蓉的艺术生命还会更长。"

顾景舟看问题准，他不仅是从生活的层面去理解婚姻的，而是从艺术生命的角度去解读这个糟糕的婚姻对蒋蓉的打击。这几句话里，包含着一位老人极大的惋惜与遗憾。

回到当年，蒋蓉是个极要面子的人，她并不愿意让更多的人知道她的家庭矛盾。一个致命的错误是，那天晚上由于动了众怒，大家把那个歇斯底里的男人轰走的时候，胆小的蒋蓉马上后悔了。她还是要面子，然后还保留着一份对程政"改好"的幻想。她居然第二天就偷偷地去找厂里的书记，希望他出面，去把程政找回来，确切地说，是请回来。

厂里的书记说，蒋辅导啊，这一次你可要想好了啊，把他请回来，以后就撵不走了。

蒋蓉幽幽地说，这就是我的命。

据说程政先生本来已经变成一只惊弓之鸟，这一次连顾景舟都出面了，他还是有所畏惧的。但是，蒋蓉突然让厂里的书记来请他回家，他就松了一口气，看来老太婆还离不开他，而他自己内心的确也有委屈，和一个比自己大十几岁的女人结婚，他容易吗？虽然对方是个名人，可是一样需要柴米油盐的生活。两人的价值观确实不一样，他穷了大半辈子，被打成右派后，在乡下吃了很多苦，对金钱物质有一种特别的敏感与在乎，内心一旦失衡，积郁的情绪就会变成诸多诉求，如果不能兑现，就会酝酿成狂风暴雨，连他自己都招架不住。

于是，程政开了一个清单，都是物质方面的，包括在福州买一套别墅，等等。如果不给，他就不回家。

在蒋蓉这边呢，她非常要场面上的光彩。在她看来，哪怕是一份纸糊的"完美"，对于一个刚组建不久的家庭来说也是需要的。她不看重金钱，程政要的东西，她都可以给他。她给程政划定的底线是，只要他在感情上不背叛自己，一切都好商量。她希望自己迅速从一份龃龉与纷争的阴霾里走出来，因为她的创作太需要一片晴朗的天空和新鲜的空气。而太多的美妙的壶，老是不断地在她脑子里活跃晃荡。对于创作而言，仅有时间是不够的，那种安静的心境，那种催生般的艺术节律，那种信手拈来的安静氛围，都是蒋蓉最最需要的。

但是，事与愿违，本来应该与她最亲近的人，却还在不断地给她制造麻烦，败坏她的情绪，她只能把一份苦楚咽进肚里，她甚至这样一次次地勉励自己：如果你是世界上最能忘掉烦恼的人，那么你就是世界上最开心的人。

但是，话可以这么说，她却无论如何也做不到。毫无疑问，她已经被这个婚姻拖累了，很多时候，她变得毫无兴致而独自叹息。

月色蛙莲壶

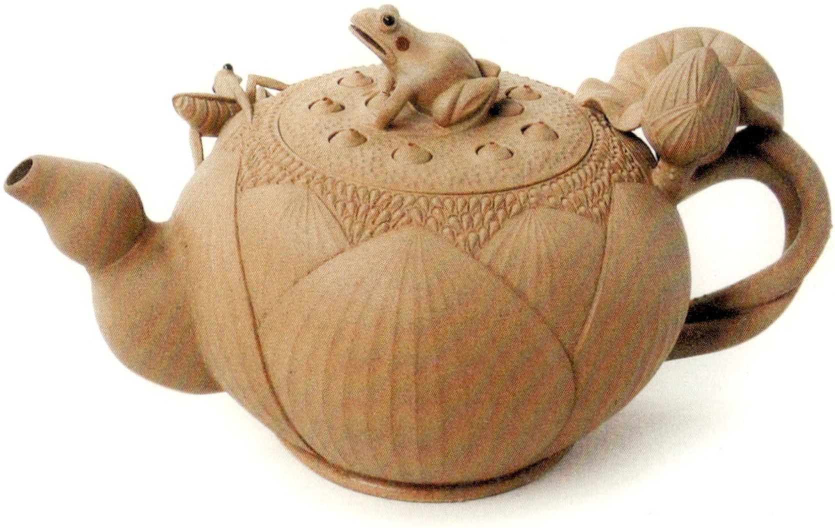

段砂佛手壺

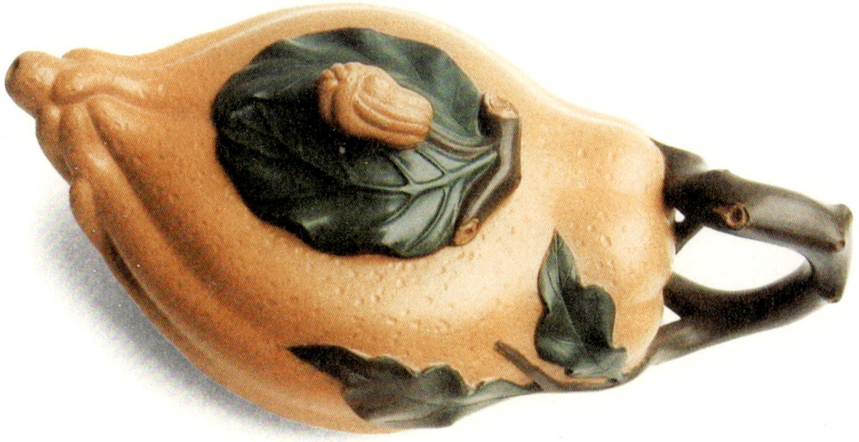

百果壺

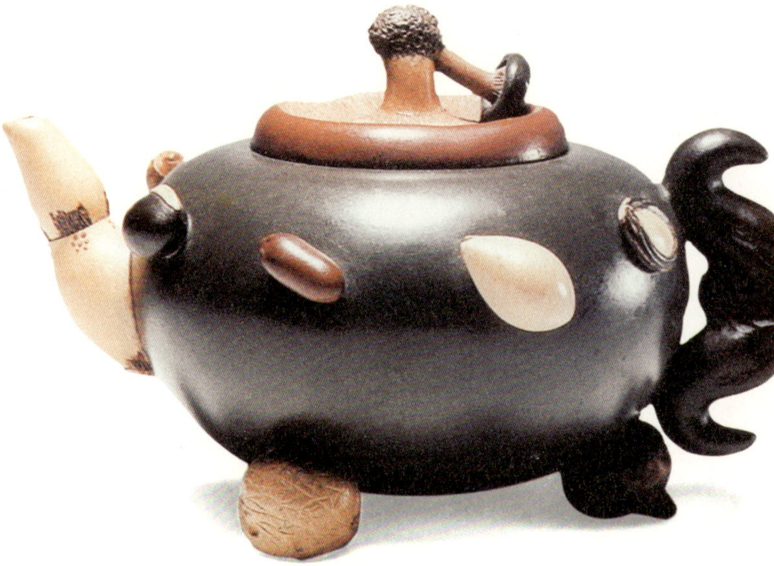

荸荠壶

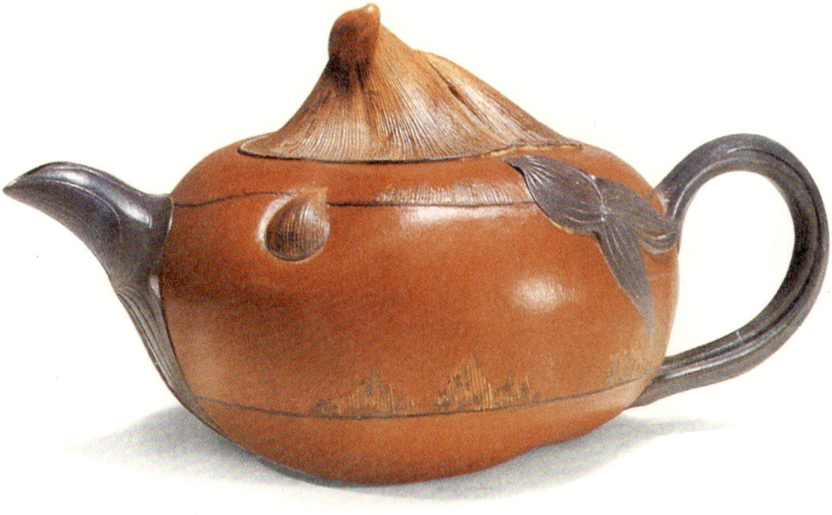

九件象真果品

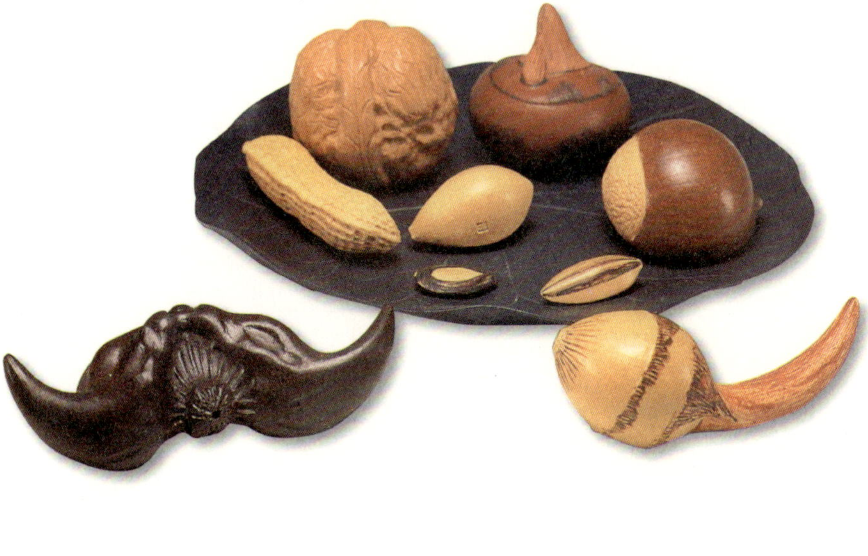

青蛙荷花壶(单色)

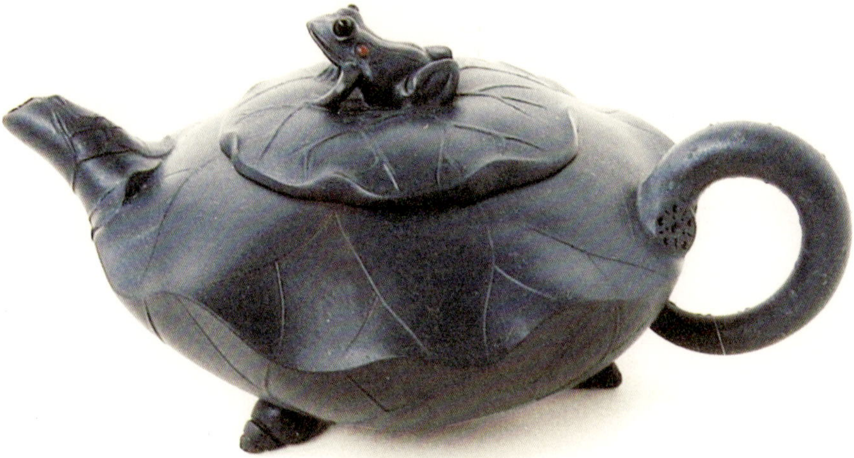

青蛙荷叶壶

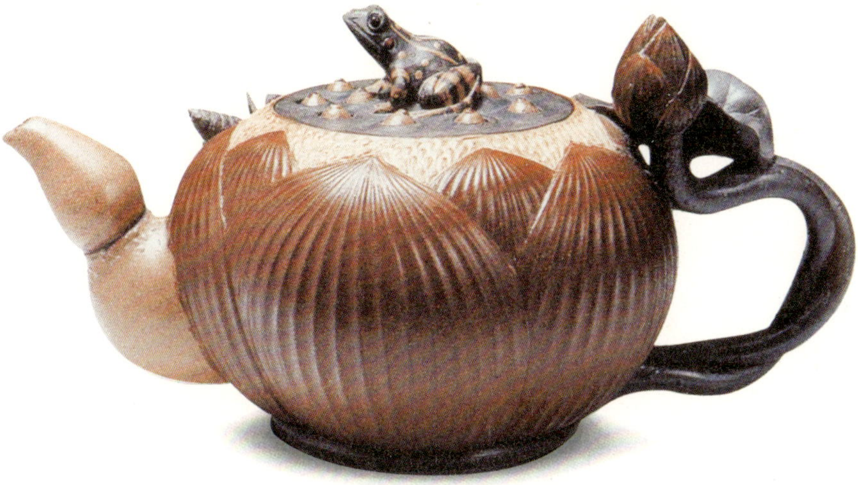

秋叶树蛙

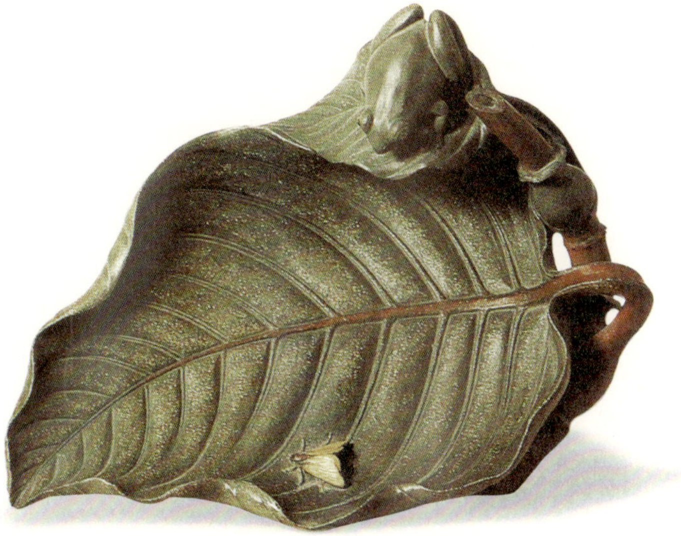

第十二章 老树遒劲

那个第一次拨动她心弦的男人,那个死在日本人枪口下的男人,已经长眠了半个多世纪了,突然拨开岁月的烟云向她走来。我终于和你的信念走到一起了,要是你还活着该多好?有多少故事可以改写,有多少心情可以改变?

蒋蓉与朱可心合影

时代还在为紫砂造势，蒋蓉还在往前走，她的脚步停不下来。譬如壶，仿佛有魔术的因素，大家都在趋之若鹜。家家捶泥、户户晒坯，已经重新成为丁蜀镇周边一带紫砂生产的一道亮丽风景。饮茶自古便是国粹，当地人的方言里，有"茶饭吃饱，生活有靠"的说法，作为温饱生活的一种标配，已然成为人们的默契。而茶在这里，还排列在饭之前。看老百姓日子是否安逸，就看他有没有兴致泡茶品茗，休闲的生活里，紫砂小壶是断不能缺席的。把玩一说，其实是人的天性，也是"天人合一"的民间注脚。按照一种权威的说法，玻璃器皿属于碱性，用它泡茶，水易发酸；瓷器则属于酸性，盛茶容易发酵变质；紫砂壶属于中性，注入沸水则毛孔开张，透气性好，于茶于水都是最好的容器。它实用而又可把玩，有钱人可以用几十万、几百万元的壶，老百姓可以玩几十、几百元的壶，各有其乐，各显其彰。名人名作越来越多地成为富起来的人送礼或自己案头的雅玩点缀。蒋蓉和顾景舟一样，属于最坚挺的被收藏对象，她随便捏一样什么东西，就可以引来众多忠实的收藏者的目光。

1986年3月26日，朱可心老人逝世，享年83岁。蒋蓉在朱可心的灵前伤心欲绝、如丧考妣。对她来说，朱可心始终是慈父，是长者，是不可多得的良师。这位德艺双馨的紫砂老人除了给这个世界留下100多件风格独特的作品，更留下了宝贵的精神财富。朱可心的儿子告诉她，父亲去世前做的最后一件事，是把自己所有的印章全部销毁。他已经痛感紫砂的风气不好，赝冒盛行，他不能让那些居心不良者假冒他的名声去欺骗世人。在场的守灵者听了无不动容。

　　1987年蒋蓉加入中国共产党，1989年被任命为高级工艺师，之外还有人大代表、政协委员、工艺学会理事等一大堆职务。这其中蒋蓉最看重的一件事是入党，她一生是个理想主义者，以她的视角看共产党，那应该是世界上最美好的一种境界。她作为一个经历了两个社会的人，对共产党有一份真感情。抚今思昔，她还有一种老牛奋蹄、自我鞭策的心态。她要向共产党表明，她还不服老，她还要给社会做贡献，还要以自己的实际行动去影响紫砂界的下一代。她的入党申请书写得很长，前半部分几乎是详细的自传，在党的面前她应该袒露自己的心扉，她一生其实就是在一直不断地做壶、钻研壶艺，还有就是教别人做壶。别人说她是艺术家，她却一直把自己看成是靠两只手吃饭的手艺人。党会要她这样一个白了头发的老人吗？直到有一天——1987年7月1日，她和其他几位紫砂艺人被邀请到浙江南湖，在中共历史上具有特殊意义的一条船上庄严地举起拳头，她才终于相信。那一刻她心跳得特别快，红旗的深处慢慢叠化出一个熟悉的身影，高颧骨，浓眉，细长的眼睛。温长根，温师傅，那个第一次拨动她心弦的男人，那个死在日本人枪口下的男

入党日记

1987.6.27. 星期六

一早3时半起身五点到厂,六点开车,全体党员五十左右,有的没有到,直达嘉兴就吃饭。浙江嘉兴市未有时间去看一下,马上就开向南湖,进门后上轮渡至湖中心,到革命烈士馆(湖中心)并到第一次党代会议的船上参观,在船边里相合影,而最有意义的是我们新党员在此宣誓,这次有李厂长领着宣读一句,我们跟一句,有我和黄士华、周正年为宣誓人。这是一次很有意义的光荣的最坚强的革命起誓,今后必须坚决为革命事业奋斗终身。

下午三点开往上海,架枕实不小,沿上路海市里的路回来,同来七点多到三峰宾馆晚饭,洗澡,我和谈碧云睡201房间。

人，已经长眠了半个多世纪了，突然拨开岁月的烟云向她走来。我终于和你的信念走到一起了，要是你还活着该多好？有多少故事可以改写，有多少心情可以改变？蒋蓉仰起脸，她双泪长流而久久不能言语。

向女儿艺华讲授壶艺

接下去蒋蓉还是忙。紫砂还在升温，所有的冷板凳都在发热；制壶的队伍浩浩荡荡，贩壶一族亦在迅速崛起。有更多的壶迷喜欢她的壶，壶已非壶，乃是至尊的名誉，是可以升值的收藏，是可以翻跟斗的金钱，连黄金也黯然。订单在排队，海内外的新闻媒体在关注蒋蓉，她还要频频出访，香港、台湾、新加坡……她在现场表演紫砂才艺，一场接着一场地轰动。《月色蛙莲壶》在香港锦锋公司举办的中国宜兴紫砂特艺展览会上获得最高荣誉奖杯，还有一些国际国内的友人虔诚地找到她家里，或是请她鉴定当年流落到海外的作品，或是讨教陶艺创作的问题，她来者不拒，热情接待，想跟她合影就合影，想请她题词就题词，鉴定作品则分文不取。曾几何时，紫砂界内有一条不成文的规矩，大凡作者，都不大愿意鉴定自己在外的作品，因为，作品流出去的原因复杂多样，有的赝品甚至是自己的子女或徒弟仿冒，你叫人家如何下手鉴定？所以干脆一概回绝。蒋蓉不然，她不肯说半句假话，她要对紫砂的声誉负责。在鉴定了太多的假壶之后

向徒弟周俊（女婿）讲授壶艺

她有着深深的忧虑，她是个过来人，旧中国紫砂业凄清惨淡，父亲挑了一担紫砂壶出去吆喝一天，才换回一斤米，那是因为国运衰败、民不聊生。如今是民族兴旺、百业繁荣，紫砂才有了奔头。可是那么多的人扑向紫砂，就像饥饿的人扑向面包，全然不顾艺术的规律与尊严，相互仿制，偷梁换柱，越来越多的赝品搞乱了紫砂市场，也打击着壶迷们的信心，败坏着收藏者的胃口。作为一个正直的老艺人，她有话要说，她必须站出来说话。1989年，蒋蓉在《无锡日报》发表的《蒙在金牌上的阴影》一文中，犀利地指出：

"近几年，紫砂新厂年年增加，个人作坊越来越多，这对繁荣紫砂是好事。但十分明显的是，在紫砂工艺品的制作与管理上缺少统筹规划，紫砂泥料到处散失，制作工艺上的移花接木、粗制滥造现象已经泛滥成灾。更有趁机浑水摸鱼者，只图自己发财，不顾国格人格，用假冒的赝品糊弄客商，名人作品得不到保护，如果再不加以整顿，采取切实有效的措施，那么独步千秋的紫砂工艺就会葬送在我们这一代人的手里，如果真有那么一天，我们岂不是上对不起祖宗，下对不起子孙吗？"

她在各种场合表明自己的观点，并且联合了许多老艺人一起抵制仿冒。一天，

女儿艺华陪她到陶瓷博物馆对面的紫砂市场去散步,走进一家卖壶的店堂,只见橱柜里到处都是她和顾景舟以及朱可心等人的赝品茶壶。她很心痛,但她不会骂人,她让老板娘拿一把别人仿冒她的青蛙荷叶壶给她看看,这一把无论造型色彩技艺都十分拙劣的赝品居然开价卖一万元。

"你认识蒋蓉吗?"她平和地问。

"认识啊,她还是我姨妈的婶婶的大表姐呢!"

"这种壶有人买吗?"蒋蓉有些哭笑不得。

"怎么没有?外地人最喜欢蒋蓉的壶了。"

"可是,如果外地人知道蒋蓉的壶原来就是这么个样子,那你们岂不是把蒋蓉的名誉败坏了!"

"这个……别人也是这样做嘛。"

当蒋蓉无可奈何地叹了一口气转身离去时,顾景舟正巧从另一家店里朝这里走来。他脸色紧绷,看样子已经发现了不少问题。他平时不大出门,可能也是听说了紫砂市场上有他的假冒作品,他才出来溜达的。蒋蓉朝他苦笑笑,说顾辅导啊,你也别生气了,我们总要想个办法才行,这样下去,紫砂非烂了不可!

"我不担心。"顾景舟说,"真的假不了,假的真不了。"

说完,顾景舟断然离去。

一日,蒋蓉突然得到一个消息,她与顾景舟捐给宜兴陶瓷博物馆的两把壶被盗。此事不胫而走,一时被炒得沸沸扬扬,公安部门根据线索神速破案，一举将案犯擒获。原来窃贼之一竟是某陶瓷厂的共青团干部，让蒋蓉和顾景舟大吃一惊的是，据说法院要对主犯判死刑。蒋蓉慌忙给顾景舟打电话，两人都觉得，两把壶无论如何金贵也抵不上一条人命，况且案犯还是个年轻人。于是他们不约而同地去找政府领导求情，据说，这是蒋、顾两人历史上唯一的一次联袂出击，市领导很惊讶，而两位老人一脸焦虑，言辞恳切。领导只好解释说："两位大师，窃贼偷的是国宝，法不容情啊！"

"可是，壶是泥做的，人是肉做的，毕竟那是人命啊。"蒋蓉说。
"还是教育为重吧，给他一个悔过的机会。"顾景舟说。

关于顾景舟和蒋蓉是否一起去市政府为偷壶的罪犯请愿一事，在后来者的记忆里还存在疑义。蒋蓉的徒弟们认为，当时顾辅导和蒋辅导都很着急，他们一起去市政府找领导说情，是有可能的。毕竟人命大于天，他们都有那种悲悯的心肠。

笔者在写作《布衣壶宗——顾景舟传》的时候，也曾就此事询问过顾景舟的家人和徒弟，他们认为，两位老人分别通过各自的方式为小偷求情，是有的，但是要说他们一起去市政府为小偷求情，可能性却几乎没有。因为，这不符合两位老人的秉性，他们也不需要用这样"联袂"的方式来加重自己的分量。

不管如何，至今流传在坊间的"顾蒋联袂出击为小偷求情"的

石榴树蛙壶

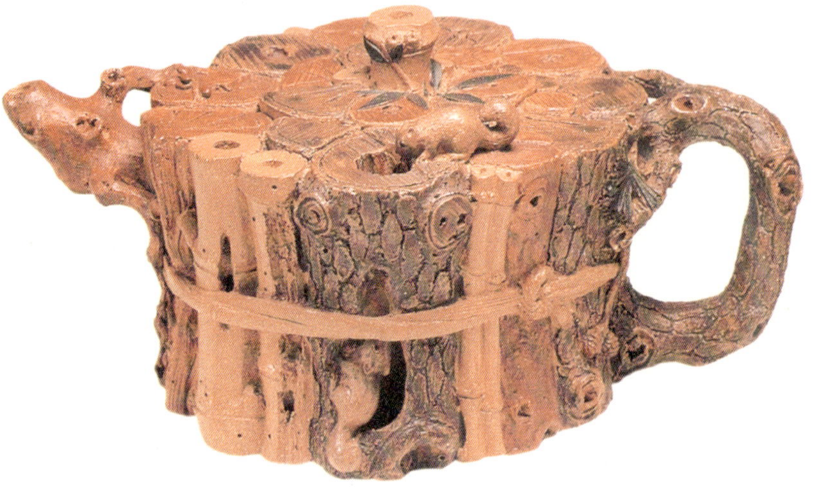

束柴三友壺

芒果壶

故事，即便是一个牵强附会的段子，它的核心也还是善意的。

据说当时正值"严打"时期，当那个罪犯最终被一颗子弹结束年轻的生命的时候，蒋蓉和顾景舟心里非常难过。回想苦难岁月，紫砂贱得一文不值，多少人为此饥寒交迫、命赴黄泉；谁曾想时代嬗变、人心不古，紫砂壶竟然价超金玉，又有多少人为此道德沦丧、走向极端。

"你想到过紫砂会有今天这样的局面吗？"

顾景舟问蒋蓉。

"真没想到。"

蒋蓉摇头。

"这几天夜里我总失眠，要是可能，我真愿意用一把壶去换那个年轻人的命。"
"我也是。"

顾景舟不无伤感地说。
柔软的心。慈悲的心。

无论如何，在蒋蓉看来，为了一把壶搭上性命，这罪判得太重了。一连多天蒋蓉病怏怏的，好像造孽的不是那个罪犯，而是她的壶。

顾景舟因为身体不好，被"转移"到了南京一家军区医院。一直到罪犯被处决，才让他"出院"。

"我壶作孽了！"

这是此案的民间结语，是顾景舟发自内心的悲鸣。

个案只表明局部，滴水则可见太阳。上世纪90年代初中国紫砂沉浮起伏，如大江东去、泥沙俱下。其实，不单是紫砂，在当时中国社会的各个领域，你都会看到形形色色的假冒伪劣，层出不穷的违法乱纪，不健全的法制在体制与现实面前显示出前所未有的尴尬。就紫砂界而言，发财的欲望被普遍地激发，而发财的本领却局限在少数能工巧匠手里。在迅速膨胀的工艺和营销队伍里有太多的滥竽充数者和"黄牛"，他们可以在几天时间内把一把刚出窑的新壶打扮成沧桑扑面的百年老壶，甚至伪造名家印章和证书，把假东西做到天衣无缝。

顾景舟不可能沉默。他在《紫砂陶艺鉴赏》一文里愤笔写道：

"倘若说一个存心作伪的人，如果能够有超越的领悟，那么他自身已是个了不起的大家了，又何必要假冒别人而湮没自己呢？所以我敢大胆地说，真的生来就是真的，假的永远也真不了。做假货者，是没出息的，也是可耻的。"

时隔十几年后，晚年蒋蓉在谈到这个问题时，却是用了另一种平静、理性的口吻。时代不同，人心变了，舟马不再劳顿，山水不再幽远，连花鸟兰草也世故起来。假冒固然可恨，但历代以来真正的艺术品是不可能复制、假冒的，她年轻的时候迫于生计，在上海的亭子间里还仿过明清时期的名人作品呢。那时她年轻，但知道这样走下去是没有出路的，所以她很快就离开了那里。就像有人仿齐白石，笔墨即便到了乱真的地步，他能仿得了齐白石的气度和才情吗？同样，即便满大街都是"顾景舟"和"蒋蓉"，也诋毁不了真正的顾景舟和蒋蓉。作为被仿冒者，处在这样一个浮躁的时代，面对着各种诱惑，壶艺家只有用更好的作品说话，他的每一件力作都是对这个时代最有力的宣言。

《石榴树蛙壶》是蒋蓉进入90年代的第一件作品。依然是田园风格，但气质部分愈显遒劲与老到，仿佛一个田园的歌者，用纯净的音色唱出沉静的前奏，温暖的节律则贯穿壶的始终。石榴树桩的壶身有深刻的年轮，在它的深处，童年的老水车咿呀可闻，还有青草的清香，弥漫着无

形的双翅。石榴则是青春的一个梦幻，里面深藏着年轻的欲望。树蛙代作壶把，一个祖母级的老顽童被隆重推出，它和老树桩或许有一个约定，什么戏法都玩腻了，它们便追求简单。假如这是一个气定神闲的早晨，空气里所有的幽秘都可以让山那边的牧童来解读。譬如梦，譬如隐逸与归真，譬如这世上所有的悲伤与欢颜，入定者必然如壶。

接下来蒋蓉要向一座名山挑战——陈鸣远，一个紫砂历史上的风雅大侠。他留下的许多名壶，就像紫砂地理上的连绵险峻之峰。《束柴三友壶》乃是陈氏紫砂经典秘笈，45年前，一个叫林凤的紫砂女曾经以初生牛犊之勇，向它发起过冲击。将近半个世记过去了，白发蒋蓉宝刀未老，她要二度叩开陈鸣远之门，再与老先生过上一招。

问：为什么时隔45年后，您又要重做这把壶呢？

答：我总在考虑一个问题，紫砂艺术如何回归自然。古人心目中的松竹梅，就是君子品格的象征。把这3样东西捆在一起，他们就很满足了，为什么古人容易有幸福感？因为他们的生活比较简朴。

——摘自采访蒋蓉笔记

寻找古人的感觉，在岁寒三友中寻找古人的幸福感，把君子之交淡如水实则浓于酒的涵义演绎得淋漓尽致，这是蒋蓉45年后制作《束柴三友壶》的初衷。

柴扉出自深山，三友不约自来，有清泉煮梅，引古松虬枝，修篁几残而新竹涌动，虚静难得，抚琴高山而托付知音。蒋蓉追求的是一种古厚而无火气、素淡而无艳俗的格调。在色彩的把握上，她强调了一种纯净的温厚，一扫浮丽之风。譬如鹤发童颜，癫狂中稚态可掬。与当年作品相比，形态愈显奇拙苍劲，在陈壶苍劲悠远的意境中增添几许人间温情，且有女性柔婉的意味。一壶两杯对称和谐，又有小松鼠上下呼应点缀。无论红梅碧竹，褐松黄藤，将紫砂五色土演绎得淋漓尽致而大雅若素。有专家认为，蒋蓉1991版的《束柴三友壶》，已经逾越了陈鸣远，而一跃成为当代紫砂花器的名山宝典。此壶于1993年在一个拍卖会上被台湾张姓壶迷以42万元人民币拍走，创造了当时紫砂花器单壶的历史记录。

　　《芒果壶》。芒果，本来是一种普通的热带水果。1991年，一位香港壶迷、某海洋公司老板郑先生给紫砂厂的工艺师们送了一些芒果，蒋蓉只分得一只。之前蒋蓉从来没有见过芒果，她舍不得吃，放在家里好几天，那种温馨的色泽、独特的芬芳气息，以及那饱满肥硕的形体，与她内心一直要表现的某种意念不期而遇。多少年来她像一个叫歌德的诗人，一直在用她所能见到的田园硕果赞美生活。这只芒果赋予她想象的双翅，旧时青春，玫瑰记忆，菩提心，知足不辱，无量功德，纷至沓来的善报，道恒无名，功与得，上善若水，大圆满……这些昼夜旋转的秘语在蒋蓉的壶体里如星如光，如风如电。《芒果壶》终于来了，它以醉人的金黄色泽横空出世。无技巧乃是最高的技巧，蒋蓉的制壶手法已悄然消隐于壶体的每一个细胞。譬如数字，一旦融化为美妙的音符，组成撼人肺腑的乐章，它便不再是数字。《芒果壶》正是一部感恩生活的典章，它是寻常巷陌的一瓢一饮，是风雪驿站的温暖胸怀，是九死一生之后的涌泉回报。蒋蓉相信，一切苦难在经历了山重水复之后都会变成一种刻骨而温暖的背景，人活下去需要这种背景，无论如何，人不能忘记对生活的感恩。从这个意义上说，蒋蓉捧出的岂止是芒果，而是一颗感天动地般虔诚的心。

时逢国画大师亚明先生参观紫砂厂，亚老在见到《芒果壶》的时候不由地肃然起敬，艺术家的心是相通的，他沉吟许久，在壶上题了"集云"二字。此语有些禅味，当时在场的一位紫砂艺人问亚老是何美意？亚明大师笑而不答。蒋蓉则说："横看成岭侧成峰，妙语是不可点破的。"

不久，《芒果壶》被香港茶具文物馆收藏。这年6月，蒋蓉赴新加坡参加紫砂艺术展，并在展示现场做技艺表演。新加坡媒体派出了最豪华的阵容对蒋蓉等紫砂艺人的到来进行报道，有记者称她是"紫砂圣母"，被她温婉而坚决地拒绝，她说："太过分了。"在接受《星岛日报》记者采访时，她这样说道：

"紫砂是国粹之一，国家强盛了，紫砂才有地位。我们蒋家四代抟陶，可穷得连饭也吃不上，我从小目睹了紫砂的凄惨景象，所以我知道，今天的紫砂盛世是多么不易。至于个人的作用，不要太夸大。拜托各位了，好吗？"

1993年，蒋蓉被国家授予中国工艺美术大师称号。其实，在紫砂艺术的领域里，她早已是巅峰级的人物。她和同辈们开创的当代紫砂花器艺术的门下，也集聚了一支浩浩荡荡的队伍。可谓子孙兴旺、代不乏人。

关于评大师，本来在1988年的初评名单里就有她，后来不知什么原因，到了公布的时候，紫砂界只有一个顾景舟。有人为她不平，她坦率地说："没评上，总归有那么一点不开心的，证明我还不够。不过这双手还会做的，下次评的时候争取吧。"

她对顾景舟是服气的，毕竟他文化高，贡献大，还有一个原因，她只能放在心里。顾景舟的徒弟们出息大，在紫砂界已然掌握了话语权。众星拱月，天时地利人和，他都有了。这一点，自己无论如何比不上，也不必去比。

这一年她已经74岁，眼睛虽然老花，腿脚也不利索，但手还很灵便，心里还有很多美好的创意，她常常对徒弟们说，有些活儿我还能跟你们比赛，我还不觉得老。

顾景舟身体不太好，她和他一年也见不了几面。如今他们已各自搬家，早已不做邻居了。人生就是这样，当你拥有很多很多的时候，你突然发现，你永远失去的可能更为宝贵，譬如青春、爱情、健康，还有无法追回的光阴。有时紫砂界聚会，别人总是把他们的座位排在上首，紧挨在一起，可惜没有一张他们的合影。上了年纪的顾景舟性情变得非常平和，他被海内外誉为紫砂泰斗，在任何场合出现，都体现着一种至尊气度而吸引所有人的眼球；蒋蓉还是一贯的风格，慈祥、宽厚、低调。晚年她常常是一袭大红色调的毛衣外套，显得年轻而活力四射。有一件事情表明，两个紫砂老人到了这把年纪，除了公开的活动，基本上是不怎么见面了。

1992年，顾景舟主编的《宜兴紫砂珍赏》一书，在香港三联书店出版。该书全面梳理紫砂历史与现当代名人名作，观点客观公正，内容严谨详实，图文并茂，印制精良，在当时很轰动。但因为书是香港出版的，内地书店里不大见到，一时洛阳纸贵。宜兴民间收藏家刘鸿希先生，因为与顾景舟有交往，较早得到一部顾景舟签名的赠书。他有个远房亲戚徐孟根，是蒋蓉的徒弟。有一次，徐孟根从刘鸿希处见到此书，爱不释手，就把书借了回去。这部书很快就到了蒋蓉案头，说实话，她虽然听说过顾景舟在倾力主编这样一部巨著，但她深居简出，手头并未得到顾的赠书。这表明，两位老人之间，平时是疏于来往的。不过，徒弟徐孟根告诉她，书中第204页起，紧挨在顾景舟之后，整整四个版面，不但有她的简介，还有她8件代表作品的图片。分别是《莲花茶具》《蛤蟆捕虫水盂》《荷叶壶》《枇杷文玩》《蛙叶碟》《小荸荠壶》《荷花瓣杯》和《桃壶》。特别珍贵的是，顾景舟还写了一段对她作品的评语：

"荷花包含着鲜嫩的莲蓬，莲蓬栖息着活脱脱的青蛙，这是洋溢着何等浓郁的荷塘情趣的图景。作者取荷叶为壶嘴，采荷花之梗为壶把，艺术地暗示了晶莹洁白的荷花的美态。让我们借助想象，欣赏它出污泥而不染的风姿，真是'品茗遣兴人不老，自有乐趣天上无'。"

这是至今为止仅见的顾景舟对蒋蓉作品的文字评价。可以想象，蒋蓉在读到这段文字时，心情肯定是激动的。特别是文末的两句诗，看起来是顾景舟有感而发，实际是对蒋蓉的高度评价，这让蒋蓉非常受用。顾景舟虽然没有在第一时间送书给她，但他对她艺术成就的评价却十分公允，凭良心讲，蒋蓉很感动。除了感谢顾景舟，她还很感激刘鸿希，她想，能够得到顾景舟亲笔签名书的人，一定很了不起。她拿起案头的笔，给刘鸿希题了3个字：壶艺缘。

这普通的3个字，从字面上理解，是蒋蓉写给刘鸿希的，但又何尝不是写给顾景舟的，甚至也是写给自己的呢？一个缘字，越过了千山万水，消解了千辛万苦，最终走到自己的心头，慢慢化为自己的心结。没有经历过那些坎坷岁月的人，是不会理解这个缘字的分量的。

受《宜兴紫砂珍赏》一书的影响，蒋蓉也写下许多紫砂花器创新的经验之谈。作为当代紫砂花器的代表人物，她在制壶之余，连

蒋蓉手稿

续撰写了《师法造化 博采众长》《效法自然 提炼自然》《我为紫砂工艺奋斗终身》等论文，表明着一个紫砂老人的拳拳之心。

　　蒋蓉还能创新吗？海内外紫砂收藏界在关注着她。在1993年第三届中国宜兴陶瓷艺术节上，展示了蒋蓉的新作《枇杷壶》，人们欣喜地发现，尽管蒋蓉已经进入耄耋之年，但其壶艺风格依然清新俊朗，又如老树新花，风采不减当年。收藏家们则在私下展开了一番新的较量，壶落谁家，要靠实力与诚心，这个时候谁拥有一把蒋蓉的新作，会得到众人的注目与钦羡。但蒋蓉在媒体与收藏家的追踪下始终保持低调，她衣着朴素，常年穿一双布鞋，总是婉谢应

酬，闲暇练练书法，待的最多的地方还是自己的工作室。1994年蒋蓉推出的新作是《紫砂寿桃酒具》。其肥硕丰美、温润鲜活的造型以及老树虬枝、苍劲挺秀的仪态，让人感到她还有新的创意出手，技法则炉火纯青。1995年，《荷塘月色壶》问世，壶艺界和收藏界非常轰动。人们惊异于一个76岁的老人心中，还珍藏着那么一片纯净的金色池塘，还能通过皎洁的月光和活泼的小青蛙来传递她的白发童心。无论壶体、纹样、细部、结构、衔接、刻画无不清晰干净，浑然天成。蒋蓉自信地对新闻媒体说，我的梦里还有好东西，收拾这些梦，我很快活。活到老，学到老，做到老，我还会有新的东西出来。

  进入晚年的蒋蓉还把相当部分的精力放在培养年轻艺人身上。她家的大门白天都是敞开的，不像有的紫砂名人，朱门森严，上门还要提前预约。她这里随便谁都可以进来，如是讨教问题，她会热情解答，有的艺人要出书，想请她题字，她也会一一满足。甚至有的人拿着一把壶作请教状，还让她摆出一个指教的姿势与其合影，她也耐心配合。然后一转身那人把照片印成宣传册页到处散发，称自己是蒋蓉的高徒。她听到了也只是淡淡一笑，年轻人想成名的焦虑心态她能理解，就是犯点错误，上帝也会原谅的。她有个外孙张益，从南京艺术学院毕业后即投身紫砂，经常与她

枇杷水注

"切磋"。她很高兴与这位学院派的晚辈交流。张益觉得姨婆一点也不老,"有些观点很前卫,她对美的东西有一种特别的敏感,对不同的观点则特别宽容。"但她对那些真正的徒弟要求很高,壶出自心,而非手,练手不如练心。有心无手,有手无心,均不能为壶,这是她的训徒箴言。

从上世纪90年代开始,有了点名气的紫砂艺人都在出书,宣传册子满天飞。她对徒弟蒋兴宜(蒋蓉长侄,浙江省工艺美术大师)说过这样一段话:

"过早出书就像拔苗助长,将来年纪大了要脸红的。早年我们做紫砂,练的是童子功,出名的事没敢想过。现在看来,坐得住比做得好还重要,浮躁是会害人的。一个紫砂艺人能走多远,别人妨碍不了他,他自己会把自己绊倒。"

"黄龙山的紫砂泥是属于大家的,所有的紫砂艺人,都只是一个个采矿的人,生命只有一条,性情又赵钱孙李,各自取回一点,就够你钻研一生,别人抢不了你的饭碗,你有多少心性,就能做多少壶。你心里没有美好的东西了,做出来的壶也会俗气、小气。这点别人帮不了你。"

——摘自采访蒋蓉笔记

与部分徒弟在一起

1993年以后，紫砂行情受亚洲金融危机影响，特别是东南亚经济日见萧条，紫砂市场鱼龙混杂而出现大幅度"滑坡"，名人作品也遭受重创，一些紫砂艺人心态浮躁，守不住职业道德的底线而纷纷扑向金钱，失却了创作的心气而满足于相互仿制，还不忘相互诋毁。收藏紫砂原是雅事，投入其间则风险丛生。彼时壶价也一路看跌，600年紫砂峰回路转，"寸土寸金"的紫砂神话仿佛褪了颜色。

蒋蓉以70多岁的老迈之身到处为宣传紫砂而奔走，她在1993年和1994年分别有两次重要的出访。一次是去上海参加紫砂展览活动，她现身说法，阐述紫砂的发展总是波浪式的，中国是一个饮茶的国度，紫砂对天下茶士的一份深情，已经有600年了。相信紫砂会有越来越多的知音。紫砂艺术的发展，与时代必定是同步的，少数人的伪作假冒，绝对代表不了紫砂的整体。其间，她拜访了朱屺瞻、唐云、程十发等沪上著名书画大师，希望他们多和紫砂界合作。值得一提的是在唐云府上，她终于看到了向往已久的曼生壶。之前她多次听到工艺大师吕尧臣讲过，唐府号称"八壶精舍"，即拥有8把货真价实的曼生壶。唐云一生爱壶，这8件曼生真品，让紫砂艺人无不顶礼膜拜。蒋蓉虽然见多识广，早年还学习、仿制过曼生壶，一直到70多岁才见得真容，她手抚老壶，心潮起伏，多少往事，一齐涌上心头。在蒋蓉晚年的记述中，一直将此列为"大事情"。

蒋蓉的另一次出行是去北京为一个紫砂博览会剪彩。那里有她许多朋友，如徐悲鸿夫人廖静文、毛泽东儿媳韶华等。廖静文陪她

参观了徐悲鸿的所有画作,并和她说了许多女人之间的知心话。在故宫,她站在紫砂珍藏柜前久久不肯离去,那些风尘满面的老壶,记叙着600年紫砂历史,也包蕴着太多的浮沉人生。她以前来北京,每次到这里参观,都有一种朝圣的感觉,而这一次,这种感受尤其强烈。有一把陈鸣远的《素杯壶》让她觉得特别眼熟,看了半天,她断定这是伯父蒋燕亭当年的仿作。她突然泪流满面,见壶如对故人。许久,她对女儿艺华说:

"你大姥爷那才是绝技,可惜生不逢时,如果他能活到今天,会是真正的大师。"

上图/蒋蓉和程十发一起赏壶

下图/蒋蓉和唐云合影

1995年,蒋蓉的台湾之行十分轰动。在祖国的宝岛,她亲见了台湾同胞是如何喜欢紫砂的,也目睹了赝伪充滥的假冒紫砂给壶迷们造成的伤害有多么深重。台湾出高山茶,紫砂壶能发茶之真香,长期使用则能使壶的表面产生一种美玉般的晕光,收藏家将其称为"包浆"。台湾人工作节奏快、生存竞争激烈。一壶香茗,可浇却心中块垒,拂去凡尘忧愁,雅玩怡性则可陶冶情操。而那些风雅的壶铭即是人生的缩影，无法实现的理想与境界竟然融于一壶而执在手中，人生也算有了寄托。蒋蓉一行沿路宣传紫砂，或座谈演讲，或现场演示，或鉴定真伪，或拜访壶友，以各种形式鼓励壶迷们继续和紫砂一路相伴。

  在一般人的眼里，紫砂名人都是穷了大半辈子的有钱人。当名声转换为财富，当财富的迅速积累不断在影响人的心态和生活质量的时候，必然也影响着创作和观念。毋庸讳言，进入上世纪90年代中期，"蒋蓉壶"已经成为当代紫砂收藏界最为坚挺而抢手的藏品之一。她对钱财却始终看得很淡，在她看来，那些用不着的钱，只是一堆数字而已，反过来，把钱用到刀刃上，钱才是钱。近80年的风雨人生，那些荣辱恩怨都将随风飘逝，作为生命起点的潜洛老家则常常扑进她的睡梦。朗朗的书声，青砖苍瓦的校舍，带晨露的乡间小道，总是在飘渺的梦境里将她还原成一个欢蹦乱跳的乡村女孩。1996年早春，她带着女儿艺华回到潜洛村看望亲友，其中一个重要使命，就是要去潜洛小学了却她多年的一个心愿。她的一个外甥女在这里教书，她让她搬来一把椅子，这个无风的下午，有温暖的阳光，天很蓝。她在操场一角的树荫旁安静地坐了小半天，70年前一个辍学女孩的无奈涕泪，沿着岁月的根脉一路穿行，变成了一个白发老人的安详笑容。她圆梦了吗？在一张张花朵般的童颜和笑声清亮的嬉戏中，她或许找到了自己。总之，孩子们看到他们的蒋蓉奶奶很开心。在离开的时候她郑重地对校长说：

"我以一个老校友的身份捐10万元钱给学校,只是对孩子们的一点心意,希望不要声张,我不喜欢炒作。"

可是潜洛村不会忘记她。半年以后,一幢"蒋蓉教育楼"在潜洛小学的校园内拔地而起。在蒋蓉看来,它不代表什么,也没有什么深远的意义,它只记叙着一个紫砂老人、一个70年前的老校友的乡土深情与朴素愿望。

1996年6月3日,紫砂泰斗顾景舟仙逝,享年81岁。当时,这是紫砂界的一件大事。舆论界普遍认为,顾景舟从事紫砂60余年,在治学、从艺、鉴赏、传承等诸多领域均有杰出贡献,是当之无愧的一代宗师。

作为半个多世纪的老友,蒋蓉送了花圈,那些日子她腿疾严重不能下地,在众人的劝说下未能参加追悼会。她派女儿艺华前往吊唁,表达她的哀思。之后一连多天,她无心茶饭,一种黯然的哀伤挥之不去。当年的七大艺人,现在唯剩下她一人。她和顾景舟相识近60年,作为当代中国紫砂的两座高峰,他们之间既有惺惺相惜,也有歧见冲突。其实从内心讲,她非常佩服这位长兄超群的文才与

1998年11月15日,捐赠川埠开发区潜洛小学教育基金,与小学生合影于"蒋蓉教育楼"前

壶艺，至于性情和观念、流派上的差异，正像世上许多相生相依的事物一样，如果只有光器而没有花器，紫砂就不那么精彩；倘若只有顾景舟而无蒋蓉，当代紫砂历史就将失去许多绚丽的篇章。她终于知道，一个其实一直很看重她、在乎她的人远行而去了。比哀思更深重的，竟是一种巨大的不可言说的孤独感。无边的失落与追念伴随着她，度过了许多个日夜。

顾景舟去世后不久的一日，蒋蓉默默地烧毁了压在她箱底的一封信。

那是一封来自北京的状告顾景舟的"信件"，压在蒋蓉的"收藏箱"里，已经好几年了。事情的缘起其实是一场误会。上世纪50年代，中央工艺美术学院教授高庄设计了一把"提璧壶"，由顾景舟制作。在后来的很多年里，顾景舟对高庄的设计进行了多次修改，应该说，他也是设计者之一。但出于对高庄的敬重，在该壶展出或作为图片发表的时候，顾景舟每次都署上"高庄设计"。却不料，该壶图片在香港某报发表的时候，却漏掉了高庄的名字。此事顾景舟并不知情，所以跟他没有半点关系。但是高庄家属知道此事非常生气，其时高庄已经去世，高夫人带着律师来到宜兴，欲讨公道。一封长达六七页信纸上，详细阐述了事情的来龙去脉，她希望得到紫砂界的声援，所以找了一些有影响的人士签名。这封信最后到了蒋蓉手里，读完此信，她就认定这是一场误会。她敬重高庄，相信如果他还在，绝对不会跟顾景舟打官司，她更了解顾景舟，像他那样正直清高的人，不可能去做那种"侵权"的事。让她惊讶的倒不是"信件"本身，而是在信上签名的那些人，平时一个个顾辅导长，顾辅导短，关键时刻居然这么不负责任，真是墙头草！

她当然不会在信上签名，并且把这封信给压下了。过了不久，高夫人在紫砂工艺厂领导的协调下，终于弄清了事情原委。她原本也是个大度的人，误会消除后，她与顾景舟见了面，冰释前嫌，畅叙旧谊，这事就像一阵风那样过去了。

随着时间的推移，人们慢慢地忘记了这封"告状信"。但是蒋蓉的箱底里，却还留着它。之前她没有想过如何处理此信，现在她终于想明白了，取出那封信，默默地燃起一根火柴，把那封信烧了。

灰飞烟灭。她不会在任何人面前提起这封信，并且告诫自己，要把签名的那些人忘掉。

这是蒋蓉式处世方式。或许，她也是用这样的方式来祭奠顾景舟的吧。

从这一年开始，她的腿疾日益严重，逢上阴天落雨，关节异常疼痛。女儿给她置了一根拐杖，她起先不要，但走路实在不行，只能靠它相帮，她突然感到自己也许真的是老了。

她与程政的婚姻长期处在崩溃的边缘。十年夫妻好比荒唐一梦，太多的难言之隐包含着数不清的恩恩怨怨，就一对失去了默契与理解的伴侣而言，讨论谁是谁非已经没有意义，蒋蓉一直拿不出与程政一刀两断的勇气，因为晚年的她已经不是一个毅然决然的人，虽然她不指望奇迹发生，但她能忍则忍，能拖则拖。有裂缝的镜子毕竟是镜子，总比一堆碎玻璃强吧！这也是晚年蒋蓉与年轻时最大的区别。

所有的烦恼，还是在紫砂壶的创作中得到解脱吧。

1996年，应台湾壶迷之求，她把30余年前创作的《荷花茶具》的壶体缩小，配之以四杯四碟，重新设计了九头荷花茶具。"九"与"久"谐音，是中国人最喜欢的数字之一。原是一株荷花，现在则是清趣满塘，皓月初圆，好风相伴，尘世外的隐者已经放慢了他们飘逸的脚步，众星拱月的浩荡气象则一扫通常意义上的媚容艳态。大自然的生生不息永远是蒋蓉壶艺创作的母题，她审美意念中的金色池塘永不干枯，那些清纯洁净的绿莲粉荷，那些活生生的青蛙飞蜓，与她的一生有着化不开的缘分，它们是她的精神支撑，也是她的知心朋友，即便是到了晚年，它们还在不断地赋予她清灵的启悟而滋养着她那广袤的心田。

1998年，蒋蓉80虚岁。按照中国人的习惯说法，她已经是位耄耋寿星。但她的心态，有时还像孩子一样，她这一生没有冤家，眼里都是好人，她也从来没有说过别人一句坏话，看什么事还像孩童那样好奇、简单。世事如烟云淡去，雏菊在清晨微笑，晶莹的露水和晶莹的珠宝都一样价值连城。这世界是多么好玩啊，只要你有一

荷花茶具

石榴壶

份心情，有一双慧眼，路边的一草一木都在向你传情呢，你酿造的美酒，能自醉，就能醉人。

初夏的一天清晨，她对女儿艺华说："我要做一把壶，石榴壶。"艺华说："石榴壶，你以前不是做过吗？"她摇摇头，说："不一样。"

这是蒋蓉送给自己80寿辰的一件礼物：《石榴壶》。

这是蒋蓉一生中最后一件原创作品。

是一个少女梦。关于结构，关于造型，关于泥色，我们一概略过不说了吧，就像齐白石晚年笔下的白菜、萝卜，那已经不是笔墨意义上的白菜萝卜了。那是他的童年梦，是他生命的菜根香。蒋蓉的石榴壶包孕着80年朝露月华，80年阳光水气，它是一个胸胆开张的容器，又是一个元气淋漓的形体，枝叶见证青春，籽粒如爱情化石。譬如蕊，少女诗篇像蝶一样飞向天际；譬如花，多情美人落尽灿华，魂魄还在；譬如裙裾般的壶体，丰润乡土消隐于青天碧水；譬如在日光微熹中听陌上歌谣。清澈，大悟，星移斗转的碎影终将散去，醉了吧醉了吧，80年的石榴梦，把天也醉红。那个石榴深处的少女背影，我们要用一生的阅历去解读。蒋蓉的《石榴壶》不是她人生的谢幕之作，而是以少女般的激情，以绝唱般的倾注，对故园、青春、童心、梦幻……所表达的一种深深眷恋。

这样的大器之作，积蓄了蒋蓉一生的元气，仿佛一个歌者，把生命的音符与天籁相接。高山流水，白云悠悠，怎一个"情"字了得？

蒋艺华是这样回忆的：

"石榴壶整整做了3个多月。最后打印章的时候，母亲的手有些微微颤抖，我问她，是不是我来帮你打？她说不要。原来，她手颤抖是因为激动，她也许知道，这是她最后一件原创作品了，这3颗印章她打得特别工整、认真。"

一把紫砂壶坯上，分别要在壶底、壶把底端、壶盖内3处用印，与书画作品上"引首""押脚""姓名"3处用印，有着异曲同工之妙。紫砂艺人通常视自己的印章如生命，一个章子端端地打下去，是作者的一种承诺，一种信用，更是一种责任的体现。

蒋蓉晚年的代表作除了一如既往的田园情趣与清新风格，更融入了她对人生的参悟。如果说年轻时她清丽纯真的作品风格是从青春河流随便掬起的一捧水，那么晚年作品的纯净古朴、大气天成，更像是一坛存封了百年的老酒，弥漫着经久的醇香。

70多年壶艺生涯，蒋蓉一共创作了多少壶？如果说所有的记载总是不完整的，那么只有让岁月来证明，她把自己的一生都奉献给了紫砂。

国务院学位委员会艺术学科评议组召集人、著名工艺美术史论家、民艺家、图案学家张道一认为，紫砂花塑器创作并非起于蒋蓉，但像蒋蓉这样承先启后、师法自然，以毕生精力潜心钻研并独领风骚、成一家之长，在中国当代紫砂史上是绝无仅有的。她和清代的杨凤年一样，是紫砂有史以来最杰出的紫砂女艺人。

时任中央工艺美术学院副院长、中国艺术学博士生导师杨永善曾经这样写道：

"她的作品大都是'象形'的，也有人称其为'仿生'的，这类作品的造型素材，都是取于自然界植物的花叶和果实、根茎、枝干，经过概括、夸张、取舍、变形等手法的结合运用，形成了紫砂陶器不同的造型形态，艺术地再现了大自然中的美好形象。模拟自然，得其形易，获其神难，在她的作品里，则充分反映了她对生活的一腔热爱和艺术上的独特风貌。"

——《蒋蓉陶艺·序》

与蒋蓉有着几十年交往情谊的中央工艺美术学院（现清华大学工艺美术学院）教授、博士生导师、著名工艺陶瓷学家张守智先生，在说到蒋蓉大师的时候，是这样评介的：

"说蒋蓉是一代大家，不光是指作品，还指她的艺德。中国的传统工艺艺人，由于门派林立，之间多生歧见而相互诋毁。蒋蓉是我眼里极少见的宽容为怀的大师，她一辈子做花塑器，年轻时经常受到别人的歧视，她总是保持沉默，而她自己却从来不去贬低别的艺术门类。她从不追逐名利，成名之后也一直保持平常心，尤其难能可贵。所以她的作品特别真切、深情，是因为她的心一辈子没有受到世俗的污染。"

2000年，82岁的蒋蓉于台湾唐人出版社出版了《蒋蓉陶艺》图文集。书中收集蒋蓉各个时期作品及生活照片近百幅，邵华泽题写书名，张道一、杨永善等作序，出版人黄怡嘉、黄健亮两人穷尽6年时间，往返台北、宜兴10多次，收集有关图片、资料。该书为研究蒋蓉提供了一份较为详尽的资料，具有一定的文献与学术价值。

蒋蓉各个时期的代表作品200余件，一部分分散在海内外收藏家手中，一部分被英国、澳大利亚、新加坡博物馆和中国历史博物馆、香港茶具博物馆，以及江苏省、无锡市博物馆收藏，还有一部分则捐献给了宜兴陶瓷博物馆。

"紫砂人间国宝"——这是爱戴她的台湾壶迷送她的称号。2001年以后，蒋蓉因腿疾严重无法行走，但她坚持坐轮椅出行。她习惯穿大红毛衣，苍苍白发，精神矍铄。她依然关注紫砂，经常出席紫砂界的重大活动，担任多种权威性紫砂展览、比赛的顾问、评委，把自己作品的拍卖所得捐给慈善机构，在关键重大场合为紫砂说话。她和蔼真切、大度可亲，大陆许多媒体把她誉为"紫砂界的冰心奶奶"。

大凡国家政要、省部级领导到宜兴考察紫砂,一个常备节目总是要拜访一下蒋蓉。来宜兴演出的演艺明星,都希望拜见一下这位紫砂老祖母,如姜昆、陈佩斯、朱时茂、侯耀华,以及越剧界的表演艺术家王文娟、徐玉兰等,都珍藏着与蒋蓉交往的友情。至于海内外的壶迷壶友,更是络绎不绝。蒋蓉80岁以后还坚持做壶,特别是做一些紫砂珍玩摆件,如花生、白果、小狮子、小水牛、竹根笔架等。她把它们分赠给最珍贵的客人。舆论认为,蒋蓉的一生见证了近百年的紫砂发展历史,无论山重水复、沉潜韬光,她都亲历其间、一路同行,而且一直走在紫砂艺术的前沿,堪称当代紫砂的一部活字典,是紫砂花素器的开山人物。

上海著名滑稽戏演员王汝刚,与蒋蓉老人有一段难忘的交往。1994年,王汝刚来宜兴参加陶艺节演出,那一次演出非常成功,节目演完后观众们兴致很高不肯离去。王汝刚发现一位白发童颜、风度不凡的老太太,被众人簇拥着朝他走来。

"你是滑稽王小毛吧,我喜欢听你的节目。她边说边伸出手,我受宠若惊,忙不迭与老太太握手,我估计她一定是个有身份的人吧。这时,发觉她朝我手心里塞了一样东西,当时人较多,容不得

2004年4月9日于南京,为广西盆景协会会长董鹏文题字

细看，我就把东西放进衣袋。回到宾馆，我问工作人员，刚才那位老太太是谁？工作人员说，她就是当代紫砂泰斗蒋蓉啊。我说，啊呀，太幸运了。再把衣袋里的小东西拿出来一看，竟是一颗小巧可爱、足以乱真的紫砂板栗。它形态饱满生动，颜色层次分明，顶尖还仿佛飘动着一丛金黄色的毛绒，整个作品显得真实而自然，令人爱不释手。"

——王汝刚《紫砂缘》

第二天王汝刚在工作人员的陪同下，去丁蜀镇蒋蓉家拜访。蒋蓉见到王汝刚来访，非常开心。她说，我平时做壶，一坐就是几个小时，经常边做活边听收音机里你的滑稽戏节目。我很喜欢你演的王小毛，不过，我对你的节目也有个意见，王小毛怎么一直不结婚呀，你该帮他找个对象了啊。这一句话说得大家笑起来。

蒋蓉喜欢王汝刚的滑稽戏，这与她早年在上海的仿古生涯有关。她喜欢市民化的节目，带点温馨，带点幽默，带点无伤大雅的滑稽。从这天开始，一个叫王汝刚的上海艺术家成为蒋蓉老人的忘年之交。王汝刚走时，蒋蓉认真地拉住他的手说，希望你经常来我家做客，这样吧，你每来一次，我都会送给你一样紫砂仿真果品，或者是荸荠，或者是花生，总之是有啥送啥，一切随缘。看你能不能集满我的9件紫砂仿生果品。要知道，50年代周总理就是把这套仿生果品作为国礼送给外国元首的呢。

王汝刚故意跟老太太开玩笑："照您的说法，我只能来9次，以后您就不欢迎我来了呀？"

蒋蓉反应绝快："欢迎的，以后再来，我就送自己的茶壶给你了！"

如果说蒋蓉这一生还有什么遗憾，那就是她和程政的婚姻。进入80岁之后的蒋蓉把人生看得愈加散淡，什么事她都不想为难自己了。所有的彻悟与解脱需要心灵的释放，她一辈子没有做违心事，她不能在一个名存实亡的婚姻躯壳里了此终身，她人生的最后岁月不应再有情感上的难言之隐。

2003年10月，83岁的蒋蓉和70岁的程政平静分手。在这之前她和女儿艺华去了福州的别墅小住，这套房子是当年程政要求置下的，以前她们母女基本没有来住过，小区里的人见到蒋蓉，脸色多少有些诡异。后来蒋蓉知道了，原来程政经常带着一个女人来这里，一住就是几天。蒋蓉心头的最后一点火星，被一盆凉水浇灭。这些话是真是假，她无法去一一鉴定，但在心理上她宁愿相信这是真的。她知道自己软弱，但底线总还有。或许程政也有他的理由，两个错误地走到一起的人，应该有个了断。

那一天，雨后初晴，蒋蓉坐着轮椅在法庭上听完法官的判决，然后在离婚文件上端端正正签下了自己的名字。她情绪平稳，离去时还与程政互道珍重，长达15年的一段缘分到此终于划上了句号。

一年后，程政因糖尿病并发症去世。中国人尊重逝者，让所有的恩怨随岁月而去吧，愿他安息。

蒋蓉晚年的平静生活里还有一件值得记叙的事情。那是2000年的一天，一位无锡客人来访，自称是于瑞清的外甥。对于蒋蓉来说，这是一个恍若隔世的名字，一个60多年前的追求者，无论故事的背景和线索都已经相当模糊。但是来访者侃侃地说出于瑞清当年去她家玩的许多细节，让蒋蓉的脑海里慢慢勾勒出一个清秀的腼腆小伙的形象。令蒋蓉震惊的是，当年于瑞清被她拒绝后竟然终生未娶，他已经85岁，至今仍独居在无锡郊区的一座公寓里。蒋蓉选择了一个晴朗的冬日，在女儿艺华和女婿周俊的陪同下前往无锡。众人把蒋蓉搀扶着上了四楼，两个白发苍苍的老人终于见了面。于瑞清拿出蒋蓉当年送给他的一小块褐色的紫砂矿石，还有一个梅花图案的小模型板，说："这两样东西，我一直珍藏着的。"蒋蓉见了，愕然许久，不由地落下泪来，说："这么多年，你为什么不来找我？"于瑞清说："你是名人，我不敢来找你啊！但我知道你一直没结婚，1987年，我鼓足勇气到宜兴来找你，遇到一个熟人，说你已经结婚了。"

　　蒋蓉还能说什么呢？长久的感叹唏嘘追不回那些已经逝去的年华。她对于瑞清说："你有空，就到宜兴来走走吧。"

　　可是于瑞清没能实现来宜兴的愿望。一年后，因多种老年疾病并发，他在无锡寓所平静去世。临终前，他要求亲友把蒋蓉送他的紫砂矿石和梅花图案的小模型板送还给蒋蓉。一生只为情误，唯有苍天可鉴。何人为我歌哭？唯求来世续缘。他去世的这天，正巧是蒋蓉的生日。本来亲友们围聚在一起，是准备给她庆贺的，一个来自无锡的电话，让蒋蓉久不能语，潸然泪下。祝寿的蛋糕怎么也切不下去了，她颤巍巍地端着一杯酒，在女儿的搀扶下走到院子里，对着东方喃喃自语，然后把酒一点一点洒在地上。

　　"我的命怎么这样硬？喜欢我或者我喜欢的男人终不能与我走到一起。我这一生，缺憾的东西太多了。"

　　这是蒋蓉晚年的心声。

　　何物羡人？二月杏花八月桂；
　　有谁催我？三更灯火五更鸡。

一生未娶守候蒋蓉的于瑞清先生与蒋蓉合影

这是黄宾虹92岁弥留之际吟出的清代名家彭元瑞的名句，蒋蓉晚年特别喜欢这副对子。她有时有一点孤独，当年的老艺人，只剩下她一个了。梦，总是比生活精彩，她喜欢并且盼着在梦里和那些老伙伴们相遇。醒来，留在双颊的却只有清泪两行。

2005年夏天，她做出一个从未流露过的决定，要把自己的一生讲述出来。之后3个多月，一个名叫徐风的作家应约每天下午去她家，听她讲自己的长长的故事，记录那些珍贵的往事。

讲着讲着，她真的感觉自己老了，记忆，是她从那些长长的流水般的故事里找回自己的唯一办法。那重新绽放的还是花吗？花非花，雾非雾，那个姗姗而来的身影，终于走进她的心田，她愿意跟着那个身影，在花野般阡陌上一直走向前去。

2006年1月，蒋蓉的忘年之交、上海著名滑稽演员王汝刚又到宜兴来演出。他想起早先与蒋蓉老人的约定，说来惭愧，已经整整12年未见了。于是他给老人家打了一个电话。蒋蓉听到他的声音非常开心，说，既然你到了宜兴，一定要来我家做客，否则我会不高兴的。

根据王汝刚的回忆，第二天上午十点半，他如约来到蒋家，蒋蓉的女儿蒋艺华接待了他和随行人员。她告诉王汝刚，妈妈作息时间很有规律，晚上11点休息，第二天上午8点左右起床。昨天晚上临睡前妈妈特意关照，若是"王小毛"来了，立刻叫醒她。

"于是,我们走进她的卧室,叫了几声蒋大师,没有回应。走到她床前,竟然发现蒋蓉老人已经昏迷不醒,嘴角还残留少许血丝。艺华急忙拨通医院救护电话,可是,回答令人失望,目前车辆没空,两小时内不能到达。我想起身上有宜兴市委副书记兼组织部长徐达曾的名片,就马上拨通他的电话,徐副书记非常重视,立即安排了有关事宜。蒋蓉很快被送到宜兴市人民医院抢救,医生诊断为脑梗塞,在领导和家属的照顾下,老人的病情得到了控制。"

按照王汝刚先生的说法,他应该是蒋蓉约见的最后一位客人,这个说法得到了蒋蓉女儿蒋艺华的认可。但是,关于蒋蓉发病的时间,以及当时发生的情况,蒋艺华的说法略有出入:

"妈妈知道明天王汝刚先生要来,心情蛮好。晚上家里来了客人,妈妈接待他们,精神也蛮好。客人走后,我在泥凳上做壶,她一直在旁边看,陪我说话,兴致蛮高的。她还亲手示范,教我做了一个三弯流的茶壶嘴把。我催她早点休息,明天还要接待客人,她说没事,临睡前还和保姆说笑,我在楼上都听到楼下的笑声。可是第二天早上,保姆去叫她起床,没有声音。然后我到了她房间,发觉她脸色灰白,嘴角有一缕血丝,那是她咬紧牙关的时候,假牙把牙根咯出血来了。一连叫了几声,她都不应。我说不好,赶紧叫医生,于是拨通了妈妈平时的保健医生的电话。一会儿医生来了，看了一下说赶紧送医院。我打120，半天救护车也不来。这个时候王汝刚先生也来了，是他打通了一位市领导的电话，救护车很快就来了。"

蒋艺华认为，母亲发病的时间应该是早晨6点以后。因为她读初中的女儿早晨6点上学的时候，还看到外婆房间里亮着灯，听到外婆起来上卫生间的声音。这一天早晨天气比较冷，蒋蓉平时不爱用空调，突然偏低的气温应该是触发她得病的原因之一。蒋蓉平时血压有点高，她按时服药，作息有度，病情是完全得到控制的。让所有人没有想到的是，她竟在这一天的清晨，发生了由房颤引起的脑梗塞，完全没有了知觉，而且事先没有半点征兆。

为什么会突发此病，紫砂界的人推测，这与她连续在外奔波有关，这一年她外出活动不少，一会儿受邀去山东，一会儿应约去大连。她腿脚不便，身体适应不了舟车劳顿，但一些活动的主办方想尽一切办法请她出场。她心软，拗不过人情面情，总是要与人方便，结果害苦了自己。

但蒋艺华不这么认为。她说，妈妈其实是个爱出去走动的人，她喜欢跟外界，特别是年轻人接触。每次回来虽然有点累，但精神上蛮满足的。从来没有听她抱怨过什么，每次听到又有人邀请出去参加活动，她都是蛮高兴的。

无论如何，这是一个突然到来的休止符号，就像一支蓄谋已久的伏兵，让蒋蓉和身边的人猝不及防。她的事业，她的社交活动，从这一天起戛然而止。她来不及留下一句话，一行字。

之后，蒋蓉便在病床上度过了她的最后岁月。从2006年1月19日起，到2008年2月，长达2年多的病榻生涯，最后的蒋蓉被折磨得非常瘦弱。但是她很顽强，虽然没有什么知觉，但她的生命力一直在与病魔抗争。

2006年6月，她被江苏省文化厅指定为首批"非物质文化遗产紫砂陶技艺"传承人代表，同年12月，被中国工艺美术学会授予"中国工艺美术终身成就奖"。当这些消息传到她的病榻，人们是多么希望她能够睁开眼睛，露出哪怕一丝的会意的笑容啊。

2007年10月29日下午，由作家徐风创作、人民文学出版社出版、以反映蒋蓉老人一生命运和艺术生涯的长篇传记文学《花非花——紫砂艺人蒋蓉传》（简称《花非花》），在宜兴陶瓷博物馆隆重首发。中国作家协会、人民文学出版社、江苏省作家协会、中共宜兴市委、宜兴市人民政府领导以及紫砂陶艺界知名人士和蒋蓉家属、徒弟代表100多人出席了首发式。当天晚上，作家徐风和时任人民文学出版社副社长潘凯雄、《花非花》一书责任编辑杨柳女士一行前往宜兴市人民医院病房看望蒋蓉。一张现场拍摄的照片显示，一直没有明显知觉的蒋蓉老人，在众人的呼唤声中，缓缓地睁开了眼睛，朝眼前的一本大红颜色封面的《花非花》看了一眼，又看了一眼，嘴角浮起了一个不易觉察的笑意。

2008年2月19日，蒋蓉老人在家中平静离世，享年90虚岁。

2006年1月1日至6月30日
初稿于宜兴祈皓楼
8月5日二稿于无锡太湖疗养院
读书改稿会
2012年4月2日，修订于宜兴丁香花园知竹草堂
2012年6月8日修订于宜兴祈皓楼
2019年大年初一至年元宵节 再次修订于宜兴铭泽园
2019年3月1日，最后定稿于宜兴宽斋

欢喜心——修订版后记

这是一部写了12年的书。

12年间修订3次，五易其稿，为了书写一个值得怀念的世纪老人，追回一个快速离去的时代。屈指算来，本书传主蒋蓉逝世也已11年了。

11年，近4000天，她钟爱了一生的紫砂又经历了许多风风雨雨。我想，要是她还活着，肯定会出来说话。她颤颤巍巍，她老树弥坚，她语重心长，她一言九鼎。她会给年轻人点赞，给后来者喝彩。她一如既往地宽容，释放绵绵的爱意，同时她眼睛里容不得沙子，她会以中肯的臧否，婉转的愤慨，对时下发生的一些看不惯的事情，做出蒋蓉式的反应。

人总是要离去的。好在，只要有紫砂的地方，蒋蓉的作品或话题还会被人们挂在嘴边。虽然，她的作品不像顾景舟那样一路攀高，频频出入于国内各个拍卖场所，不断刷新拍卖记录。但她的故事活色生香口口相传，与紫砂有缘的每一寸寻常巷陌都有可能回荡着她的名字。她是紫砂天空里皎洁的月亮，是徒子徒孙们永不褪色的话题。走进任何一个紫砂会所或店铺，蒋蓉式的经典壶款都在橱柜里恬淡地微笑。100年了，紫砂的从艺者繁若星汉，但如蒋蓉般灿烂的艺人能有几何？

紫砂有蒋蓉，真好。

转眼，蒋蓉老人100岁了。

面对百年蒋蓉，人们除了缅怀，除了敬重，还有叩问的勇气吗？比如，面对蒋蓉的赤子情怀，人们会因为自己的欲壑难填而惭愧吗？面对蒋蓉的穷经皓首，人们会因为自己的朝三暮四而惭愧吗？面对蒋蓉的一丝不苟，人们会因为自己的粗制滥造而惭愧吗？面对蒋蓉的淡泊明志，人们会因为自己的沽名钓誉而惭愧吗？面对蒋蓉的高风亮节，人们会因为自己的小肚鸡肠而惭愧吗？面对蒋蓉的勇于创新，人们会因为自己的安于克隆而惭愧吗？

面对蒋蓉，我们要说的话太多，又似乎什么也说不出来。

无边的感慨，感觉似乎少了一部现代版的"拍案惊奇"。

然后，大家会用"正能量"这3个字来抚慰自己。这个关键词，似乎是当下剂量最大的一帖按摩心灵的妙方良药，为的是医治太多的负能量吧。不错，蒋蓉一生的紫砂创作，都是在歌德，在释放欢乐和瑞气，她从一颗天生的欢喜心出发，天地间的一草一木，都是她的朋友。即便是在冷酷的年代，她也在奋力给出脉脉的温情。她总是把自己对大自然的感恩，对俗世生活的热爱，通过紫砂作品传递给大家。旖旎有情的风俗图卷，化尽春工的奇思妙想，都被她收进壶中。而那个时代的声色与虚无，却被摒除在外。

今天的我们，之所以还留存着怀念与眷恋的温度，是因为我们在寒冷的时候，得到过阳光的恩泽。窃以为，怀念蒋蓉，就是重新洗涤人们已然蒙垢的虔诚之心；怀念蒋蓉，就是追寻那些被忘却的

2005年夏，作者采访蒋蓉时在书房留影

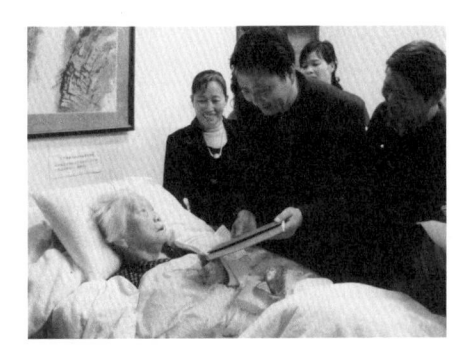

经典意义；怀念蒋蓉，就是让人们重新出发，去探究大师的成才之路。我们终于知道，一个真正的大师，必得有高远的心境人格，有苦其心志、劳其筋骨、饿其体肤的道德修为，有棒打不回、矢志不渝的终生追求。今天的人们，还愿意把自己的一生交给山重水复的精神羁旅吗？还愿意在寂寞的青灯黄卷里熬到天老地荒吗？可以毫不夸张地说，在今天紫砂繁荣的景象背后，也有不言自明的危机之网正向我们悄悄包围。那种可能到来的危机，或许不是因为紫砂原料匮乏，不是因为紫砂收藏市场萎缩，不是因为紫砂投资者信心减弱，而是紫砂从业者的内心出现了痼疾。当太多浮躁的心灵被金钱物欲所困惑的时候，必定是紫砂的悲歌四起的时候，如果没有足够的警醒，这一天必将一步步地向我们逼近。

　　能够获得书写蒋蓉的机会，是我一生的莫大荣幸。但回顾这部书的创作历程，显然还有诸多遗憾。一是痛惜当年蒋蓉健在的时候，采访工作还可以更扎实。然后，除了采访蒋蓉的众多徒弟，也应该更多地采访其他6位老艺人的家属与徒弟，以及收藏诸家，以获得多方位的视角，获取更多权威的资料和判断。缜密的准备工作和案头学问，以及五体投地般的田野调查，才会让一个更客观公正、更丰满立体的蒋蓉呈现在读者面前。

2005年10月29日，作者携刚出版的蒋蓉传记《花非花》去医院看望蒋蓉老人还有一个痛惜：当年接受采访的人群里，有几位已经离世，如吴震老师、谢曼伦老师、凌锡苟老师等。阅读当年采访他们的笔记，唯感世事无常、岁月无情，尤其珍惜文字的价值与力量。愿逝者安息。

从2018年冬天到2019年开春，为了再次修订书稿，我又采访了数位当年熟知蒋蓉的紫砂界人士，再度采访了蒋蓉女儿蒋艺华，拾回了不少当年遗漏的珍珠。有些材料是不动声色的，虽然被湮没的岁月太久，但一旦它们接触人世，自带的光芒则无法遮掩，其力量更是不言而喻。岁月何堪回首，思念依然无限。我希望这部增添了许多珍贵细节的非虚构文本，能够为紫砂文学的勃兴尽一份绵薄之力。

感谢著名文学评论家、江苏省作家协会副主席汪政先生对本书修订时提出的中肯意见。感谢蒋蓉女儿蒋艺华提供的珍贵历史资料。感谢本书责编江苏文艺出版社副社长赵阳女士和文化出版中心主任张黎女士，为本书出版倾注了大量心血，她们的专业素养与良好风范让我感佩不已。也感谢周伟伟先生精美的装帧设计，为本书增色不少。感谢史俊棠先生、赵炎先生对本书的推介所做出的努力。

如果，这本素朴的小书并不足以告慰蒋蓉老人的在天之灵，那么，继续蒋蓉未竟的紫砂事业，当是对她最好的纪念。

徐风
2019年2月24日，农历正月二十
宜兴 丁香花园 铭泽园

蒋蓉年表

1919—2008

1919年	农历十月初十出生于陶都宜兴川埠乡潜洛六庄村四代陶艺之家。父亲蒋宏泉,母亲周秀宝,全家以做紫砂壶为生。
1926年	7岁,入学读书。
1930年	11岁,跟随父母做坯制壶,历经十年寒暑,才华初露,品学兼优,已成为少年紫砂名工。
1936年	初作《松鼠葡萄水注》。
1938年	创作有《蟹捉金鱼砚台》《独角犀牛》。
1939年	20岁,应聘至上海与伯父蒋宏高(燕亭)一起专制仿古紫砂作品,技艺精进,所制产品均刻上或盖有"万历年间时大彬""陈鸣远""陈子畦""崔邺"等印章和钤记。 当年制作《水红菱》《小田螺》《桃子水盂》《小辣椒》等。
1940年	作品有《三脚提梁鸟头壶》《莲蓬水盂》等。
1941年	下半年应上海标准陶瓷公司之聘,任紫砂工艺辅导员,并带领50多名女工从事陶瓷工艺改革和制作。

返回家乡陶都宜兴潜洛村，继续从事紫砂陶生产，作品有《葫芦挂瓶》《龙壶》《凤壶》及人兽、花卉等多种紫砂艺术品。	1943年
受聘至上海虞家花园，设计制作各种花盆。此年创作有《十四头百果酒具》（以北瓜为酒壶，荷叶为托盘，塑12种果品为酒杯，各种器具上缀以各种花鸟草虫，姿态各异，汇集酒具之中）。	1944年
回乡从事制壶为主，制作《紫泥束柴三友壶》《白釉上梅桩茶具单杯》。	1945年
创作有《小果圆壶》《果圆壶》。	1946年
创作有《小山景》《人物》《动物》《亭台》《楼阁·桥塔》等20多件套及《伏狮佛肚竹瓶》《双鼠松段壶》。	1947年
创作《双龙戏珠砚台》。	1948年
制作《猪鼠松段笔筒》。当选为潜洛乡妇联主任、代村长。	1951年
当选为宜兴县人民代表、潜洛乡民校政治老师、社教	1952年

	专职教师并且负责村行政工作。
1953年	制作《五头菱花茶具》。
1954年	制作《紫泥象台凳》《蟹烟盘》。
1955年	和广大紫砂艺人一起克服种种阻力,加入蜀山陶业生产合作社(即宜兴紫砂工艺厂前身)。 当年制作《九件象真果品》,曾作周恩来总理出国礼品。另外创作设计的《荷花壶》在《新华日报》有专题报导,获颁宜兴县人民政府荣誉奖。另有《竹节竹叶相对盖杯》问世。
1956年	以自己拼制的泥料,设计制作《牡丹彩蝶壶》《九件果品》,在《新华日报》《中国美术画册》皆有报道。同年底被江苏省人民政府任命为紫砂成型技术辅导员。新作有《竹节竹叶笔筒》,之后该产品每年都有大批量订货出口任务。
1957年	因创新突出,成绩优秀,被推选出席江苏省手工业生产合作社代表大会,并被选为宜兴县人民代表、政协委员、妇联委员。并被评为"紫砂七艺人"之一。 是年,紫砂工艺厂开展拜师学艺活动,先后接纳汪寅仙、高丽君、鲍月兔等7名学生。

同年创作《大水牛》《紫砂荷叶蟹盘》《蟾蜍蓬莱壶》《佛手壶》《松鼠大粟杯》等特艺品。《佛手壶》自己翻制石膏模以注浆新工艺成型，提高工效十几倍，被评为先进生产者。	
新作有《竹春壶》《松鼠葡萄插瓶》《荷叶盘》《段泥竹根壶》。原荷花壶配上杯、盘，成《九件荷花茶具》。收范永良、范乃芝、徐孟根等50名艺徒，建立"光明班"，担任班内技术辅导工作，并出席江苏省妇女代表大会。 展开技术革新，将《九件象真果品》制作模具教徒工作生产，每年皆有大批量订货。	1958年
创新作品有《紫砂乌龟》《陶塑樵夫》《浮雕》等杂件，《桃花烟缸》《三角烟缸》等。	1959年
调至紫砂厂"二一班"辅导青年工人。并创作《枇杷小鸟挂盘》《紫砂陶汤勺》《圆角腰带壶》《菱型茶壶》。	1961年
调至紫砂厂"一三班"培训徒工，从事注浆成型。以拼制各色象真泥色、创作《双色黄金瓜壶》《长方型壶》《圆角线印泥盒》等。	1962年
设计《茨花千筒花盆》《荷花烟缸》《竹段烟缸》	1963年

	《三友三用文具》《角竹笔筒》《竹根花盆》《喇叭腰线盆》《南瓜烟缸》《五星烟缸》《荷叶烟缸》《四方烟缸》《鼓型盆》《松竹梅烟缸》。
1964年	当年调紫砂厂《文艺班》辅导培训青工,其中有谢曼伦、程润年等20多名高徒。设计《三头双色竹节烟具》《妇女耕田》《竹节筷筒》。
1965年	新作有《莲藕笔架》《十一头莲藕酒具》。
1966年	调至紫砂厂"三二班"培训青年工人,担任技术辅导。
1966—1975年	在"文化大革命"中历经磨难,中断紫砂工艺创作。
1975年	新作有《荷花小螺蛳花器》。
1976年	调紫砂厂"五三班"培训青年工人,创作《九头六方酒具》《木纹树桩石子盆》《紫砂圆砚》。
1977年	粉碎"四人帮"后,精神舒畅,创作激情如泉喷涌,新作有《七件菜品》《茄子水盂》《老南瓜壶》《茨菇花壶》等。

被江苏省政府任命为工艺美术师。 参加南京召开的"江苏省艺人代表大会"和出席上海召开的"全国工业学大庆"会议。 收高建芳为徒。 新作有《枇杷笔架》《蛤蟆捕虫水注》《小南瓜壶》《荷花瓣杯》《树蛙荷叶烟缸》，被调入紫砂厂研究室研究制作模具、新品设计等工作。	1978年
新作有《三颗枇杷水注》《十件鼻烟壶》《葫芦鼻烟壶》《荷叶壶》。是年《莲藕酒具》与《南瓜壶》，先后刊载于《文化生活》《战地杂志》等。	1979年
新作有《荸荠盒》《石榴水盂》《小寿桃酒壶》《石榴鸟食罐》《菜椒水注》。连年被评为先进生产者。过继蒋艺华为女儿，安排女儿在紫砂工艺厂学习，并照料日常生活。	1980年
精心创作《荸荠壶》《玉兔壶》《百果壶》《松果壶》。《荸荠壶》被省陶瓷公司评为创新一等奖。《九件荷藕酒具》赴日本东京西武百货举办的"中国江苏美术品展示会"上展览，吸引许多日本高级议员、商界巨头、金融家争相订购。	1981年
创作有《蛤蟆树椿盆》。参加由江苏省府召开的艺人	1982年

	代表大会，在会议上由许家屯提出，被评为"工艺美术师"。 制作象真《藕片》等案头清供果品。
1983年	新作有《春牛壶》《乐趣天真壶》（又名秋叶树蛙）被陶瓷公司评为一等奖。《蛤蟆水盆》报道刊载于《新华日报》《人民日报》。 时年65岁，方兴未艾，积极进取，参加中央工艺美术学院陶瓷造型班结业。是年收徐兰君为徒。
1984年	新作有《百寿壶》《万寿桩壶》被江苏省宜兴陶瓷公司评为创新一等奖。
1985年	新作有陶塑《黄牛》《虎》《荷叶蛙声壶》《西瓜壶》。赴香港参加"宜兴陶瓷展"，深受同行艺术家赞赏。 《西瓜壶》刊载于《江苏工人报》。
1986年	新作《荷叶蛙声壶》。 收钱和生为徒。
1987年	《枇杷笔架》在北京中国美术馆展出后，作为国宝被北京中南海紫光阁收藏，获国务院办公厅颁发的荣誉证书。

同年元旦，与宜兴韶巷人、上海第一师范学校毕业的退休教师程政结婚。 7月1日加入中国共产党。	
新作有《冬瓜陶枕》。 同年参加国务院、轻工业部在北京召开的第三界工艺美术艺人，专业技术人员代表大会。	1988年
被评为高级工艺美术师。 任中国工艺美术协会会员。江苏省工艺美术学会名誉理事。 1月10日与江苏《无锡日报》发表论文，题为《盘旋在金牌上的阴影——浅析紫砂业发展的隐患》。 同年5月新作《月色蛙莲壶》在香港锦锋公司举办的"中国宜兴紫砂特艺展览会"上展出时，荣获最高荣誉奖杯，且深受行家好评。 收张建中、周才君为徒。	1989年
新作有《碗形壶》《小对狮》《高南瓜壶》《竹节笔筒》《黑泥小水牛》《对狗》《芒果水滴》《蛤蟆石榴壶》等，深受大家好评。 发表论文，阐述从大自然撷取创作源泉及紫砂花器作品的体会。 收蒋兴宜、蒋泽人、钱雪梅、钱小红为徒。	1990年

1991年	新作有《芒果壶》《竹根壶》《束柴三友茶具》。 同年《荸荠壶》《芒果壶》分别为英国伦敦维多利亚艾伯特博物馆和香港茶具文物馆收藏。 6月赴新加坡参加海盛公司举办的"紫砂艺术展"，并做技术表演。 收钱建生为徒。
1992年	新作有《三珍壶》《枇杷壶》《绿柿子壶》，将《青蛙荷花壶》改成红泥嵌黄泥线。 被宜兴市评为优秀科技工作标兵，"十优百佳"标兵等光荣称号。 在第三界中国宜兴陶瓷艺术节，首次紫砂陶文化国际研讨会论文集，发表题为"师法造化，博采众长——浅谈紫砂花壶造型"的论文。
1993年	被国家授予"中国工艺美术大师"的光荣称号。 新作《枇杷笔筒》在第三界中国宜兴陶瓷艺术节期间展示，深受陶艺界的青睐，评价甚高。 在佳丽陶艺公司主办的紫砂精品展在上海展览会上，《束柴三友套壶》以42万元人民币拍卖成功。
1994年	创作《寿桃酒壶》。 紫砂工艺厂庆祝建厂40周年，10月在北京中国美术馆主办的"宜兴紫砂精品展"期间，拜会毛泽东儿媳邵

华女将军和著名美术教育家徐悲鸿夫人廖静文女士，并与时任全国人大副委员长王光英见面、合影。

创作《长寿桃壶》，制作巧色《荷塘月色壶》。 12月赴台湾参加"紫砂名人名作展"，深受壶友们欢迎。 发表《效法自然，提炼自然的花壶艺术》论文。	1995年
由陕西旅游出版社出版《紫砂女泰斗蒋蓉》一书（程政、章左声编著），文章9000字，彩图52幅，印刷2000册，以飨读者。 温故而知新，这年又再次改制《九头小荷花茶具》。 收周俊为关门弟子。	1996年
制作《线元水平对壶》。 10月出席国务院中国轻工总会在北京召开的"全国艺人代表大会"，蒋蓉等108位艺人获颁"中国工艺美术大师"荣誉证书，并受到时任国务院总理李鹏等国家领导人的接见。 11月初，应邀去马来西亚陈氏书院会见紫砂壶艺爱好者，同时应邀去香港中文大学参加"陈鸣远陶艺作品研讨会"。	1997年
应邀分别赴杭州、上海参加"陈鸣远陶艺作品展"，并和各地博物馆学者、专家共同研讨紫砂陶艺。与会	1998年

	期间,发表《鸣远陶艺永放光彩》一文。 创作《石榴壶》《竹根笔架》。
1999年	赴上海参加首届紫砂名人名作展活动。 赴香港参加精艺公司举办的紫砂壶艺展暨交流活动。
2000年	参加首届杭州西湖博览会紫砂作品展开幕活动,受到时任中央政治局常委乔石接见并合影。
2001年	为申奥成功设计了《圆梦壶》。 出席宜兴紫砂国际研讨会开幕式并剪彩。 出席《中国紫砂工艺大师作品明信片》签名仪式。
2002年	参加《中国紫砂大师》一书上海签名售书会。 担任宜兴陶瓷行业协会顾问。
2003年	担任中国紫砂十大茗壶评选委员会评委。 担任江苏省陶瓷艺术专委会与宜兴市陶协共同举办的首届宜兴陶艺新人新作展评委。
2004年	将《荷叶蛙声壶》义捐给宜兴慈善总会"陶都珍爱·慈善之光"义卖活动,并将拍卖所得捐于慈善赈灾事业。 赴广西南宁参加"壶中天地"交流活动,为壶迷题

词，顺访越南。
首次赴黄山游览。
参加8集电视艺术片《中国紫砂》开机仪式并担任该片艺术顾问。受到时任全国人大副委员长李铁映接见。
赴北京参加中国陶瓷艺术大师荣誉证书颁发仪式。

第二次赴黄山游览，并乘坐索道抵达山顶。	2005年
出席"宜兴紫砂网站"开通仪式。	
出版《中国工艺美术大师个性化邮票·蒋蓉作品选集》	
出席中国宜兴国际陶艺研讨会，并陪同国际友人参观前墅古龙窑。	
赴北戴河参加"中国工艺美术大师联谊会"和"中国陶瓷博览会"。	
赴山东淄博参加中国陶瓷博物馆开馆活动，并顺游青岛。	
为个人传记准备资料，授权外甥张耀平代其出面，多次接受作家徐风采访。	
选定并督造《春牛壶》为《花非花——紫砂艺人蒋蓉传》纪念壶。	
出席无锡太湖博览会紫砂作品展开幕活动和艺徒拜师仪式。	
在家中接待著名文学评论家何镇邦来访。	
参观新建设的宜园。	
1月19日，突患脑梗塞，入住宜兴市人民医院治疗。	2006年

	6月，被江苏省文化厅指定为首批"非物质文化遗产紫砂陶技艺"传承人代表。 12月，被中国工艺美术学会授予"中国工艺美术终身成就奖"。
2007年	10月29日下午，由作家徐风创作、人民文学出版社出版、以反映蒋蓉老人一生命运和艺术生涯的长篇传记文学《花非花——紫砂艺人蒋蓉传》，在宜兴陶瓷博物馆隆重首发。中国作家协会、人民文学出版社、江苏省作家协会、宜兴市委、市政府领导以及紫砂陶艺界知名人士及蒋蓉家属、徒弟代表100多人出席了首发式。
2008年	2月19日，中国紫砂工艺美术大师、一代紫砂巨匠、著名紫砂老艺人蒋蓉大师于凌晨零点三十分，因患脑梗塞医治无效，在家中去世，享年90虚岁。 2月21日，宜兴市各界人士为蒋蓉大师举行隆重的追悼大会，宜兴市四套班子领导，紫砂界、收藏界、文化新闻界代表500余人出席。

图书在版编目（CIP）数据

花非花：蒋蓉传 / 徐风著. -- 南京：江苏凤凰文艺出版社, 2019.7
ISBN 978-7-5594-3600-9

Ⅰ.①花… Ⅱ.①徐… Ⅲ.①蒋蓉（1919-2008）传记
Ⅳ.① K825.7

中国版本图书馆CIP数据核字（2019）第072987号

花非花：蒋蓉传
徐风 著

策　　划	汪　政
责任编辑	赵　阳　张　黎
装帧设计	周伟伟
责任印制	刘　巍
出版发行	江苏凤凰文艺出版社
	南京市中央路165号，邮编：210009
网　　址	http://www.jswenyi.com
印　　刷	南京朗时印务有限公司
开　　本	718mm×1000mm　1/16
印　　张	24
字　　数	290千字
版　　次	2019年7月第1版　2019年7月第1次印刷
书　　号	ISBN 978-7-5594-3600-9
定　　价	128.00元

江苏凤凰文艺版图书凡印刷、装订错误可随时向承印厂调换

魚簣

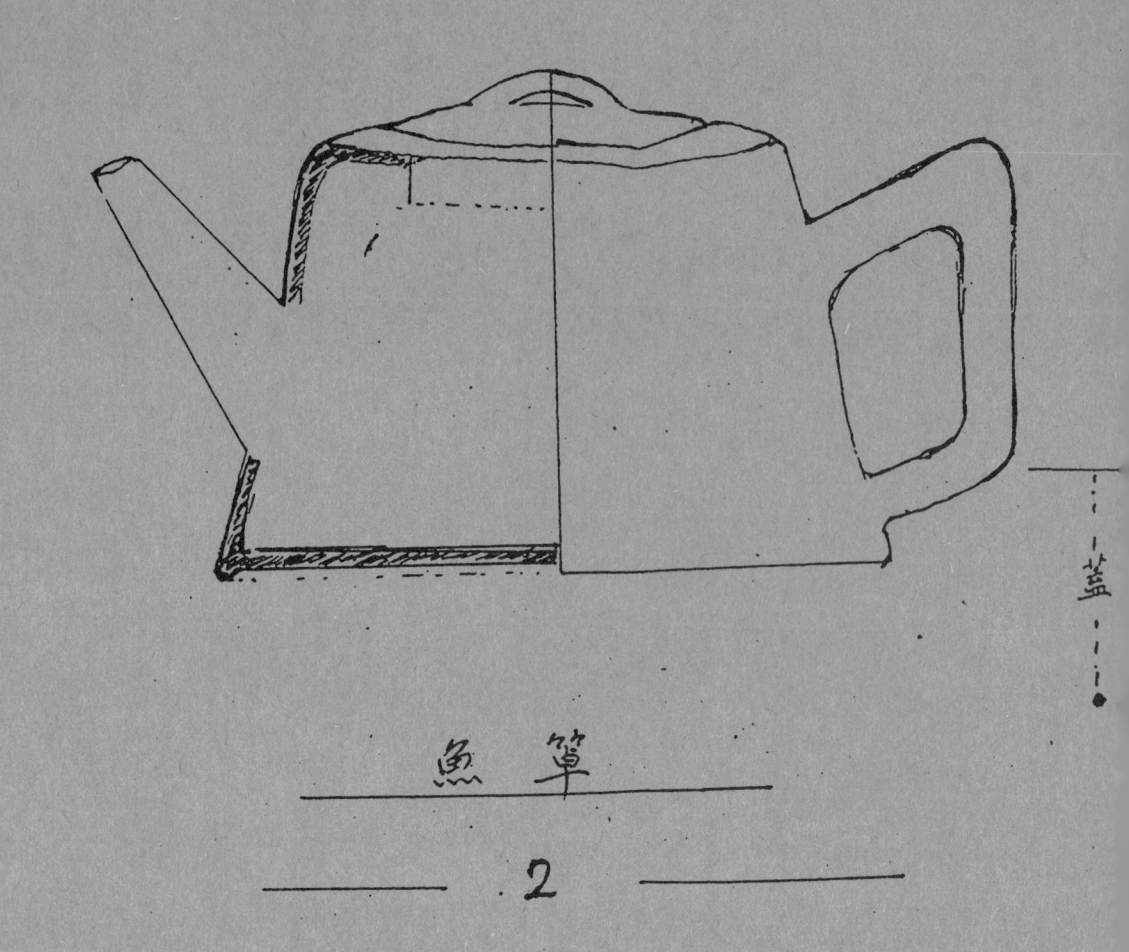

2

蓋

墙口⋯⋯⋯

盖口满⋯⋯四 揩
底⋯⋯⋯

仿古

牆

荷花壺

回
上 底

1955.9.刘継卣

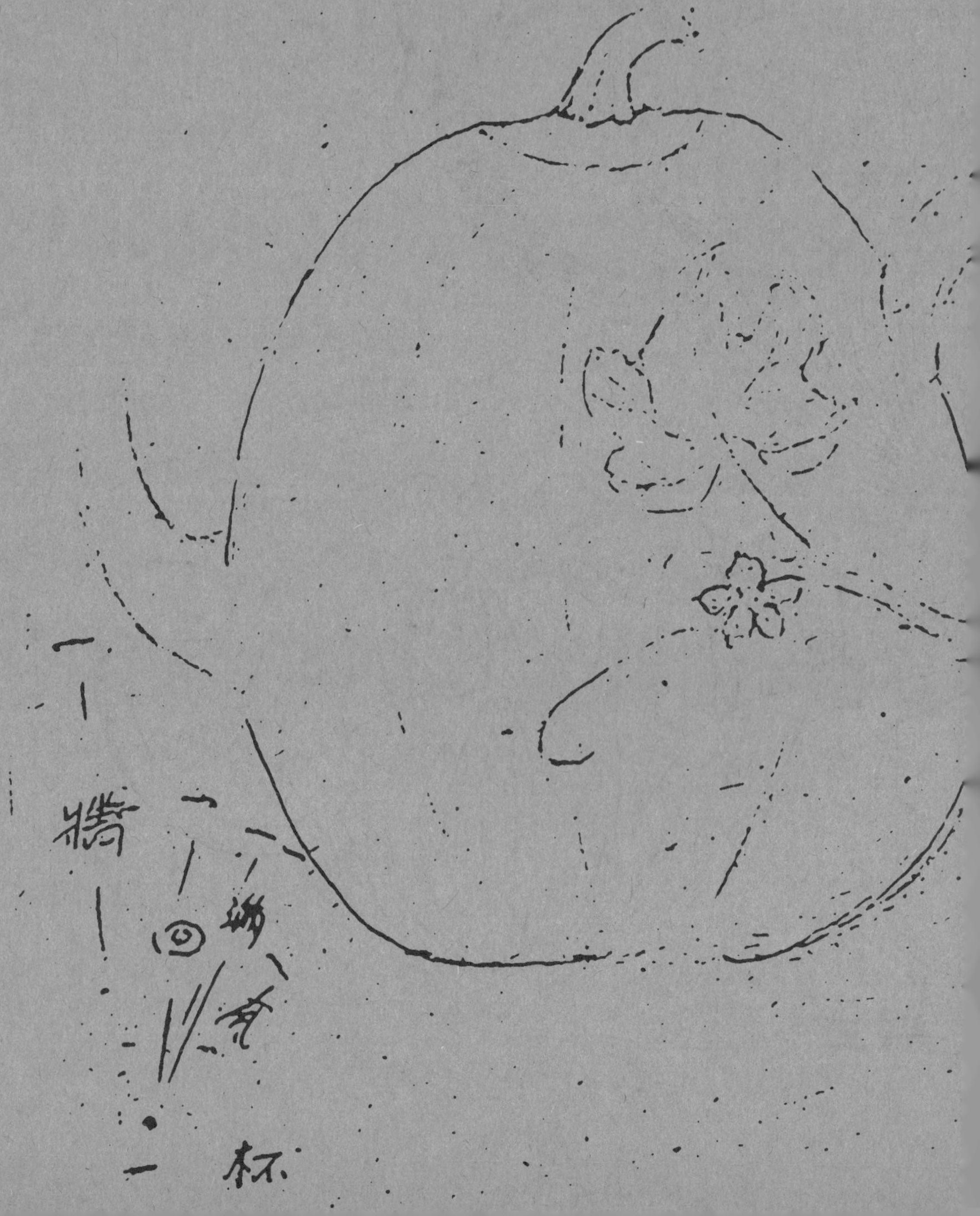

金瓜壺

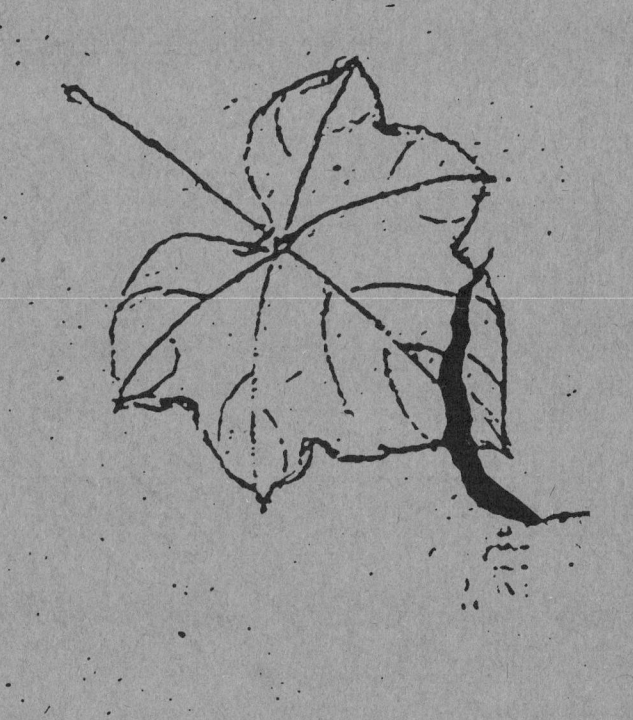

一旦
一衣牆
一滿口
一里

1961年初作

竹节壶

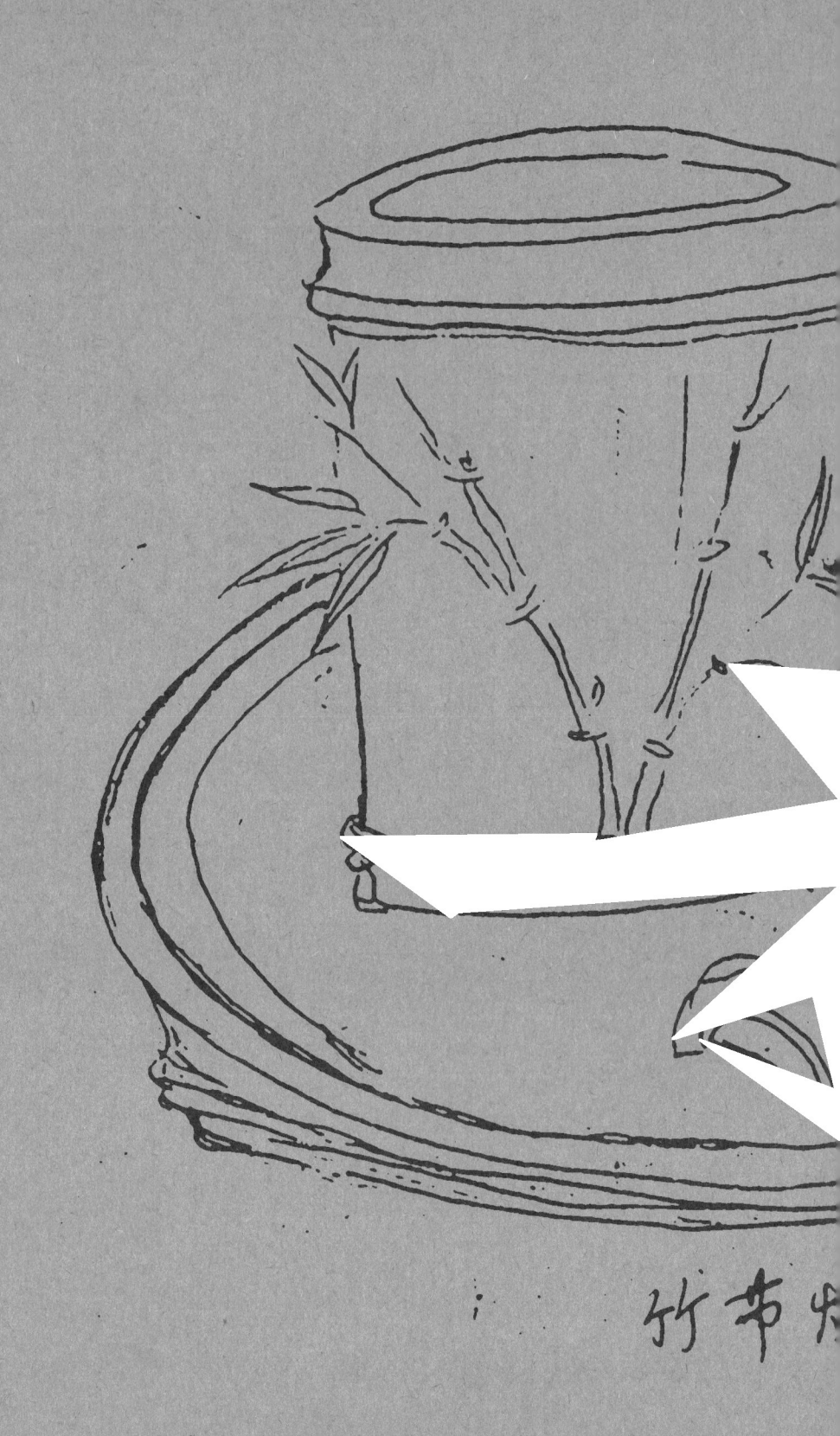

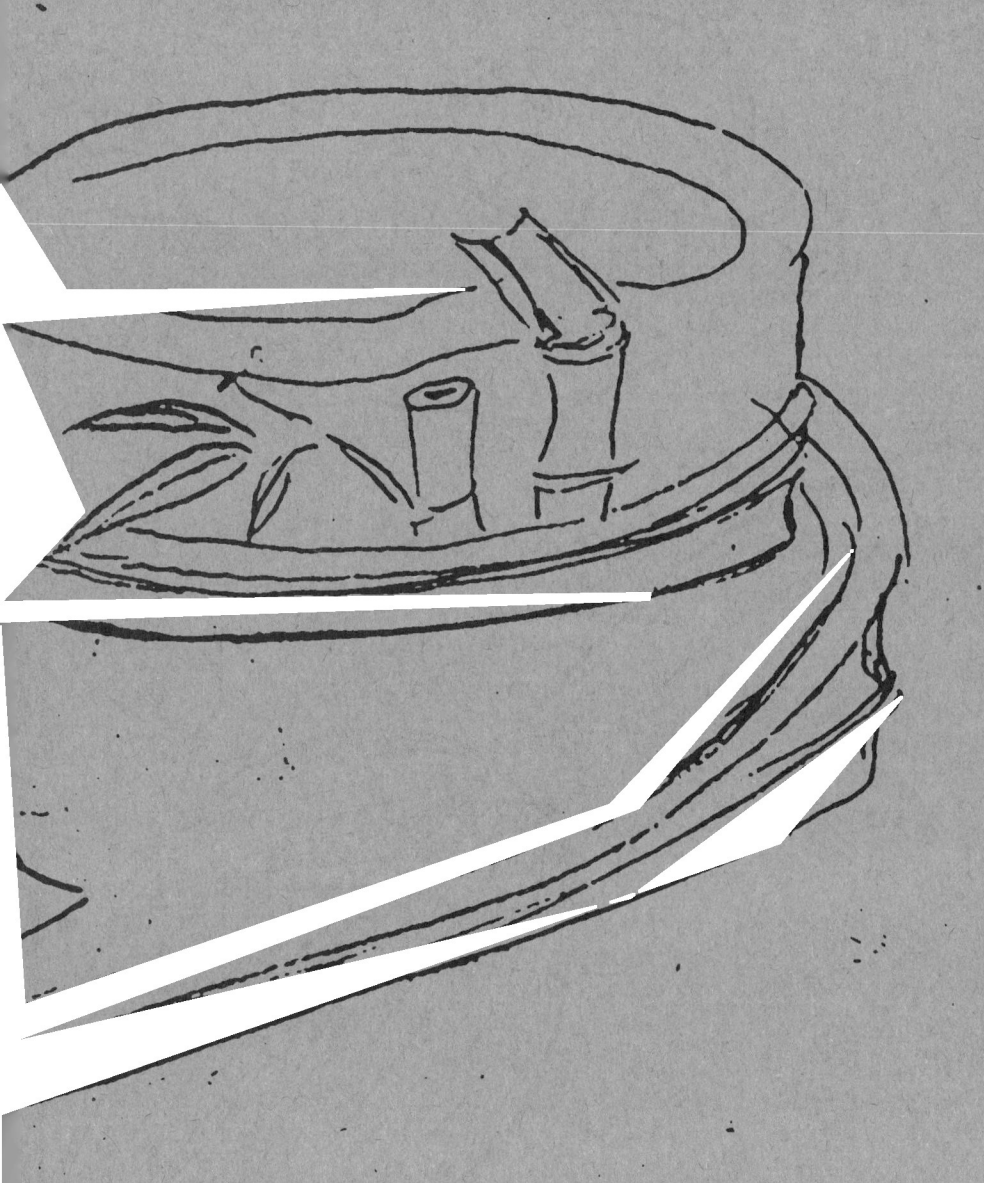

1960年5月6日

荷葉煙缸 1960年創作

经济烟缸
1960年创作

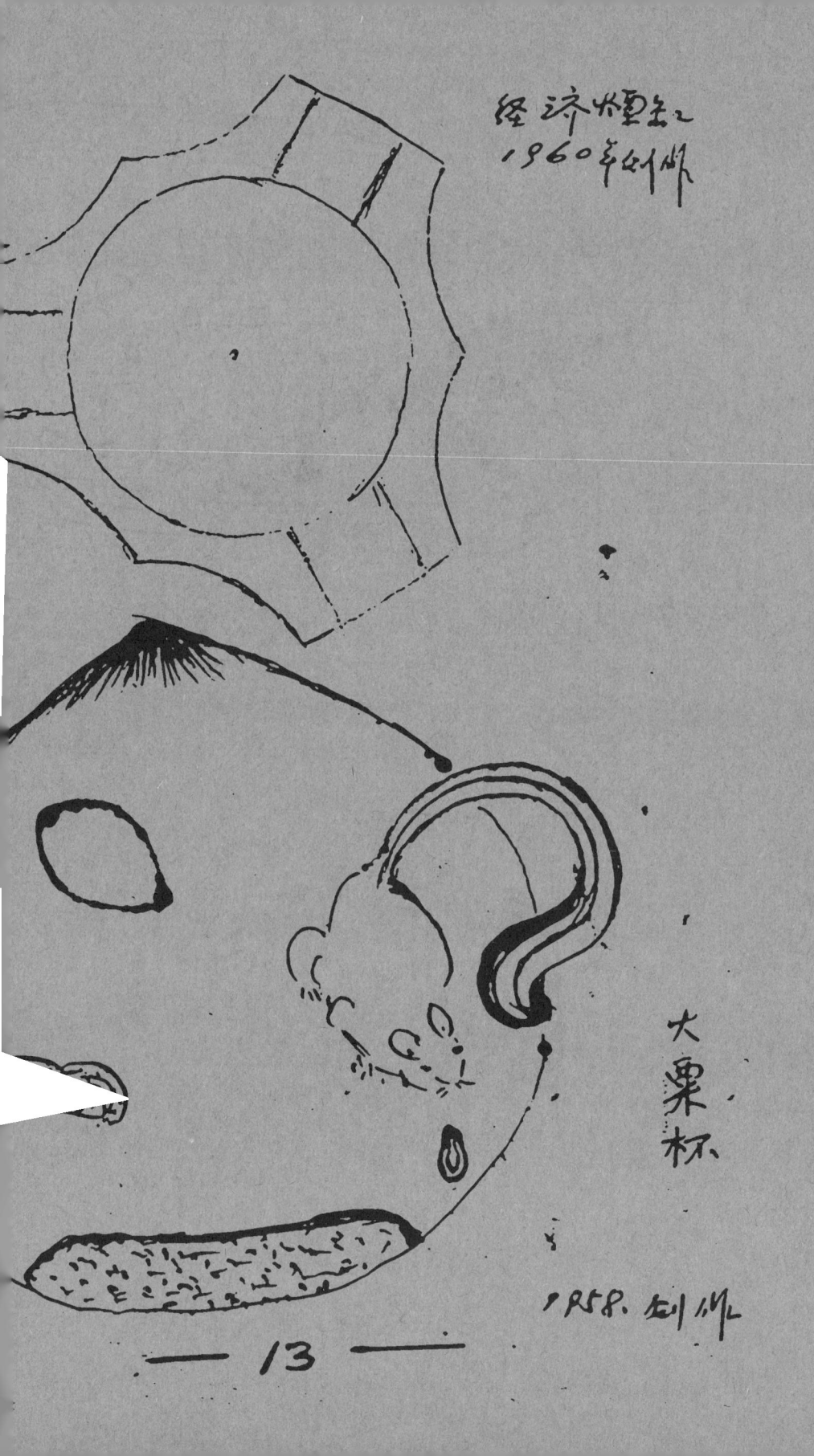

大栗杯

1958. 创作

竹节烟缸

五八年刻竹

小号竹节烟缸

荷葉煙缸

— 10 —

一九五一年刻作 竹节无有

―フ―
中
脚由
佛
大

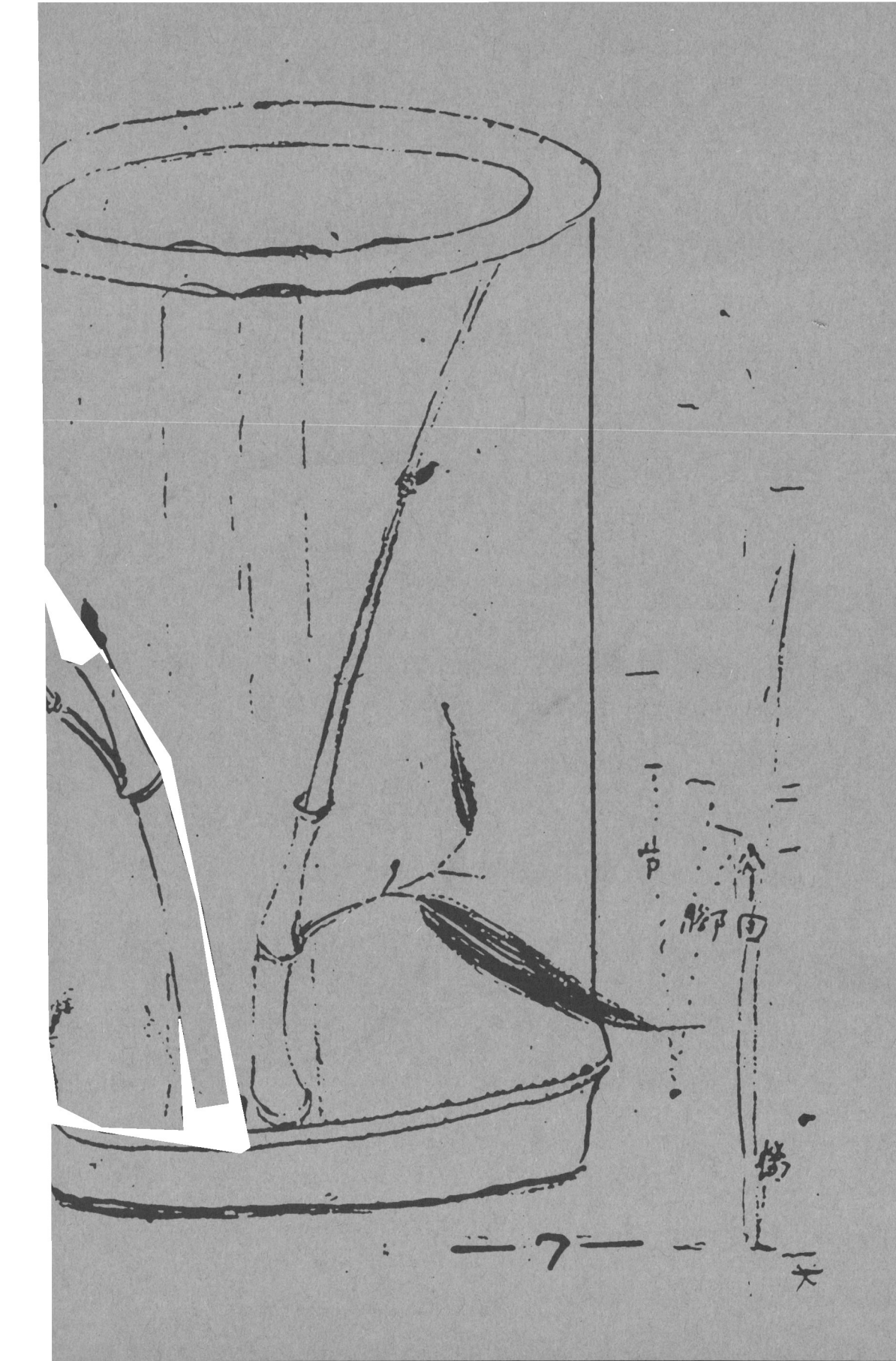

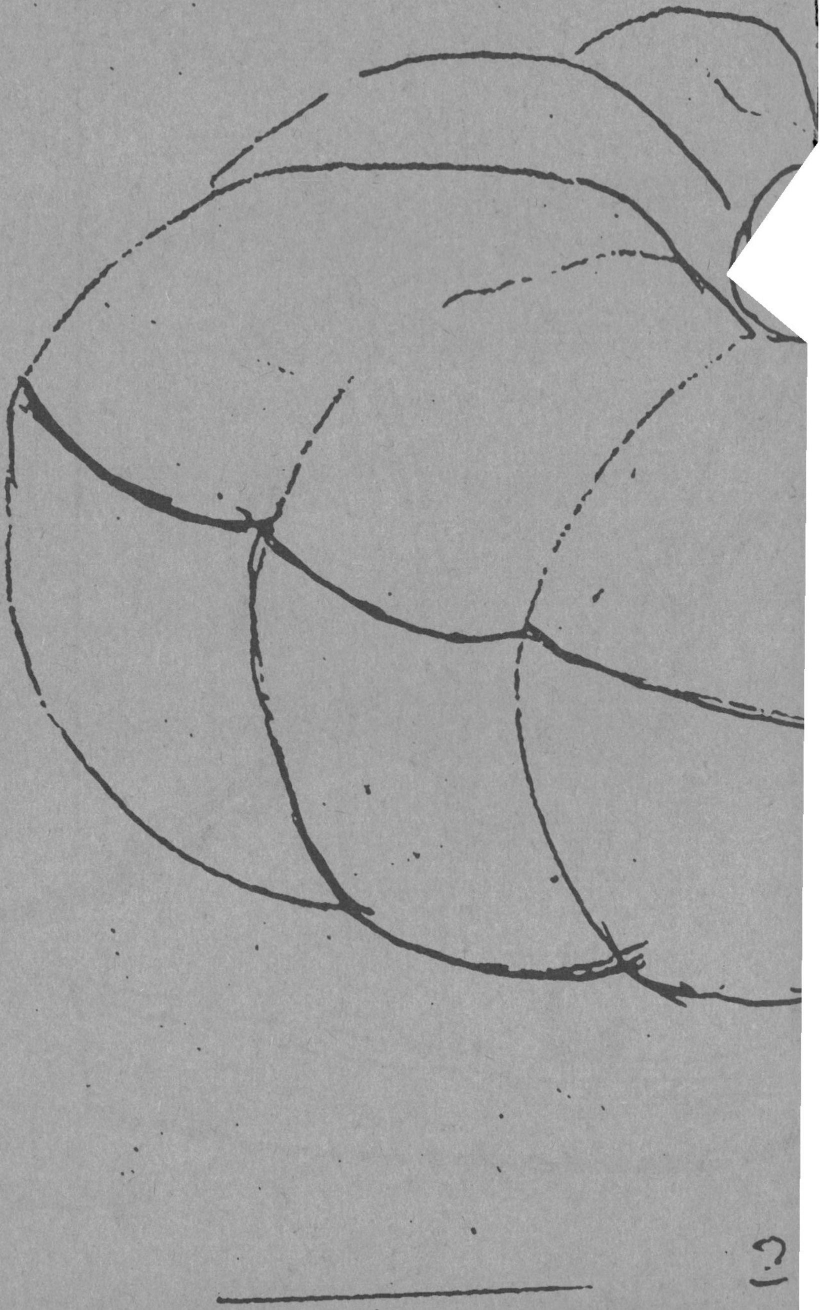

南瓜

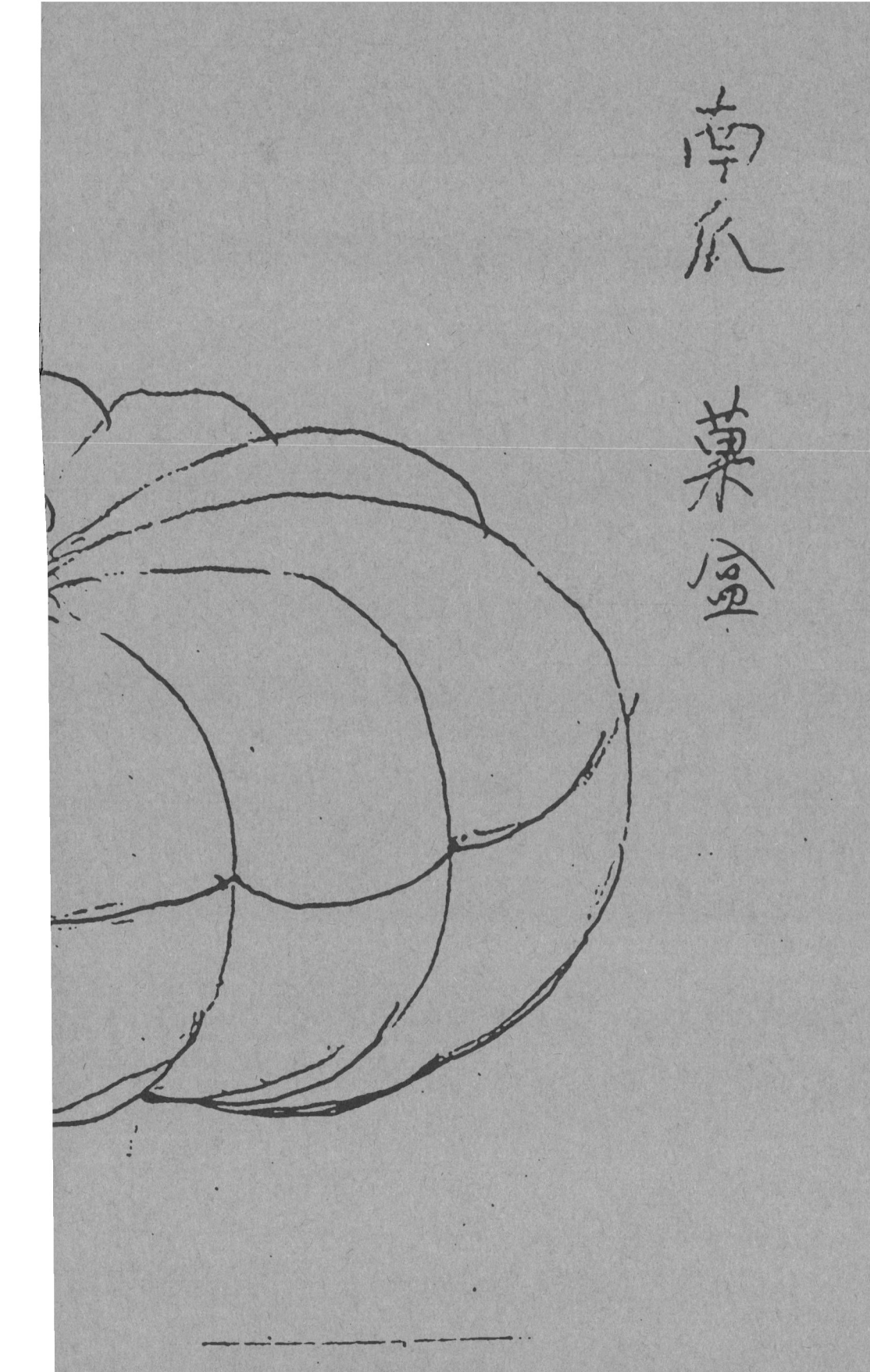

菓盆

盖 回 满 槽

双囗
3

满 底
回 箅